# Level 1

# ¡Avancemos!

## Cuaderno para hispanohablantes

**HOLT McDOUGAL**
a division of Houghton Mifflin Harcourt

# Table of Contents

## TO THE STUDENT:

Your workbook, **Cuaderno para hispanohablantes**, is similar to *Cuaderno: Práctica para todos*, but it has been especially designed for you as a student with some degree of experience with Spanish. The leveled vocabulary and grammar activities cover the material taught and practiced in each lesson of your textbook. In each lesson, two pages of additional vocabulary and grammar (which are not found in the *Cuaderno*) present more advanced concepts such as complex grammar, spelling difficulties, and advanced vocabulary. Other workbook pages use the vocabulary and grammar from the lesson to target a specific skill such as listening, reading or writing.

These are the sections in the **Cuaderno para hispanohablantes** for each lesson:

- **Vocabulario**
  Has two to three activities that practice the vocabulary taught in that lesson.

- **Vocabulario adicional**
  Provides additional vocabulary lessons relevant to you as a heritage learner.

- **Gramática**
  Follows the same pattern as the **Vocabulario** section and reinforce the grammar points taught in each lesson.

- **Gramática adicional**
  Teaches an advanced grammar concept, such as punctuation, verb forms, and more complex sentence structures.

- **Integración: Hablar**
  This page includes a single activity and is not leveled. It asks you to respond orally to a single question, based on information that you will receive. The information comes from two sources. One is a written source and the other is a short audio. You must comprehend the information coming from both sources and put it together in order to answer the question. The question can usually be answered in a few sentences.

- **Integración: Escribir**
  This page is like the previous one, except that you will provide your answer in written form.

- **Lectura**
  Contains short readings comprehension activities to practice your understanding of written Spanish.

- **Escritura**
  In this section you are asked to write a short composition. There is a pre-writing activity to help you prepare your ideas and a rubric to check how well you did.

- **Cultura**
  Focuses on the cultural information found throughout each lesson.

- **Comparación cultural**
  In lesson 2: non-leveled pages provide writing support for the activities in the student text.

# Vocabulario A  ¿Qué te gusta hacer?

> **¡AVANZA!**  **Goal:** Talk about what you and others like to do.

**1** ¿Qué te gusta o no te gusta hacer? Escribe la letra de la oración que corresponde a la pregunta.

1. _____ ¿Qué no te gusta hacer después de la escuela?
2. _____ ¿Qué no te gusta hacer en el parque?
3. _____ ¿Qué te gusta hacer en la computadora?
4. _____ ¿Qué te gusta hacer en la clase de arte?
5. _____ ¿Qué te gusta hacer después de estudiar?

a. Me gusta escribir correos electrónicos.
b. Me gusta descansar.
c. No me gusta hacer la tarea.
d. No me gusta correr.
e. Me gusta dibujar.

**2** Escribe el verbo correcto para decir la actividad favorita de estas personas.

| montar | comprar | hacer | tocar | preparar | dibujar |
|--------|---------|-------|-------|----------|---------|

1. Al músico profesional le gusta _____ la guitarra.
2. Al artista le gusta _____ .
3. Al alumno estudioso le gusta _____ la tarea.
4. A las modelos de la moda les gusta _____ ropa (*clothes*).
5. A los cocineros profesionales les gusta _____ comida.
6. A los ciclistas profesionales les gusta _____ en bicicleta.

**3** Observa los dibujos y escribe si te gusta o no te gusta hacer las siguientes actividades. Escribe oraciones completas.

1.          2.          3.          4.          5.

1. _____
2. _____
3. _____
4. _____
5. _____

# Vocabulario B  ¿Qué te gusta hacer?

> **¡AVANZA!**    **Goal:**  Talk about what you and others like to do.

**❶** Escribe qué actividades te gusta hacer en cada lugar.

**1.** En el parque me gusta _____  **2.** _____  **3.** _____ .

**4.** En casa me gusta _____  **5.** _____  **6.** _____ .

**7.** En clase me gusta _____  **8.** _____  **9.** _____ .

**❷** Mira los dibujos y contesta las preguntas por Alejandro para decir si le gusta o no le gusta hacer la actividad.

**Modelo:**    ¿Te gusta beber jugo?

_No, no me gusta beber jugo._

**1.** ¿Te gusta hablar por teléfono?

_____

**2.** ¿Te gusta aprender español?

_____

**3.** ¿Te gusta comer helado?

_____

**4.** ¿Te gusta hacer la tarea después de la escuela?

_____

**5.** ¿Te gusta pasar un rato con tus amigos?

_____

**6.** ¿Te gusta beber refrescos?

_____

**❸** ¿Qué te gusta hacer en las siguientes ocasiones? Cada afirmación debe ser una oración completa.

**1.** Cuando hace frío, _____

**2.** Cuando hace sol, _____

**3.** Cuando nieva, _____

**4.** Cuando llueve, _____

**5.** Cuando hace viento, _____

UNIDAD 1 Lección 1

Vocabulario B

Unidad 1, Lección 1
Vocabulario B

**2**

**¡Avancemos! 1**
Cuaderno para hispanohablantes

# Vocabulario C ¿Qué te gusta hacer?

> ¡AVANZA!  **Goal:**  Talk about what you and others like to do.

**1** Lee cada descripción de las actividades que te gusta hacer. Identifica qué actividad es.

**Modelo:**  Veo mis programas favoritos los lunes y miércoles. Durante el fin de semana veo mi equipo favorito en el canal de deportes. Me gusta *mirar la televisión.*

1. Como mucho y ayudo a mi familia a la hora de comer. Me gusta
   _____ .

2. Voy a muchos conciertos en el parque y compro los discos compactos de mi grupo favorito. Me gusta _____ .

3. Mi autor favorito es Gabriel García Márquez. Después de la escuela voy a la biblioteca. Me gusta _____ .

4. Tengo muchos amigos. No escribo correos eléctronicos porque prefiero hablar con ellos. Me gusta _____ .

5. Juego al fútbol y al béisbol durante la semana. Los fines de semana corro y monto en bicicleta. Me gusta _____ .

**2** Contesta las siguientes preguntas sobre tus preferencias con oraciones completas.

1. ¿Qué te gusta hacer después de la escuela?
   _____

2. ¿Qué no te gusta hacer después de la escuela?
   _____

3. ¿Qué te gusta más, escuchar música o ver televisión?
   _____

4. ¿Qué te gusta hacer los sábados por la mañana?
   _____

5. ¿ Qué te gusta hacer el fin de semana con tu familia?
   _____

**3** Imagina que vives en Miami. Escríbele un correo electrónico a un amigo o una amiga y cuéntale 3 actividades que te gusta hacer y 2 actividades que no te gusta hacer después de la escuela. También menciona 3 de tus comidas favoritas. ¡Tal vez les gusten las mismas cosas!

_____

_____

_____

# Vocabulario adicional

| ¡AVANZA! | **Goal:** Use words from different countries to talk about what people like to do or like to eat. |
|---|---|

## Variaciones regionales

¿Conoces a personas que hablan español pero que son de países diferentes? En diferentes países y regiones se usan palabras diferentes para referirse a una misma cosa. Por ejemplo:

el refresco ⟶ la soda          hablar ⟶ platicar

la galleta ⟶ el bizcocho          pasear ⟶ dar una vuelta

el helado ⟶ la nieve          las papas fritas ⟶ las patatas fritas

la patineta ⟶ el monopatín          alquilar un DVD ⟶ rentar un DVD

la computadora ⟶ el ordenador          el jugo ⟶ el zumo

el tomate ⟶ el jitomate          mirar la televisión ⟶ ver la televisión

**1** Imagínate que tú eres Fernando. Escribe lo que te gusta hacer según los dibujos. Usa las variaciones regionales de arriba.

**Modelo:**  Me gusta _hablar._   Me gusta _platicar._

1.   2.   3.

1. Me gusta andar en _____ .   2. Me gusta andar en _____ .

3. Me gusta escribir en _____ .   4. Me gusta escribir en _____ .

5. Me gusta beber _____ .   6. Me gusta beber _____ .

**2** Escribe tres comidas o actividades que tengan diferente nombre en dos o más regiones.

**Modelo:** _pastel_          **Modelo:** _torta_

_____          _____

_____          _____

_____          _____

**4**

Unidad 1, Lección 1
Vocabulario adicional

¡Avancemos! 1
Cuaderno para hispanohablantes

UNIDAD 1 Lección 1

Vocabulario adicional

# Gramática A  *Subject pronouns and ser*

> ¡AVANZA!   **Goal:**  Say who people are and where they are from.

**1** Elige el pronombre personal correcto para cada oración.

| | | | |
|---|---|---|---|
| **1.** _____ Ustedes | **a.** es de los Estados Unidos. |
| **2.** _____ Tú | **b.** eres de Florida. |
| **3.** _____ Nosotros | **c.** son de Puerto Rico. |
| **4.** _____ Yo | **d.** soy de California. |
| **5.** _____ Él | **e.** somos de México. |
| **6.** _____ Ellos | **f.** son de Nueva York. |

**2** Completa el párrafo con el pronombre correspondiente.

Me llamo Catalina.  **1.** _____ soy de Miami y mi mejor amiga se llama Carla.

**2.** _____ es de Los Ángeles.  **3.** _____ somos estudiantes en la escuela

secundaria. Mis padres viven en Florida.  **4.** _____ son de origen cubano. A mi

madre le gusta preparar la comida.  **5.** _____ es muy buena cocinera. Y

**6.** _____, ¿de dónde eres?

**3** Identifica a las personas de las ilustraciones y  escribe de dónde son.
Sustituye sus nombres por los pronombres personales correspondientes y
escribe oraciones completas.

**Modelo:**      *Él es de Colombia.*

**Pablo**

**1. Carolina y Rosita**    **2. Tomás**    **3. Alejandro y yo**    **4. Alicia y Andrés**

**1.** _____

**2.** _____

**3.** _____

**4.** _____

UNIDAD 1 Lección 1   Gramática A

# Gramática B Subject pronouns and *ser*

> **¡AVANZA!** **Goal:** Say who people are and where they are from.

**1** Relaciona cada oración sobre las actividades de las siguientes personas con su pronombre personal.

1. Mi papá y yo vamos a comer pizza. ____          **a.** ellos
2. La señora Ruíz y su hija van a comprar comida. ____          **b.** yo
3. Quiero comprar un nuevo DVD. ____          **c.** ustedes
4. Eres una persona muy inteligente. ____          **d.** ellas
5. Rodolfo y sus amigos juegan al futbol en la calle. ____          **e.** tú
6. ¿Escuchan música tú y tu amigo? ____          **f.** nosotros
7. Mi primo es el campeón de patineta de su escuela. ____          **g.** él

**2** Completa el párrafo que escribió un estudiante. Usa la forma correcta del verbo *ser*.

Me llamo Ricardo Heredia. Estudio en la escuela George Washington. Mi familia **1.** _____ de Colombia. Nosotros **2.** _____ cinco personas: mis padres, mi hermana Rosario, mi hermano Toño y yo. Mi padre **3.** _____ ingeniero y trabaja en construcción. Mi madre **4.** _____ dentista y trabaja en una clínica dental. Mis dos hermanos **5.** _____ de Arizona, pero yo **6.** _____ de la Florida. Mi familia y yo **7.** _____ muy unidos y nos gusta mucho vivir en Miami. ¿Y de dónde **8.** _____ tú y tu familia?

**3** Escribe de dónde son estas personas. Sustituye sus nombres por los pronombres personales correspondientes y escribe oraciones completas.

**Modelo:**   Carlos / Puerto Rico
             *Él es de Puerto Rico.*

1. Alejandro y tú / Honduras

_____

2. Sra. López y ella / Guatemala

_____

3. Darío y ellas / España

_____

4. Tú y yo / Chile

_____

5. Alicia / Colombia

_____

# Gramática C *Subject pronouns and* ser

*Level 1 Textbook* pp. 85–89

> **¡AVANZA!**  **Goal:** Say who people are and where they are from.

**1** La madre de Luisa Sánchez describe así a su familia. Usa la forma correcta del verbo **ser**.

Me llamo Gloria Sánchez y vivo con mi familia en Fourt Lauderdale, Florida. Nosotros **1.** _____ cuatro personas: mi esposo, mi hija Luisa y mi hijo Federico. Mi esposo **2.** _____ ingeniero y trabaja en la universidad. Mi hija Luisa **3.** _____ estudiante de secundaria y es muy bonita. Mis hijos no nacieron en Florida. Luisa **4.** _____ de Colorado, mientras que mi hijo Federico **5.** _____ de California. Mis dos hijos **6.** _____ mi felicidad. Mi familia y yo **7.** _____ muy unidos y nos gusta mucho vivir en Florida, aunque mis padres **8.** _____ de Uruguay y viven allá.

**2** Responde a las siguientes preguntas con oraciones completas. Usa el pronombre personal.

**Modelo:**  ¿De dónde es la maestra de español? (Miami)
*Ella es de Miami.*

**1.** ¿De dónde eres? (Florida)

_____

**2.** ¿De dónde son tus abuelos? (España)

_____

**3.** ¿De dónde es David?  (Los Ángeles)

_____

**4.** ¿De dónde es Juanita? (México)

_____

**5.** ¿De dónde son Carolina y Alina? (Argentina)

_____

**3** Escribe un párrafo corto para tu sitio Web. Di de dónde eres y de dónde son otros miembros de tu familia.

_____

_____

_____

_____

_____

_____

UNIDAD 1 Lección 1 Gramática C

# Gramática A *Gustar*

> **¡AVANZA!**  **Goal:**  Talk about what you and others like to do.

**1** Empareja cada oración sobre los gustos de estas personas con su verbo correspondiente.

| | |
|---|---|
| **1.** A nosotros _____ mirar la televisión. | **a.** les gusta |
| **2.** A él _____ escuchar música. | **b.** me gusta |
| **3.** A ti _____ gusta leer. | **c.** le gusta |
| **4.** A mí _____ correr. | **d.** te gusta |
| **5.** A ellos _____ jugar al fútbol. | **e.** nos gusta |

**2** Completa las siguientes oraciones con la forma correcta del verbo **gustar** de acuerdo con la información de la primera línea.

**Modelo:**   Ella: estudiar

A ella _le gusta_ estudiar.

**1.** Yo: andar en patineta

A mí _____ andar en patineta.

**2.** Nosotros: hablar por teléfono

A nosotros _____ hablar por teléfono.

**3.** Usted: correr en el parque

A usted _____ correr en el parque.

**4.** Tú: alquilar un DVD

A tí _____ alquilar un DVD.

**5.** Ellos: pasar un rato con los amigos

A ellos _____ pasar un rato con los amigos.

**6.** Ustedes: preparar la comida

A ustedes _____ preparar la comida.

**3** Escribe cinco preguntas para las siguientes personas. Pregúntales si les gusta hacer actividades específicas después de hacer otras actividades. Usa el vocabulario de la lección.

**Modelo:**   Al maestro de español

*Después de la escuela,   ¿le gusta a usted correr en el parque?*

**1.** A un grupo de chicas _____

**2.** A tu mejor amigo(a) _____

**3.** A una amiga de tus padres _____

**4.** A tu hermano menor _____

# Gramática B *Gustar*

> **¡AVANZA!**   **Goal:**   Talk about what you and others like to do.

**1** Completa el párrafo con los pronombres correctos.

Me llamo Pablo Morales. A mí **1.** _____ gusta mucho ir al parque. A mis amigos **2.** _____ gusta practicar deportes en el parque y a todos nosotros **3.** _____ gusta pasar un rato allí. Mi mejor amigo Antonio no juega bien al fútbol. A él no **4.** _____ gusta correr. En realidad, a Antonio **5.** _____ gusta pasear en el parque. Y a tí, ¿qué **6.** _____ gusta hacer?

**2** Escribe lo que les gusta hacer a las personas de los dibujos. Reemplaza los nombres de las personas por pronombres personales.

**Modelo:**

**Pedro y Juan**

*A ellos les gusta jugar al fútbol.*

**1. Clara**

**2. Rocío y yo**

**3. Mateo**

**4. Héctor**

1. _____

2. _____

3. _____

4. _____

**3** Menciona una actividad que le gusta hacer y una que no le gusta hacer a cuatro personas de tu familia. Emplea oraciones completas para contestar.

**Modelo:**   *A mi hermana le gusta estudiar pero no le gusta trabajar.*

1. _____

2. _____

3. _____

4. _____

UNIDAD 1 Lección 1   Gramática B

# Gramática C *Gustar*

| ¡AVANZA! | **Goal:** | Talk about what you and others like to do. |

**1** Escribe oraciones completas para indicar lo que les gusta hacer a estas personas. Usa las palabras de la lista de acuerdo con sus gustos.

| fútbol | teléfono | televisión |
|--------|----------|------------|
| patineta | comida | música |

**Modelo:** A mi hermano le gusta mirar la televisión.

**1.** A mis amigos _____

**2.** A ti _____

**3.** A nosotros _____

**4.** A los cocineros de los restaurantes _____

**5.** A la / Al recepcionista de la escuela _____

**2** Escribe una pregunta para cada respuesta de acuerdo con los dibujos. Sigue el modelo.

**Modelo:**

¿Te gusta leer libros?

*Sí, me gusta leer libros.*

| 1. | 2. | 3. | 4. |

**1.** Pregunta: ¿ _____ ?

Respuesta: No, no me gusta montar en bicicleta.

**2.** Pregunta: ¿ _____ ?

Respuesta: Sí, nos gusta descansar después de la escuela.

**3.** Pregunta: ¿ _____ ?

Respuesta: Sí, me gusta dibujar.

**4.** Pregunta: ¿ _____ ?

Respuesta: Sí, nos gusta pasear en el parque.

# Gramática adicional

> **¡AVANZA!** **Goal:** Use exclamation points and question marks in Spanish.

Los signos de interrogación y exclamación

- En español, cuando se escribe una pregunta, se deben usar dos signos de interrogación, uno al principio y otro al final de la oración (¿?).
- En español, cuando se escribe una oración exclamativa, se deben usar dos signos de admiración, uno al principio y otro al final de la oración (¡!).

**Ejemplos:**

| Oraciones interrogativas | Oraciones exclamativas |
|---|---|
| *¿Te gusta la pizza?* | *¡Qué playa tan linda!* |
| *¿De dónde eres?* | *¡Felicidades!* |
| *¿Cuántos años tienes?* | *¡Qué sorpresa!* |

**1** Escribe una pregunta para cada una de las siguientes respuestas.

    **Modelo:**   Somos de México.

                 *¿De dónde son ustedes?*

  **1.** Me llamo Patricia.

    _____

  **2.** Me gusta salir con mis amigos el fin de semana.

    _____

  **3.** Muy bien, gracias.

    _____

  **4.** Mi nombre se escribe L-I-S-A.

    _____

**2** Estudia los dibujos. Luego, escribe una oración exclamativa para cada uno.

    **Modelo**         **1.**           **2.**          **3.**

  **Modelo:**   *¡Felicidades!*

  **1.** _____

  **2.** _____

  **3.** _____

# Integración: Hablar

| ¡AVANZA! | **Goal:** Respond to written and oral passages about likes and dislikes. |
|---|---|

Una estudiante de México va a pasar un año en tu escuela. Lee el siguiente correo electrónico.

**Fuente 1 Leer**

A: amigo5@hayoo.net

DE: Mimí

SUJETO: un año fabuloso

Creo que pasar un año en otro país es fabuloso. Me gusta aprender inglés y hacer nuevos amigos. También me gusta escuchar música y mi cantante favorita es Shakira. Tengo todos sus discos. Yo practico sus canciones en la guitarra. Hace tres años estudio guitarra. Después de la escuela me gusta practicar deportes con mis amigos. Soy una chica muy activa. Hoy no te puedo escribir más. Tengo que hacer la tarea y estudiar. Gracias por tu ayuda y nos vemos muy pronto.

Mimí

Escucha el siguiente mensaje. Toma nota y responde las preguntas de manera oral.

**Fuente 2 Escuchar**

## HL CD 1, tracks 1–2

¿Por qué Mimí está preocupada? ¿Te gustaría ser una persona activa como ella? Explica tu respuesta.

# Integración: Escribir

| ¡AVANZA! | **Goal:** Respond to written and oral passages about likes and dislikes. |

Un programa estudios te da información sobre las actividades de este año. Lee el programa y selecciona las actividades o las clases que te gustaría tomar.

*Club de Veraneo*

*Bahía Kino*

**¡Educación con emoción!**

Hacer la tarea no va a ser lo mismo después de un mes con nosotros. ¿Quieres aprender español? ¿Necesitas repasar tus matemáticas? Nuestros tutores y profesores bilingües son recomendados por las mejores escuelas de los Estados Unidos. Y en tus ratos libres... ¡tus ratos libres son para divertirte!

**Clases y actividades disponibles:** Español 1 y 2, Inglés, Matemáticas, Álgebra, Cálculo, Química, Física, Natación, Guitarra, Fútbol, Computadoras

Escucha con atención el siguiente anuncio. Toma notas. Luego completa la actividad.

### HL CD 1, tracks 3–4

Escribe un párrafo para dar tu opinión acerca del programa ¡Educación con emoción! En el mismo párrafo escribe si te gustaría participar en el concurso de becas del audio y por qué.

_____

_____

_____

_____

_____

# Lectura A

| ¡AVANZA! | **Goal:** Use adjectives to describe yourself and others. |
|---|---|

**❶** Lee la carta y completa las actividades a continuación.

> ¡Hola! Me llamo Manuel Escobar y soy estudiante de secundaria en Las Cruces, Nuevo México. Mis padres son mexicanos pero mis hermanos y yo somos de Texas. A nosotros nos gusta hablar español y preparar comida mexicana. También me gustan los deportes. Me gusta montar en bicicleta pero me gusta más jugar al fútbol. Juego todos los días y por eso me gusta descansar los sábados y domingos. No me gusta trabajar esos días y tampoco (*neither*) me gusta hacer la tarea. Cuando descanso me gusta mirar la televisión y llamar a mis amigos por teléfono. Los sábados por la noche me gusta estar en casa con mi familia porque me gusta mucho la comida que preparan mis padres.

**❷** **¿Comprendiste?** Escoge la frase o palabra que completa cada oración correctamente.

1. Manuel y sus hermanos son de _____ .
   a. Nuevo México.
   b. México.
   c. Texas.
   d. Las Cruces.

2. A Manuel _____ la lengua de sus padres.
   a. no le gusta hablar
   b. lee muy bien
   c. no escribe bien
   d. le gusta hablar

3. Después de jugar fútbol todos los días, Manuel _____ .
   a. hace la tarea.
   b. desea estar con su familia.
   c. desea descansar.
   d. pasa un rato con sus amigos.

**❸** **¿Qué piensas?** Compara tu familia con la familia de Manuel. ¿En qué son similares? ¿En qué son diferentes?

_____

_____

_____

_____

UNIDAD 1 Lección 1

Lectura A

**14**

Unidad 1, Lección 1
Lectura A

¡Avancemos! 1
Cuaderno para hispanohablantes

# Lectura B

¡AVANZA! **Goal:** Read about the activities that people like to do.

**1** Lee la siguiente descripción y completa las actividades a continución.

### Mis vacaciones en Colombia

Me llamo Lucía Ardilas y soy de Kansas, pero mis papás son de Colombia. Cada verano me gusta ir de vacaciones a visitar a mis abuelos en su hacienda al sur de ese país. Mis papás son de una ciudad llamada Neiva. Cuando estoy en la casa de mis abuelos me gusta correr por las mañanas y pasear por el campo por las tardes. Todos los días, me gusta ayudar a mi abuela a preparar la comida. No hay pizza ni refrescos, pero sí hay mucha fruta. Me gusta comer arroz, frijoles, carne asada y yuca. Nos gusta beber jugos de fruta y café, que es el mejor del mundo. Todo es natural y muy rico. En la hacienda no me gusta hablar por teléfono ni escribir correos electrónicos. Me gusta más tocar la guitarra, escuchar música colombiana y leer. Por las noches me gusta descansar y mirar la televisión de Colombia porque es muy divertida. También me gusta pasar un rato con mis primos y conversar, para practicar mi español. Todos somos muy felices durante el verano. ¡Me gusta ir todos los veranos!

**2** ¿**Comprendiste?** Contesta las siguientes preguntas usando el vocabulario del texto:

1. ¿Dónde viven los abuelos de Lucía? ¿Cómo lo sabes?

_____
_____

2. ¿Qué come Lucía cuando está en casa de sus abuelos?

_____
_____

3. ¿Cómo es diferente lo que hace Lucía en la hacienda de lo que hace en Kansas? Explica tu respuesta.

_____
_____
_____

**3** ¿**Qué piensas?** ¿Qué te gusta hacer durante el verano? ¿Qué actividades de Lucía te gusta hacer a ti también?

_____
_____
_____
_____

# Lectura C

**1** Lee la siguiente descripción y completa las actividades a continuación.

¡Hola! Me llamo Daniela Pacheco y tengo doce años. Vivo en Des Moines, Iowa, con mis padres y mi hermano Mateo. Él y yo somos estudiantes de secundaria. Mi papá es programador de computadoras y mi mamá vende casas. Hace cuatro años mi papá vino a trabajar en este país, así que nos mudamos todos juntos. En este país mi vida es muy diferente de como era en Venezuela.

Recuerdo mi vida en Puerto La Cruz. Casi todo el año hace calor. Por las tardes me gustaba salir a jugar con mis amigos. Nos gustaba andar en patineta, jugar al fútbol, montar en bicicleta, pasear y correr por la playa. Mi papá y yo practicábamos muchos deportes en el parque.

En Des Moines el invierno es frío y largo, y el verano es caluroso y corto. Durante el invierno, me gusta quedarme en casa para dibujar, escribir correos electrónicos y leer. También me gusta tocar la guitarra. A mi mamá le gusta cantar cuando toco la guitarra. Durante el verano hacemos excursiones en el bosque cercano.

La comida de Estados Unidos es muy diferente de la de Venezuela. Allá a la gente le gusta comer arepas, arroz con caraotas (frijoles negros), carne asada, plátano frito y mucha fruta. Aquí, a la gente le gusta comer hamburguesas, pizza, papas fritas, pasta y muchos platos de otros países: he probado la comida china, japonesa, mexicana e italiana. Me gusta este país porque hay gente de todo el mundo. En mi salón de clase hay compañeros de muchos países también. ¡A todos nos gusta el helado!

Me gusta hablar inglés pero no quiero olvidar mi lengua materna, el español. Mis padres quieren que sólo hablemos español en casa. Creo que ser bilingüe en este país es bueno, ya que aquí vive mucha gente que habla español. Cuando crezca, quiero ser reportera y así informar en mis dos idiomas.

**2** **¿Comprendiste?**

1. ¿Cómo es diferente el clima de Puerto La Cruz al de Des Moines?

   _____

   _____

2. ¿Cuáles son las actividades que le gusta hacer a Daniela durante los inviernos en Des Moines?

   _____

   _____

3. ¿Qué comidas ha probado Daniela en los Estados Unidos?

   _____

   _____

4. ¿Cómo quiere usar Daniela sus dos idiomas cuando sea mayor?

   _____

   _____

**3** **¿Qué piensas?** ¿ Te gusta practicar el idioma español? Escribe algunas actividades en las que podrías conversar, leer o escribir en español.

_____

_____

_____

_____

# Escritura A

> **¡AVANZA!**  **Goal:**  Write about yourself and the activities that you like and dislike.

**1** Quieres entrar en el club de español de tu escuela y te dicen que tienes que escribir sobre tus gustos. Escribe lo que te gusta hacer y lo que no te gusta hacer.

| A mí me gusta... | A mí no me gusta... |
|---|---|
|  |  |
|  |  |
|  |  |

**2** Llena esta forma de «Gustos y preferencias» del club de español con oraciones completas. Usa la información de la tabla para organizar tus ideas.

**Río Grande High School**  **Club de Español**  **Formulario de Gustos y Preferencias**

Escribe tres cosas que te gusta hacer:

_____

_____

_____

Escribe tres coas que no te gusta hacer:

_____

_____

_____

**3** Evalúa tu respuesta a la Actividad 2 usando la siguiente información.

|  | **Crédito máximo** | **Crédito parcial** | **Crédito mínimo** |
|---|---|---|---|
| Contenido | Escribiste seis oraciones completas sobre tus gustos. | Escribiste menos de seis oraciones sobre tus gustos. Algunas no son oraciones completas. | Escribiste menos de cuatro oraciones sobre tus gustos. Éstas no son oraciones completas. |
| Uso correcto del lenguaje | Tuviste muy pocos errores o ninguno en el uso del lenguaje y la ortografía. | Hay muchos errores en el uso del lenguaje y la ortografía. | Hay un gran número de errores en el uso del lenguaje y la ortografía. |

# Escritura B

¡AVANZA!    **Goal:**   Write about yourself and the activities that you like and dislike.

Tu escuela tiene elecciones para nombrar a su presidente, vice-presidente, secretario y tesorero. Tú eres candidato para una de estas posiciones. Escoge una posición y escribe una carta a la directora de tu escuela para presentarte.

**1** Responde a estas preguntas para preparar tu carta:

**a.** Nombre _____    **b.** Posición que quieres ganar _____

**c.** Tres adjetivos que describen tu carácter _____

**d.** Tres actividades que te gusta hacer

   **1.** Actividad: _____

   **2.** Actividad: _____

   **3.** Actividad: _____

**2** Ahora, escribe tu carta y usa la información en la Actividad 1 como guía. Escribe seis oraciones completas en las que expresas: 1) quién eres; 2) qué posición quieres ganar; 3) cómo eres y 4) tres cosas que te gustan.

  *Estimada directora:*

  _____

  _____

  _____

  _____

  _____

**3** Evalúa tu respuesta a la Actividad 2 usando la siguiente información.

| | Crédito máximo | Crédito parcial | Crédito mínimo |
|---|---|---|---|
| Contenido | Escribiste una carta con seis oraciones que incluyen la información necesaria. | Escribiste una carta con menos de seis oraciones completas y falta alguna información necesaria. | En tu carta sólo escribiste unas cuantas oraciones, completas o incompletas, y falta casi toda la información necesaria. |
| Uso correcto del lenguaje | Tuviste muy pocos errores o ninguno en el uso del lenguaje y la ortografía. | Tuviste muchos errores en el uso del lenguaje y la ortografía. | Tuviste un gran número de errores en el uso del lenguaje y la ortografía. |

UNIDAD 1 Lección 1

Escritura B

# Escritura C

> **¡AVANZA!** **Goal:** Write about yourself and the activities that you like and dislike.

Eres nuevo(a) en la escuela. Te invitan a un club para hacer amigos y quieren que escribas una carta breve para presentarte. Sigue estos pasos:

**1** Para preparar tu carta, completa la tabla con tu información:

**a.** Nombre: _____

**b.** Lugar de nacimiento: _____

**c.** Origen (¿De dónde es tu familia?): _____

**d.** Tus actividades favoritas, por qué te gustan, y dónde y cuándo te gusta hacerlas. _____

_____

_____

_____

**2** Escribe la carta. Usa la información de la Actividad 1 para organizar tus ideas. Asegúrate de que tu carta tenga: (1) saludo, (2) introducción, (3) tres oraciones completas con la información que deseas comunicar, (4) despedida y firma.

_____

_____

_____

_____

_____

_____

_____

**3** Evalúa tu respuesta a la Actividad 2 usando la siguiente información.

| | **Crédito máximo** | **Crédito parcial** | **Crédito mínimo** |
|---|---|---|---|
| Contenido | Escribiste tres oraciones completas que incluyen toda la información necesaria. | Escribiste menos de tres oraciones completas, por lo que falta alguna información necesaria. | Sólo escribiste unas cuantas oraciones, completas o incompletas, y falta casi toda la información necesaria. |
| Uso correcto del lenguaje | Tuviste muy pocos errores o ninguno en el uso del lenguaje y la ortografía. | Tuviste algunos errores en el uso del lenguaje y la ortografía. | Tuviste un gran número de errores en el uso del lenguaje y la ortografía. |

# Cultura A

> **¡AVANZA!** **Goal:** Use and strengthen cultural information about the Hispanic culture in the United States.

**1** Lee la información cultural de tu libro para subrayar la respuesta correcta sobre la cultura hispana en Texas y Miami.

**1.** Se conoce por sus restaurantes, cafés y tiendas cubanos.

Calle Ocho                San Antonio                Nueva York

**2.** Lugar donde vive principalmente la comunidad cubano-americana de Miami.

La Villita                La Pequeña Habana                Fiesta San Antonio

**3.** Es una escritora muy famosa de origen hispano.

Gloria Estefan                Shakira                Sandra Cisneros

**4.** Es un ejemplo de música cubana.

Mambo                Cumbia                Rock and Roll

**2** Usa la información en tu libro para responder las siguientes preguntas acerca de la cultura hispana de Estados Unidos. Contesta con oraciones completas.

**1.** ¿Cuáles son algunas de las comidas latinas que se comen en Estados Unidos?

_____

_____

**2.** ¿Cuál es la ciudad que tiene el mayor número de latinos?

_____

**3.** ¿Cuándo se celebra el Mes de la Herencia Hispana en Estados Unidos?

_____

**3** Escribe tres tradiciones o festividades latinas que conozcas.

**1.** _____

**2.** _____

**3.** _____

# Cultura B

> **¡AVANZA!**  **Goal:** Use and strengthen cultural information about the Hispanic culture in the United States.

**1** Usa la información de tu libro para responder con oraciones completas a las siguientes preguntas sobre la comunidad hispana en Estados Unidos.

**1.** ¿En qué idioma se transmiten los Premios Juventud por la televisión?

_____

**2.** ¿Qué puede visitar la gente que va a la Calle Ocho en Miami?

_____

**3.** ¿Qué ciudad cuenta con el mayor porcentaje de latinos?

_____

**4.** Menciona algunos ritmos de música latina que conozcas.

_____

**5.** ¿En dónde se realizan muchos de los eventos de Fiesta San Antonio?

_____

**2** Escribe una oración completa que describa cada una de las siguientes celebraciones.

**1.** La Pequeña Habana

_____

_____

**2.** Fiesta San Antonio

_____

_____

**3.** Premios Juventud

_____

_____

**3** ¿Qué comidas latinas menciona tu libro? Menciona alguna comida latina que hayas comido. ¿Te gustó? ¿Por qué? Escribe un párrafo corto para describirla.

_____

_____

_____

# Cultura C

| ¡AVANZA! | **Goal:** | Use and strengthen cultural information about the Hispanic culture in the United States. |
|---|---|---|

**1** Completa la siguiente tabla con dos oraciones completas que informen sobre cada uno de las siguientes ilustraciones que aparecen en tu libro.

| El mapa de Estados Unidos en la página 28 | 1. _____ |
|---|---|
| | 2. _____ |
| El cuadro "Música" de Xavier Cortada en la página 44 | 1. _____ |
| | 2. _____ |

**2** Responde con oraciones completas las siguientes preguntas sobre el tema que aprendiste relacionado con la cultura latina.

**1.** ¿Qué tipo de celebraciones latinas se celebran en la ciudad donde vives?

_____

_____

**2.** ¿Hay alguna actividad o celebración que realiza tu escuela para celebrar la herencia hispana?

_____

_____

**3.** ¿Qué tipo de celebraciones realizan otros grupos culturales en la ciudad donde vives?

_____

_____

**3** Los países latinoamericanos tienen diferentes celebraciones que quizá no son muy conocidas en Estados Unidos. Escribe un párrafo corto sobre una celebración latinoamericana que conozcas.

_____

_____

_____

_____

_____

UNIDAD 1 Lección 1 Cultura C

## Vocabulario A  *Mis amigos y yo*

 **¡AVANZA!**   **Goal:**   Use adjectives to describe yourself and others.

**1** Mira estos dibujos de unos amigos de Paco y describe a cada persona con los adjetivos del cuadro.

**1. Miguel**  **2. Gerardo**  **3. Ana**  **4. Rosa**  **5. Roberto**  **6. Fabiana**

| cómico | desorganizada | trabajador | atlética | simpático | seria |
|---|---|---|---|---|---|

**1.** Miguel es _____ .   **4.** Rosa es _____ .

**2.** Gerardo es _____ .   **5.** Roberto es _____ .

**3.** Ana es _____ .   **6.** Fabiana es _____ .

**2** Gustavo describe a los chicos(as) de su clase. Elige el adjetivo correcto para describir a cada uno(a).

**1.** Juan no es alto: no es _____ .

**2.** A Daniela le gusta la clase de arte. Ella es _____ .

**3.** Dos estudiantes nuevos sacan muy buenas notas. Ellos son _____ .

**4.** A Paco y a Mariana no les gusta trabajar. Ellos son _____ .

**3** Tus compañeros de clase tienen características opuestas. Escribe oraciones para compararlos.

**Modelo:**   Alfredo: trabajador / Juan

   *Alfredo es trabajador pero Juan es perezoso.*

**1.** Ángela: cómica / Teresa

_____

**2.** Yo / organizado(a) / Tú:

_____

**3.** Guillermo: viejo / Agustín

_____

**4.** Bárbara: alta / Gregorio y Carmen

_____

# Vocabulario B *Mis amigos y yo*

> **¡AVANZA!**  **Goal:**  Use adjectives to describe yourself and others.

**❶** María describe a su familia. Escribe en el espacio en blanco la letra que corresponde a cada descripción.

1. Mi mamá no es vieja. Es _____
2. Mi papá no muy simpático. Es _____
3. Mi hermana es guapa. Es _____
4. Mi hermanito no es bueno. Es _____
5. A mí me gusta crear todo tipo de arte. Soy _____
6. Mis compañeros no son desorganizados. Son _____

a. un hombre bueno.
b. un chico malo.
c. unos chicos organizados.
d. una mujer joven.
e. una chica bonita.
f. una chica artística.

**❷** Mabel describe a su amiga Alicia. Escoge las palabras correctas para completar la descripción.

Alicia y yo somos **1.** (buenas / estudiosa) amigas. Alicia es una joven muy
**2.** (vieja / simpática). Le gusta jugar tenis. Por eso es **3.** (perezosa / atlética). Ella es
**4.** (organizada / pelirroja) en la clase. Siempre estudiamos juntas, porque ella es muy
**5.** (perezoso / inteligente) y **6.** (trabajadora / grande).

**❸** Escribe seis oraciones completas para describir a las siguientes personas.

1. Mi mejor amigo(a) _____
2. Mi profesor(a) de español _____
3. Mis compañeros de clase _____
4. Yo _____
5. Mi familia _____
6. El director de mi escuela _____

# Vocabulario C *Mis amigos y yo*

> **¡AVANZA!** **Goal:** Write about yourself and the activities that you like and dislike.

**1** Mira las personas de los dibujos. Escribe oraciones completas para describirlas.

1. **Alberto y Luis**    2. **La abuela y Paula**    3. **Tomás y Juan**    4. **Irene y Esteban**

1. _____

2. _____

3. _____

4. _____

**2** Escribe cuatro oraciones completas para describir las diferencias y semejanzas entre tú y tu mejor amigo(a).

**Diferencias:**

1. _____

2. _____

**Semejanzas:**

3. _____

4. _____

**3** Tus padres darán hospedaje a un estudiante que viene a estudiar inglés este verano. Escríbele un correo electrónico de cinco oraciones completas para describir a tu familia.

| A: |
|---|
| DE: |
|  |
|  |
|  |
|  |
|  |

# Vocabulario adicional

> **¡AVANZA!**  **Goal:** Use verbs like *gustar* to express likes and dislikes.

## Verbs like *gustar*

- Ya has aprendido a usar la forma «Me gusta» o «No me gusta». Por ejemplo: **Me gusta** el helado. **No me gusta** la pizza.

- Las siguientes son otras expresiones que tienen un significado similar a «Me gusta» o «No me gusta»:

  | | |
  |---|---|
  | **Me apetece...** I feel like . . . | **Me interesa...** I am interested in . . . |
  | **Me agrada...** I like . . . | **Me importa...** It matters to me . . . |
  | **Me encanta...** I love . . . | **Me fascina...** It fascinates me . . . |
  | **Me aburre...** It bores me . . . | **Me molesta...** It bothers me . . . |

- El pronombre **me** en **me gusta** se puede reemplazar por otros pronombres como **te**, **le**, **nos** y **les**. Por ejemplo: ¿**Te gusta** leer un libro? o A Pablo **le gusta** escuchar música.

**1** Tu profesor(a) hace preguntas sobre lo que a los alumnos les gusta de la escuela. Usa expresiones de la lista anterior para decir lo que les gusta.

1. A Juanita _____ la clase de español.

2. A José y Carmen _____ ser organizados.

3. A Carlos y a mí _____ practicar deportes.

4. A Luz _____ beber agua.

5. A Santiago _____ trabajar después de estudiar.

**2** Unos familiares de otro país te visitan. Quieren conocer tu ciudad y tú les haces recomendaciones. Escribe cinco oraciones con las expresiones de la lista de arriba.

**Modelo:** *Si les apetece la comida mexicana, visiten el restaurante El Gavilán.*

_____

_____

_____

_____

_____

# Gramática A  *Definite and indefinite articles*

> **¡AVANZA!**   **Goal:**   Use definite and indefinite articles in different contexts.

**1** Rosa les muestra unas fotos a sus padres y les habla sobre sus amigos. Elige el artículo definido para completar cada oración.

**Modelo:**   Manolo es (el)/ los) hombre guapo de la clase.

1. Mariel es (la / las) chica estudiosa de la clase.

2. Jacobo y Martín son (las / los) chicos perezosos de la clase.

3. Clara es (la / el) chica más baja del grupo.

4. Sebastián es (los / el) chico más alto de la clase.

5. Elena y Miriam son (las / los ) dos chicas organizadas.

**2** David le presenta unos amigos a Gonzalo. Completa los diálogos con el artículo indefinido que corresponde.

| un | una | unos | unas |
|---|---|---|---|

**Modelo:**   David: ¿Te acuerdas de Mario?

Gonzalo: Sí, es _un_ joven pelirrojo.

1. David: ¿Te acuerdas de Amalia?

Gonzalo: Sí, es _____ chica alta.

2. David: ¿Te acuerdas de Federico?

Gonzalo: Sí, es _____ chico estudioso.

3. David: ¿Te acuerdas de la señora Muñoz y la señora Alvarado?

Gonzalo: Sí, son _____ personas simpáticas.

4. David: ¿Te acuerdas de Francisco y Sebastián?

Gonzalo: Sí, son _____ chicos cómicos.

**3** Mariela le muestra una foto a Mónica y le cuenta quiénes son esas personas. Completa las oraciones con artículos definidos e indefinidos.

Lucía es **1.** _____ amiga de mi familia. Ella está de vacaciones en
**2.** _____ playa de la Florida. A ella le gustan **3.** _____ personas
simpáticas. Ella es **4.** _____ chica cómica y artística. **5.** _____ otros
chicos de la foto son Mirta y Juan. Ellos son **6.** _____ mejores amigos de
Lucía. Mirta es **7.** _____ chica atlética y Juan es **8.** _____ chico muy
alto. **9.** _____ tres amigos están muy contentos en **10.** _____ viaje.

# Gramática B  *Definite and indefinite articles*

> **¡AVANZA!**  **Goal:** Use definite and indefinite articles in different contexts.

**1** Elige el artículo correcto y escríbelo en el espacio para completar las descripciones de los amigos de Juan.

| el | la | los | las | un | una | unos | unas |
|----|----|-----|-----|----|----|-----|------|

**Modelo:** A David le gusta tocar _la_ guitarra.

1. Vamos a preparar _____ tacos deliciosos.
2. _____ señora Amelia López es una mujer artística.
3. Mi amiga Sandra es _____ chica muy bonita.
4. A Miguel le gusta pasar un _____ rato con los amigos.
5. _____ nuevo estudiante de mi clase es guapo.
6. Me gusta mirar _____ películas de cómicos en DVD.
7. Todos _____ maestros de español son simpáticos.
8. Alicia y Sandra García son _____ chicas muy serias.

**2** La profesora Suárcz describe a su salón y a sus estudiantes de español. Completa cada oración con el artículo correcto.

**Modelo:** _El_ libro de español es grande.

1. _____ chicos del salón son desorganizados.
2. Javier y Matías hacen _____ tarea de historia.
3. _____ salón de clase debe estar organizado.
4. Todos _____ estudiantes de la clase de deportes son atléticos.
5. Dos chicas del salón tienen _____ pelo castaño.

**3** Escribe oraciones completas sobre tus amigos usando cada uno de los artículos.

**Modelo:** unos *Luis y Alejandro son unos chicos serios.*

1. una _____
2. los _____
3. un _____
4. el _____
5. unas _____
6. la _____

# Gramática C  *Definite and indefinite articles*

> **¡AVANZA!**  **Goal:** Use definite and indefinite articles in different contexts.

**❶** Emilia escribe sobre lo que les pasó a sus amigas. Completa el párrafo con artículos indefinidos (un, una, unos, unas):

Susana y Lina eran **1.** _____ jóvenes muy simpáticas. Estudiaban en
**2.** _____ escuela lejos de la ciudad. Hacían muchas cosas juntas. Siempre
tenían **3.** _____ tema para conversar. Durante **4.** _____ meses,
tomaron clases de baile juntas. Eran inseparables. Pero **5.** _____ día todo
cambió. Llegó **6.** _____ estudiante nuevo. Era **7.** _____ chico alto y
muy simpático, aunque **8.** _____ poco serio....

**❷** Escribe cinco oraciones sobre la gente de tu escuela. Usa artículos definidos y subráyalos. Usa el vocabulario de la lección.

**Modelo:** *La profesora de matemáticas tiene el pelo castaño.*

**1.** _____
**2.** _____
**3.** _____
**4.** _____
**5.** _____

**❸** Ahora, escribe otro párrafo para continuar la historia que comenzó a escribir Emilia. Usa artículos definidos e indefinidos en las oraciones y el vocabulario de la lección.

**Modelo:** *El chico se llamaba Antonio. Su casa estaba cerca de la escuela. Una mañana, Antonio se dio cuenta de que Lina era una chica muy trabajadora...*

_____
_____
_____
_____
_____

# Gramática A  *Noun–adjective agreement*

> **¡AVANZA!**   **Goal:**   Practice noun–adjective agreement while describing people and things.

**1** Matías y Carolina quieren describir a la gente y lugares en su escuela nueva. Conecta las palabras de la primera columna con el adjetivo que corresponde en la segunda columna.

**Modelo:**   director ⟶ serio

| | |
|---|---|
| la escuela | trabajadores |
| las chicas | simpática |
| el hombre | perezosas |
| la maestra | grande |
| los chicos | pelirrojo |

**2** Subraya el adjetivo que describe correctamente a las siguientes personas.

**Modelo:**   El pintor es un hombre muy (artística / <u>artístico</u>).

1. El Sr. Benito es un profesor (cómica / cómico).

2. Adela y Juanita son dos chicas (atlética / atléticas).

3. Mi padre es un hombre (bajo / baja).

4. La profesora de inglés es (simpáticos / simpática).

5. Mi tío Jorge es un hombre (altas / alto).

6. Diego es muy (guapa / guapo).

**3** El padre de Marcia le hace preguntas sobre la escuela. Responde con la palabra opuesta (*the opposite*).

**Modelo:**   ¿Cómo son los estudiantes, trabajadores?

*No, los estudiantes son  <u>perezosos</u>  .*

1. ¿Cómo es el director, cómico?

No, el director es muy _____ .

2. ¿Cómo es el aula de tu clase de español, pequeña?

No, el el aula de mi clase de español es _____ .

3. ¿Cómo es tu amiga Ana, baja?

No, mi amiga es _____ .

4. ¿Cómo eres tú en tus clases, desorganizada?

No, yo soy muy _____ .

5. Y el profesor de tu clase de teatro, ¿es muy serio?

No, es muy _____ .

# Gramática B *Noun–adjective agreement*

> **¡AVANZA!**   **Goal:**   Practice noun–adjective agreement while describing people and things.

**1** Escribe tres adjetivos correspondientes de la lista en los blancos que corresponden para describir a las siguientes personas.

| trabajadoras | estudiosos | organizadas | alta |
| joven | buena | simpáticos | atlético |
| bonitas | guapo | cómica | pelirrojos |

| **Modelo:** chica | *buena* | *alta* | *cómica* |
| --- | --- | --- | --- |
| hombre | | | |
| mujeres | | | |
| chicos | | | |

**2** Escoge el adjetivo correcto en cada oración y escribe oraciones completas para describir a los vecinos de Lucía.

**Modelo:**   perro / Martín / es / de/ El / blanco / blanca
*El perro de Martín es blanco.*

**1.** chica / María / simpática / simpático / es / una

_____

**2.** hombre / Juan / inteligente / inteligentes / es / un

_____

**3.** amigas / son / Mis / organizadas / organizado

_____

**4.** Mi / es / mamá / muy / serio / seria

_____

**3** Juan escribe el nombre de algunos estudiantes con descripciones de cada uno de ellos, pero escribió mal los adjetivos. Escribe oraciones completas para corregir sus errores.

| JUAN | estudiosa / responsables | | ELENA | inteligentes / trabajador |
| --- | --- | --- | --- | --- |
| CAMILA | cómicas / simpáticos | | JULIA | perezoso / desorganizado |

**Modelo:**   *Juan es estudioso y responsable.*

**1.** _____

**2.** _____

**3.** _____

# Gramática C *Noun–adjective agreement*

| ¡AVANZA! | **Goal:** Practice noun–adjective agreement while describing people and things. |
|---|---|

**1** Escribe oraciones completas con tres adjetivos para describir a las personas en tu escuela.

**Modelo:** Marcela: *Marcela es bonita, divertida y simpática.*

**1.** Carlos: _____

**2.** La profesora de matemáticas: _____
_____

**3.** Los chicos del equipo de fútbol: _____
_____

**4.** Martina y su hermana: _____

**5.** El director de la escuela: _____

**2** El periódico de la escuela te entrevista para un artículo sobre los estudiantes. Contesta las siguientes preguntas para el artículo con oraciones completas.

**1.** ¿Cómo te describes a ti mismo?
_____

**2.** ¿Cómo eres como estudiante?
_____

**3.** ¿Qué opinas de esta escuela?
_____

**4.** ¿Qué opinas de los profesores de la escuela?
_____

**5.** ¿Cómo te imaginas que es el trabajo de presidente de los estudiantes?
_____

**3** Hay elecciones en tu escuela y tú quieres ser el presidente de la Asociación de Estudiantes. Escribe un informe para describir tus habilidades y capacidades para ser un líder.

**Modelo:** *Soy Martín González. Tengo 18 años. Soy organizado...*

_____
_____
_____
_____

UNIDAD 1 Lección 2
Gramática C

# Gramática adicional

| ¡AVANZA! | **Goal:** Become familiar with how certain adjectives change meaning depending on where they are placed. |

## Posición de los adjetivos y cambios de significado

El significado de ciertos adjetivos cambia según su posición antes o después del nombre.

Por ejemplo, mira la diferencia de significado entre los siguientes adjetivos según su posición.

| Antes del nombre | | Después del nombre | |
|---|---|---|---|
| **cierto lugar** | *some* | **un dicho cierto** | *certain / sure* |
| **gran presidente** | *great* | **una casa grande** | *big* |
| **nuevo trabajo** | *new (to owner)* | **un carro nuevo** | *brand new* |
| **pobre Juan** | *unfortunate* | **la gente pobre** | *poor (lacking money)* |
| **viejo amigo** | *longime / former* | **hombre viejo** | *old* |

**1** Manuel conoce a Martín en la escuela. Ellos tienen muchas cosas en común. Escribe la respuesta correcta para completar el diálogo.

**Modelo:** Manuel: Me gusta ir al museo.

Martín: A mí también me gusta ver ___<sup>a</sup>___ .

**a.** las obras de los grandes artistas.

**b.** las obras de los artistas grandes.

1. Manuel: ¡Mi abuela acaba de cumplir los 95 años!

   Martín: Yo también tengo una _____ .

   **a.** vieja abuela.

   **b.** abuela vieja.

2. Manuel: ¿Te gusta escuchar el último disco compacto de Shakira?

   Martín: Sí, escucho mucho mi _____ .

   **a.** nuevo disco compacto.

   **b.** disco compacto nuevo.

3. Manuel: Mi escuela es enorme y tiene muchos salones.

   Martín: Yo también asisto a una _____ .

   **a.** gran escuela.

   **b.** escuela grande.

4. Manuel: Me gusta ayudar a la gente sin casa ni dinero.

   Martín: ¡Qué bien! Debemos ayudar a las _____ .

   **a.** pobres personas.

   **b.** personas pobres.

# Integración: Hablar

| ¡AVANZA! | **Goal:** Respond to written and oral passages about likes and dislikes. |
|---|---|

Lee lo que escribió la presidenta de un Consejo Estundiantil de una preparatoria en México.

## ¡VOTA VERDE!

Por muchas razones, Marcela Benavides es la candidata ideal para dirigir este año el Consejo Estudiantil.

¿Quieres una presidenta popular, amistosa y trabajadora?

**Vota por la Planilla Verde.**

¿Quieres una presidenta con experiencia, personalidad e inteligencia?

**Vota por la Planilla Verde.**

¿Quieres una presidenta organizada, artística y atlética?

**Vota por la Planilla Verde.**

**No lo pienses más. Vé a las urnas este viernes y VOTA VERDE por la Planilla VERDE.**

Escucha con atención el siguiente audio. Toma nota y prepárate para completar la actividad.

### HL CD 1, tracks 5–6

¿Cómo describes la personalidad de Marcela? ¿Por qué crees que Marcela es la candidata ideal para dirigir el Consejo Estudiantil? ¿Crees que tú podrías dirigir el Consejo Estudiantil? ¿Por qué?

# Integración: Escribir

>  **Goal:** Respond to written and oral passages about likes and dislikes.

Lee cuidadosamente el siguiente anuncio.

---

http://www.personalweb.net                                                    **GO**

**María José**  26 años

Hola. Soy una abogada muy ocupada pero me gustaría hacer amigos. Busco personas que sean buenas, inteligentes y simpáticas como yo. Me gusta la disciplina y soy un poco seria. En mis ratos libres me gusta montar en bicicleta con mis padres y mi hermana Carla. La familia es muy importante para mi y no tengo mucho tiempo para actividades sociales. Escríbeme a mi buzón electrónico y cuéntame cómo eres tú y qué te gusta hacer.

**Otros pasatiempos (que no tengo tiempo de practicar):** escuchar música, nadar en el mar, jugar bingo y ajedrez

---

Eschucha el siguiente audio. Toma nota y luego reponde a las actividades.

## HL CD 1, tracks 7–8

Escribe un breve artículo de opinión sobre si el Internet es una forma segura de hacer amigos. Dí si tú pondrías un anuncio como María José y por qué.

_____

_____

_____

_____

_____

_____

_____

_____

_____

_____

_____

_____

_____

_____

**UNIDAD 1 Lección 2**

Integración: Escribir

**36**

Unidad 1, Lección 2
Integración: Escribir

**¡Avancemos! 1**
Cuaderno para hispanohablantes

# Lectura A

¡AVANZA!  **Goal:** Read and understand descriptions of self and others.

**1** Lee los siguientes anuncios de jóvenes que buscan amigos.

**¿ERES ARTÍSTICO(A)?** ¿Te gusta el arte? ¿Te gustan las obras de los grandes maestros del arte como Picasso y Velázquez? Busco amigos para hacer excursiones a los museos los sábados y domingos. Si eres artístico(a), inteligente y simpático(a), llámame por teléfono al (303) 555-6719.

**¡A LA COPA MUNDIAL!** ¿Te gustan los deportes? Busco compañeros para mirar los partidos de fútbol en la televisión y jugar al fútbol durante el fin de semana. No importa si eres alto(a) o bajo(a), pequeñ(a) o grande. Llama al (777) 555-6849 y pregunta por Marisa.

**¡ATENCIÓN, ESTUDIANTES!** Busco a otros estudiantes para formar un grupo de estudio. El grupo se reúne cada miércoles en el centro estudiantil de la escuela. Si eres organizado(a), serio(a), inteligente, y trabajador(a), mándame un correo electrónico: juan@clubestudiantil.com

**¿TE GUSTA DESCANSAR?** Si eres perezoso y no te gusta hacer nada, te gusta mirar la televisión y si eres desorganizado(a), te gustará nuestro club. Comemos, hablamos, miramos la televisión y no trabajamos en general. Si estas «actividades» te atraen, mándanos un correo electrónico: perezosos@correo.com

**2** **¿Comprendiste?** Escribe el título del anuncio que mejor corresponda a los intereses de cada persona.

1. Yo soy un(a) estudiante bueno(a). No me gusta estudiar solo(a).

   _____

2. No soy muy trabajador(a) ni organizado(a). Me gusta estar en casa y descansar.

   _____

3. Me gusta hacer excursiones al museo. No soy artística, pero me gusta el arte.

   _____

4. Me gustan los deportes, especialmente el fútbol. Soy atlético(a) pero no juego bien.

   _____

**3** **¿Qué piensas?** Elige un anuncio para contestar. Luego escribe tres descripciones de ti mismo(a) que corresponden al anuncio.

**Club que me interesa** _____

1. _____
2. _____
3. _____

# Lectura B

| ¡AVANZA! | **Goal:** Read and understand descriptions of self and others. |
|---|---|

**1** Lee la carta de María a su abuela.

Querida abuelita:

¿Cómo estás? Ya estamos en Madison, Wisconsin. Es una ciudad bonita pero hace frío. José y yo ya estamos en la escuela. Es grande y hay alumnos de muchos países. Ya tengo amigas. Rita es de España, Esperanza es de Venezuela y Carmen es de Bolivia. Mi maestro es de Estados Unidos, es joven y ordenado. Dice que soy artística porque me gusta escuchar música y tocar la guitarra. Después de la escuela mi hermano y yo tomamos clases de arte con una maestra muy buena, desorganizada pero simpática. La maestra dice que mi hermano José es diferente de mí porque es muy perezoso. No le gusta hacer la tarea. Es atlético: le gusta jugar al fútbol y practicar todos los deportes. Por las tardes me gusta pasear con mis amigas, comer pizza y tomar un refresco. En la noche me gusta hacer mi tarea porque soy muy estudiosa, pero a José le gusta descansar y mirar la televisión.

Un abrazo, María.

**2** **¿Comprendiste?** María le escribe una carta a su abuelita para contarle de sus actividades en Wisconsin. Contesta las siguientes preguntas con oraciones completas.

**1.** ¿Qué actividad tienen en común María y su hermano José?

_____

**2.** ¿Qué actividades le gusta hacer a María?

_____

**3.** ¿Qué no le gusta hacer a José?

_____

**4.** ¿Qué le gusta hacer a María por la tarde?

_____

**5.** ¿Cómo es el maestro de la escuela de María?

_____

**3** **¿Qué piensas?** ¿Cómo eres? Describe tu carácter y escribe 3 actividades que te gustan.

_____

_____

_____

# Lectura C

| ¡AVANZA! | **Goal:** Read and understand descriptions of self and others. |
|---|---|

**1** Lee el siguiente anuncio publicitario para un programa de estudio en el verano.

## Programa de verano en México

El programa del verano del Instituto de Artes Plásticas busca estudiantes serios, organizados y trabajadores con interés en la historia del arte para estudiar el período muralista en la Ciudad de México este verano. Bajo la supervisión de nuestros profesores, los estudiantes de este programa van a conocer a los tres grandes muralistas de México: Diego Rivera, José Clemente Orozco y David Alfaro Siqueiros. Durante las cuatro semanas del programa, los estudiantes aprenden la importancia y sentido social de estos artistas en el arte mundial. Al final del programa, todos los alumnos van a dar una presentación en grupo para hacer una comparación de la obra de estos grandes maestros del arte.

Los estudiantes que completaron el programa durante años pasados opinan que es un programa divertido pero tienen que ser serios, organizados, y estudiosos para completarlo. Para ser aceptado(a) en el programa, no es necesario ser artístico(a), pero se pide interés en hablar español y estudiar el arte popular y su influencia en los Estados Unidos. Este programa es una gran oportunidad de practicar el español y aprender sobre un gran período en la historia del arte mexicano.

**UNIDAD 1 Lección 2  Lectura C**

**2** **¿Comprendiste?** Responde a las siguientes preguntas con oraciones completas.

1. ¿Qué tipo de estudiantes deben solicitar ingreso al programa?

   _____

2. Según el anuncio, ¿cuál es el tema principal del programa?

   _____

3. ¿Qué hacen los estudiantes al final del programa?

   _____

4. ¿Qué cualidades son necesarias para entrar en el programa?

   _____

   _____

**3** **¿Qué piensas?** ¿Te interesa estudiar el arte? ¿Por qué sí o por qué no?

_____

_____

_____

**40**

Unidad 1, Lección 2
Lectura C

UNIDAD 1 Lección 2

Lectura C

¡**Avancemos! 1**
Cuaderno para hispanohablantes

# Escritura A

| ¡AVANZA! | **Goal:** Describe yourself and others and identify people and things. |

**1** Vas a escribir un artículo sobre tu clase de español para la página Web de tu escuela. Completa la tabla con descripciones de las personas y las actividades que les gustan.

| | **Descripción** | **Actividades** |
|---|---|---|
| Yo | | |
| Mis compañeros de clase | | |
| Mi profesor(a) de español | | |

**2** Con la información de la Actividad 1, escribe tu artículo de cinco oraciones. Tu artículo debe tener 1) una introducción, 2) un cuerpo y 3) una conclusión. Escribe oraciones completas.

_____

_____

_____

_____

_____

**3** Evalúa tu respuesta a la Actividad 2 usando la siguiente información.

| | **Crédito máximo** | **Crédito parcial** | **Crédito mínimo** |
|---|---|---|---|
| Contenido | Escribiste el artículo con cinco oraciones completas con las descripciones y actividades de la clase. | Escribiste el artículo con menos de cinco oraciones. Algunas oraciones no están completas. | No pudiste escribir más de dos oraciones y las respuestas no están bien estructuradas. No pudiste escribir descripciones o actividades. |
| Uso correcto del lenguaje | Tuviste muy pocos errores o ninguno en el uso del lenguaje y de la ortografía. | Hay muchos errores en el uso del lenguaje y la ortografía. | Hay un gran número de errores en el uso del lenguaje y la ortografía. |

# Escritura B

> **¡AVANZA!**  **Goal:** Describe yourself and others and identify people and things.

**1** Juan Carlos, un estudiante de México, va a estudiar en tu escuela el próximo semestre. Durante sus estudios él va a vivir con tu familia. Vas a escribirle un email para presentarte y describirle cómo es tu vida en los Estados Unidos. Organiza tus ideas en la siguiente tabla.

| Escribe 3 adjetivos para describir tu personalidad: |
| --- |
| _____  _____  _____ |
| Escribe 3 adjetivos para describir cómo eres (tu apariencia): |
| _____  _____  _____ |
| Escribe 3 actividades que te gusta hacer: |
| _____  _____  _____ |

**2** Con la información de la Actividad 1 escribe la carta a Juan Carlos. Asegúrate de incluir: 1) un saludo, 2) una descripción de seis oraciones de ti y de tus actividades y 3) una despedida.

_____

_____

_____

_____

_____

_____

**3** Evalúa tu respuesta a la Actividad 2 usando la siguiente información.

|  | **Crédito máximo** | **Crédito parcial** | **Crédito mínimo** |
| --- | --- | --- | --- |
| Contenido | Escribiste una carta con por lo menos seis oraciones completas que incluyen la información necesaria. | Escribiste una carta con por lo menos cuatro oraciones completas, que incluyen información necesaria. | Sólo escribiste unas cuantas oraciones, completas o incompletas, y falta casi toda la información necesaria. |
| Uso correcto del lenguaje | Tuviste muy pocos errores o ninguno en el uso del lenguaje y de la ortografía. | Tuviste muchos errores en el uso del lenguaje y de la ortografía. | Tuviste un gran número de errores en el uso del lenguaje y de la ortografía. |

# Escritura C

> **¡AVANZA!**   **Goal:**   Describe yourself and others and identify people and things.

**①** En la escuela te piden escribir una composición sobre un personaje famoso (deportista, cantante, actor, actriz, político(a), etc.) y que digas por qué lo seleccionaste. Sigue estas instrucciones:

**a.** Di sobre quién vas a escribir tu composición: _____

**b.** Di por qué esta persona te interesa: _____

**c.** Escribe dos oraciones completas con una descripción del personaje:

_____

_____

**d.** Escribe dos oraciones completas en las que digas lo qué te gusta o no te gusta de esta persona, y por qué:

_____

_____

**②** Escribe tu composición. Asegúrate de incluir: 1) introducción, 2) cuerpo y 3) conclusión.

_____

_____

_____

_____

**③** Evalúa tu respuesta a la Actividad 2 usando la siguiente información.

|  | **Crédito máximo** | **Crédito parcial** | **Crédito mínimo** |
|---|---|---|---|
| Contenido | Escribiste seis o más oraciones completas que incluyen toda la información necesaria. | Escribiste menos de cuatro oraciones completas, por lo que falta alguna información necesaria. | Sólo escribiste dos o menos oraciones, completas o incompletas, y falta casi toda la información necesaria. |
| Uso correcto del lenguaje | Tuviste muy pocos errores o ninguno en el uso del lenguaje y de la ortografía. | Tuviste muchos errores en el uso del lenguaje y de la ortografía. | Tuviste un gran número de errores en el uso del lenguaje y de la ortografía. |

# Cultura A

> **¡AVANZA!** **Goal:** Use and strengthen cultural information about he Hispanic culture in the United States.

**1** ¿Son ciertas o falsas estas oraciones sobre *Saludos desde San Antonio y Miami*? Encierra en un círculo la respuesta correcta. Usa la información de tu libro para responder.

| | | |
|---|---|---|
| **1.** El Álamo se localiza en San Antonio. | C | F |
| **2.** El Mercado es un restaurante de comida mexicana. | C | F |
| **3.** Calle Ocho es un museo cubano en San Antonio. | C | F |
| **4.** La Pequeña Habana se localiza en Cuba. | C | F |
| **5.** Fiesta San Antonio celebra la historia y cultura del lugar. | C | F |

**2** Escribe el lugar en San Antonio y Miami donde la comunidad hispana puede hacer las siguientes actividades. Completa la siguiente tabla con la información de tu libro.

| | |
|---|---|
| Comer comida mexicana típica en San Antonio: | |
| Comer sándwiches cubanos: | |
| Escuchar la música de los mariachis: | |
| Visitar el Álamo y museos: | |
| Visitar la Pequeña Habana: | |

**3** La comida Tex-Mex combina estilos de comida de México y de Texas. Escribe cinco ingredientes o comidas Tex-Mex que hayas probado o que conozcas.

1. _____  2. _____

3. _____  4. _____

5. _____

# Cultura B

> **¡AVANZA!**  **Goal:** Use and strengthen cultural information about he Hispanic culture in the United States.

**1** Usa la información del cuadro para completar las siguientes oraciones sobre la comunidad hispana en San Antonio y Miami.

| | | |
|---|---|---|
| **el Paseo del Río** | **montar en bicicleta** | **la música de los mariachis** |
| **comida mexicana**   **la Calle Ocho** | **el Mercado** | **jugo de mango** |

En Miami, si hace buen tiempo los chicos y chicas pueden andar en patineta o

1. _____ . También pueden ir a

2. _____ a pasear y beber 3. _____ .

En San Antonio, los chicos y chicas pueden pasear después de clases por

4. _____ . En 5. _____ pueden

escuchar 6. _____ y comer 7. _____

típica.

**2** Usa la información de tu libro para responder en forma breve a las siguientes preguntas sobre San Antonio y Miami. Contesta con oraciones completas que contengan sujeto, predicado y punto final.

1. ¿Qué lugar en San Antonio muestra la fotografía de la página 48?

   _____

2. ¿Qué está haciendo el chico de la fotografía en la página 49?

   _____

3. ¿Qué actividades pueden hacer los visitantes para pasarla bien en San Antonio?

   _____

4. ¿Cuáles son dos actividades en común que puede hacer la gente en San Antonio y en Miami?

   _____

**3** Mira la pintura que está en la página 68 de tu libro. ¿Cómo se llama esta obra? ¿Quién es su autor(a)? Escribe cinco oraciones completas para describir lo que pasa en la escena.

_____

_____

_____

_____

_____

# Cultura C

┌─────────────────────────────────────────────────────────────────┐
│ **¡AVANZA!**   **Goal:**   Use and strengthen cultural information about he Hispanic culture in the │
│                            United States.                          │
└─────────────────────────────────────────────────────────────────┘

**1** ¿De dónde viene la mayoría de la población hispana de los Estados Unidos? Escribe un párrafo corto sobre un país de América Latina que conozcas. Puedes describir el idioma que hablan, dónde se localiza y algunas de sus tradiciones, música o platillos típicos. Luego, encuentra una semejanza y una diferencia entre este país y los Estados Unidos.

_____

_____

_____

_____

_____

**2** Responde con oraciones completas las siguientes preguntas sobre el tema que aprendiste relacionado con la cultura latina.

1. ¿Qué tipo de restaurantes hay en tu comunidad que sirvan platillos de otros países?

_____

2. ¿Alguna vez has comido un platillo de otro país? Descríbelo.

_____

3. ¿Por qué crees que hay restaurantes que ofrecen comidas de otros países?

_____

4. ¿Por qué crees que una determinada cocina usa ciertos ingredientes?

_____

5. ¿Por qué crees que se le llama comida Tex-Mex?

_____

**3** Carmen Lomas Garza es una artista cuyos cuadros reflejan escenas de la cultura México-americana. ¿Qué tipo de temas usó Carmen Lomas Garza en sus pinturas? Si tuvieras la oportunidad de conocerla, ¿que le sugerirías que pintara? ¿Por qué? Explica tu respuesta.

_____

_____

_____

_____

# Comparación cultural: Me gusta...
## Lectura y escritura

Después de leer los párrafos en donde José, Martina y Mónica se describen a sí mismos y hablan de sus actividades favoritas, escribe un párrafo corto sobre ti mismo(a). Usa la información del cuadro personal para escribir las oraciones y después escribe un párrafo que te describe.

### Paso 1

Completa el cuadro personal con el mayor número de detalles de ti mismo(a).

| Categoría | Detalles |
|---|---|
| país de origen | |
| descripción física | |
| personalidad | |
| actividades favoritas | |
| comidas favoritas | |

### Paso 2

Ahora usa los datos del cuadro personal y escribe una oración para cada uno de ellos.

_____

_____

_____

_____

# Comparación cultural: Me gusta...

## Lectura y escritura

*(continuación)*

### Paso 3

Ahora escribe un párrafo usando las oraciones que escribiste como guía. Incluye una oración de introducción y utiliza los verbos **ser** y **gustar** para describirte.

_____

_____

_____

_____

_____

_____

### Lista de verificación
### Asegúrate de que...

☐ todos los datos personales que pusiste en el cuadro están incluidos en el párrafo;

☐ das detalles para describir claramente las actividades que más te gustan;

☐ incluyes nuevas palabras de vocabulario y los verbos **ser** y **gustar**.

### Tabla

Evalúa tu trabajo usando la tabla siguiente.

| Criterio de escritura | Excelente | Bueno | Necesita mejorar |
|---|---|---|---|
| **Contenido** | Tu párrafo incluye muchos datos acerca de ti. | Tu párrafo incluye algunos datos acerca de ti. | Tu párrafo incluye muy poca información de ti. |
| **Comunicación** | La mayor parte de tu párrafo está organizada y es fácil de entender. | Partes de tu párrafo están organizadas y son fáciles de entender. | Tu párrafo está desorganizado y es difícil de entender. |
| **Precisión** | Tu párrafo tiene pocos errores de gramática y de vocabulario. | Tu párrafo tiene algunos errores de gramática y de vocabulario. | Tu párrafo tiene muchos errores de gramática y de vocabulario. |

# Comparación cultural: Me gusta...
## Compara con tu mundo

Ahora escribe una comparación de uno de los tres estudiantes que aparecen en la página 79 y tú mismo(a). Organiza tus comparaciones por tema. Primero compara el lugar de dónde vienen, después sus personalidades y por último sus actividades y comida favoritas.

## Paso 1

Utiliza el cuadro para organizar las comparaciones por tema. Escribe tus datos y los del(de la) estudiante que escogiste para cada uno de los temas.

| Categoría | Mi descripción | La descripción de _____ |
|---|---|---|
| país de origen | | |
| descripción física | | |
| personalidad | | |
| actividades favoritas | | |
| comidas favoritas | | |

## Paso 2

Ahora usa los datos del cuadro personal para escribir la comparación. Incluye una oración de introducción y escribe sobre de cada uno de los temas. Utiliza los verbos **ser** y **gustar** para describirte a ti mismo(a) y al (a la) estudiante que escogiste.

_____
_____
_____
_____
_____
_____
_____

# Vocabulario A  *Somos estudiantes*

> **¡AVANZA!**　**Goal:**　Talk about school and class schedules.

**1** ¿Qué hora es? Escoge la oración que corresponde con la hora en cada reloj.

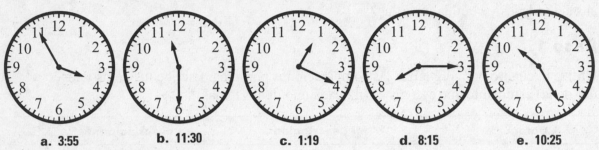

**a. 3:55**　　**b. 11:30**　　**c. 1:19**　　**d. 8:15**　　**e. 10:25**

1. _____ Es la una y diecinueve.

2. _____ Son las diez y veinticinco.

3. _____ Son las cuatro menos cinco.

4. _____ Son las once y media.

5. _____ Son las ocho y cuarto.

**2** Rafaela tiene que contar el número de chicos y chicas en sus clases. ¿Cuántos estudiantes hay en total en cada una? Expresa los números como palabras.

1. doce + tres = _____

2. noventa + diez = _____

3. cincuenta + veinte = _____

4. catorce + cuatro = _____

5. veinte + uno = _____

**3** Algunos(as) estudiantes y tú tienen clases a diferentes horas. Ordena las palabras para escribir oraciones completas.

**Modelo:**　Margarita / clase de inglés / a las siete y media / tiene
　　　　　　*Margarita tiene clase de inglés a las siete y media.*

1. clase de matemáticas / ellos / a las ocho de la mañana / tienen

　_____

2. a las nueve y media / tengo / yo / clase de arte

　_____

3. clase de español / Lucas y Sandra / a la una de la tarde / tienen

　_____

4. tenemos / a las dos / clase de ciencias / nosotros

　_____

**50**

Unidad 2, Lección 1
Vocabulario A

**¡Avancemos! 1**
Cuaderno para hispanohablantes

UNIDAD 2 Lección 1

Vocabulario A

# Vocabulario B *Somos estudiantes*

> **¡AVANZA!** **Goal:** Talk about school and class schedules.

**1** Estás en clase de matemáticas y no puedes usar la calculadora para hacer estas operaciones simples ($+$, $-$, $\times$, $\div$). Lee las preguntas y escribe los resultados en letras.

1. ¿Cuánto es dieciocho menos trece? _____

2. ¿Cuánto es doce por tres? _____

3. ¿Cuánto es sesenta y cuatro dividido entre dos? _____

4. ¿Cuánto es veintitrés más veinticinco? _____

5. ¿Cuánto es diecinueve por cuatro? _____

6. ¿Cuánto es setenta y tres menos cuarenta y dos? _____

**2** Estás en la escuela de tu amiga Paloma. Escribe oraciones completas para decir qué clases observas.

**Modelo**   **1.**   **2.**   **3.**   **4.**

**Modelo:** *Es la clase de español.*

1. _____

2. _____

3. _____

4. _____

**3** Escribe oraciones completas para decir a qué horas tienes diferentes clases, con qué frecuencia y con cuál profesor(a).

**Modelo:** Mi primera clase *es de inglés. Siempre tengo clase a las siete de la mañana. El profesor es el señor Gómez.*

1. Mi segunda clase _____

   _____

2. Mi tercera clase _____

   _____

3. Mi cuarta clase _____

   _____

# Vocabulario C *Somos estudiantes*

| ¡AVANZA! | **Goal:** Talk about school and class schedules. |

**1** Resuelve el problema sobre la compra y venta de un libro. Escribe los números en palabras.

Compras un libro de computación en 400 _____ pesos. Después lo vendes en 430 _____ pesos. Necesitas el libro otra vez y lo compras en 380 _____ pesos. Cuando se terminan las clases lo vendes en 450 _____ pesos. ¿Cuánto dinero ganaste?

**a.** 300 pesos    **b.** 150 pesos    **c.** 100 pesos    **d.** 50 pesos

**2** Hablas por teléfono con Santiago, un amigo de México. Escribe cinco preguntas para tu amigo sobre cómo es un día típico en su escuela. También escribe las respuestas de Santiago.

**Tú:** _____

**Santiago:** _____

**Tú:** _____

**Santiago:** _____

**Tú:** _____

**Santiago:** _____

**Tú:** _____

**Santiago:** _____

**Tú:** _____

**Santiago:** _____

**3** Escribe un párrafo para contar cómo es un día de escuela en tu vida diaria: a qué horas tienes clases, cuáles son tus clases favoritas y por qué, quiénes son tus profesores y algunos de tus compañeros de clases.

_____

_____

_____

_____

_____

_____

_____

_____

UNIDAD 2 Lección 1

Vocabulario C

Unidad 2, Lección 1
Vocabulario C

**52**

¡Avancemos! 1
Cuaderno para hispanohablantes

# Vocabulario adicional *Más expresiones de frecuencia*

| ¡AVANZA! | **Goal:** Use additional expressions of frequency. |
|---|---|

Se usan los adverbios de frecuencia para indicar el número de veces que ocurre algo. Ya puedes expresarte con los adverbios **siempre**, **muchas veces** y **nunca**.

**Otras expresiones de frecuencia:**

| | |
|---|---|
| **a veces** | *sometimes* |
| **cada vez** | *every time* |
| **dos veces** | *twice* |
| **otra vez** | *again* |
| **anualmente** | *annually* |
| **raramente** | *rarely, seldom* |
| **regularmente** | *regularly* |

**1** Describe la rutina que sigues para mantenerte en forma y mantener la salud. Menciona la frecuencia con que haces cada cosa. Usa el vocabulario de la lista de arriba en seis oraciones completas.

1. _____
2. _____
3. _____
4. _____
5. _____
6. _____

**2** Escribe un correo electrónico a un(a) amigo(a) desde Argentina. Dile qué actividades haces en los Juegos Olímpicos y con qué frecuencia las haces.

| A: |
|---|
| DE: |
| |
| _____ |
| _____ |
| _____ |
| _____ |

UNIDAD 2 Lección 1    Vocabulario adicional

# Gramática A  *The verb tener*

> **¡AVANZA!**  **Goal:**  Use the verb **tener** in different contexts.

**1** Elige la forma correcta del verbo tener para completar cada oración sobre las clases.

1. Los estudiantes en la clase de química (tiene / tienen) que tomar muchos apuntes.

2. En mi clase de inglés, yo (tengo / tiene) una computadora y un escritorio grande.

3. No está Raúl porque (tienen / tiene) clase de arte a las doce menos diez.

4. De vez en cuando, Carmen y yo (tengo / tenemos) que estudiar juntos.

**2** Lee las siguientes oraciones sobre las actividades en la escuela. Escribe la forma correcta del verbo tener de acuerdo con las oraciones.

1. ¿ _____ tú clase ahora?

2. Hay fútbol hoy, pero nosotros _____ que estudiar para un examen.

3. ¡Ay! La tarea es difícil. Profesor López, ¿ _____ usted tiempo de ayudarme?

4. Carlos y Ernesto _____ cinco libros para la clase de historia.

**3** Escribe oraciones completas para responder a qué horas tienen clase tú y otras personas.

**Modelo:**  ¿Qué clase tiene Ernesto a las doce y media?

*Ernesto tiene clase de inglés a las doce y media.*

|               | ciencias | matemáticas | inglés | computación |
|---------------|----------|-------------|--------|-------------|
| **nosotros**  | 8:00     | 9:15        | 10:45  | 12:30       |
| **Raúl y Liliana** | 9:15 | 10:45       | 12:30  | 1:45        |
| **Ernesto**   | 8:00     | 9:45        | 11:30  | 1:45        |
| **tú**        | 8:00     | 9:15        | 10:45  | 12:30       |

1. ¿Qué clase tenemos a las nueve y cuarto?

_____

2. ¿Qué clase tienen Raúl y Liliana a la una y cuarenta y cinco?

_____

3. ¿Qué clase tiene Ernesto a las ocho?

_____

4. ¿Qué clase tienes tú a las diez y cuarenta y cinco?

_____

# Gramática B  *The verb* **tener**

> **¡AVANZA!**  **Goal:** Use the verb **tener** in different contexts.

**1** Escribe la forma correcta del verbo *tener* para completar el siguiente párrafo sobre el horario de Isabel, una alumna de tu escuela.

Me llamo Isabel y yo **1.** _____ cuatro clases este semestre. Mis amigas **2.** _____ cinco clases porque yo **3.** _____ que trabajar por la tarde. Mi mejor amiga María y yo no **4.** _____ clases juntas, pero comemos juntas cada día porque nosotras **5.** _____ la misma hora libre para comer. ¿Qué clases **6.** _____ tú este semestre?

**2** ¿Qué tienen que hacer los estudiantes? Lee la descripción de los estudiantes y escribe lo que tienen que hacer. Escribe oraciones completas.

**Modelo:**  Juan quiere sacar una buena nota en la clase de historia.
*Juan tiene que estudiar mucho.*

**1.** Alicia quiere escribir un correo electrónico a su amiga.
_____

**2.** Yo quiero hablar bien el español.
_____

**3.** Carla y Miguel quieren estudiar para el examen pero no recuerdan lo que aprenden en la clase.
_____

**4.** Ustedes tienen que entregar un ensayo mañana.
_____

**3** Contesta las preguntas personales con oraciones completas.Usa **tener que** en las respuestas.

**1.** ¿En qué clase tienes que tomar apuntes?
_____

**2.** ¿En qué clase tienen ustedes que leer mucho?
_____

**3.** ¿Tienen que hablar mucho los alumnos en las clases de idiomas?
_____

**4.** ¿Tienes que hacer mucha tarea en la clase de matemáticas?
_____

**5.** Si yo saco malas notas en la clase de química, ¿que tengo que hacer?
_____

# Gramática C  *The verb tener*

> **¡AVANZA!**　**Goal:**　Use the verb **tener** in different contexts.

**1** Escribe qué tienen que hacer las personas en los dibujos. Usa el sujeto que ves en cada dibujo y escribe oraciones completas.

**1. La profesora Ramírez**　　**2. Yo**　　**3. Nosotros**　　**4. Tú**　　**5. Paco**

1. _____

2. _____

3. _____

4. _____

5. _____

**2** Escribe un párrafo con oraciones completas para contar qué tienen que hacer regularmente algunos alumnos y tú en la escuela. Usa diferentes formas del verbo **tener** en el presente.

_____

_____

_____

_____

_____

_____

_____

UNIDAD 2 Lección 1

Gramática C

# Gramática A   *Present Tense of -ar Verbs*

**Level 1 Textbook** pp. 96–98

| ¡AVANZA! | **Goal:** Use the present tense of **-ar** verbs to say what people do. |

**1** Lee las oraciones y escoge la forma correcta del verbo para saber lo que hacen estas personas.

1. Ana _____ mucho en la clase de español.

   **a.** habla    **b.** hablo    **c.** hablas

2. La estudiante organizada _____ apuntes en clase.

   **a.** toman    **b.** tomo    **c.** toma

3. Pablo y yo _____ figuras humanas en la clase de arte.

   **a.** dibujan    **b.** dibujamos    **c.** dibujas

4. Si tú no _____ el DVD hoy, yo lo alquilo mañana.

   **a.** alquilas    **b.** alquilan    **c.** alquilamos

**2** Algunas personas y tú hacen diferentes actividades. Ordena las palabras para escribir oraciones completas. Conjuga el verbo terminado en **-ar** en su forma correcta.

**Modelo:**   después de la escuela / música / tú / (escuchar)
*Tú escuchas música después de la escuela.*

1. frutas / yo / a las tres de la tarde / (comprar)

   _____

2. en la noche / la guitarra / un grupo de amigos / (tocar)

   _____

3. el español / el profesor Suárez / con los alumnos / (practicar)

   _____

4. de México / mi familia y yo / música / (escuchar)

   _____

**3** Completa la conversación de dos amigas con la forma correcta de los verbos entre paréntesis.

**Sandra:** Alicia, ¿tú _____ (practicar) deportes por la mañana o por la tarde?

**Alicia:** Yo _____ (practicar) deportes por la tarde, después de la escuela. Sandra, ¿a qué horas _____ (trabajar)?

**Sandra:** Yo _____ (trabajar) hasta las diez y media de la noche. Alicia, ¿a qué horas _____ (estudiar) para el examen de matemáticas?

**Alicia:** Yo _____ (estudiar) a las ocho de la mañana, antes de la clase de matemáticas.

# Gramática B  *Present Tense of -ar Verbs*

> ¡AVANZA!  **Goal:** Use the present tense of **-ar** verbs to say what people do.

**1** Escribe C si la oración es correcta o I si la oración es incorrecta. Corrige las oraciones donde los verbos no están bien conjugados.

> **Modelo:** Elena practicamos voleibol con sus amigas.  *I*
> *Elena practica voleibol con sus amigas.*

**1.** Julio y Ángel llego a las seis de la tarde al gimnasio. _____

_____

**2.** Nosotros miren el partido de fútbol por televisión. _____

_____

**3.** Tú sacas una buena nota en matemáticas. _____

_____

**4.** Yo trabaja en el proyecto de ciencias. _____

_____

**2** Escribe lo que hacen las personas de los dibujos. Usa la forma correcta de los verbos.

**1. Yo**    **2. Nosotros**    **3. Tú**    **4. Las alumnas**

**1.** _____

**2.** _____

**3.** _____

**4.** _____

**58** Unidad 2, Lección 1
Gramática B

¡Avancemos! 1
Cuaderno para hispanohablantes

UNIDAD 2 Lección 1
Gramática B

# Gramática C  *Present Tense of -ar Verbs*

| | |
|---|---|
| **¡AVANZA!** | **Goal:** Use the present tense of **-ar** verbs to say what people do. |

**❶** Escribe una pregunta para averiguar si estas personas hacen las actividades de los dibujos.

**Modelo:** Carlos   _¿Escucha Carlos la radio?_

   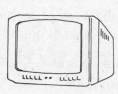

    **1.**     **2.**     **3.**     **4.**     **5.**

  **1.** Tú: _____

  **2.** Ustedes: _____

  **3.** Carmen: _____

  **4.** Nosotros: _____

  **5.** Rita y yo: _____

**❷** Trabajas en el periódico de tu escuela y le debes hacer una entrevista al profesor Rojas. Hazle preguntas sobre su trabajo y lo que hace en su tiempo libre. Usa el presente de los verbos de la lección terminados en **-ar**.

**Tú:** _____

**Profesor:** _____

**Tú:** _____

**Profesor:** _____

**Tú:** _____

**Profesor:** _____

**❸** Ahora escribe el artículo sobre lo que hace el profesor Rojas. Escribe cinco oraciones completas.

_____

_____

_____

_____

# Gramática adicional *La pluralización*

- Además de las formas regulares en que se añade una "s" a los sustantivos singulares para hacerlos plurales, hay unos sustantivos singulares que terminan en **-s**, los cuales mantienen la misma forma en el plural y el singular. En esos casos, el plural se indica por medio del artículo. Por ejemplo:

**El/un martes** ⟶ **los/unos martes**          **El/un paraguas** ⟶ **los/unos paraguas**

**El/un cumpleaños** ⟶ **los/unos cumpleaños**          **La/una crisis** ⟶ **las/unas crisis**

- También hay otros sustantivos singulares que terminan en -s, pero se agrega una -es para formar el plural

**El/un interés** ⟶ **los/unos intereses**          **El/un mes** ⟶ **los/unos meses**

**El/un inglés** ⟶ **los/unos ingleses**

**❶** Completa el cuadro con la forma singular o plural de cada sustantivo. Escribe los artículos también. Sigue el modelo.

**Modelo:** el miércoles          los miércoles

| Singular | Plural |
|---|---|
|  | los meses |
|  | las hipótesis |
| el jueves |  |
|  | los países |

**❷** Indica si los siguientes sustantivos son correctos o no. Si son incorrectos, escribe las formas correctas del singular y plural. Sigue el modelo.

**Modelo:** los estudiantes          correcto

1. el países _____

2. una crisis _____

3. los jueveses _____

4. el cumpleaños _____

5. el análisis _____

6. los interés _____

# Integración: Hablar

| ¡AVANZA! | Goal: | Respond to written and oral passages about telling time and discussing daily schedules. |
|---|---|---|

Lee el siguiente programa de la Feria de Educación de una secundaria en México.

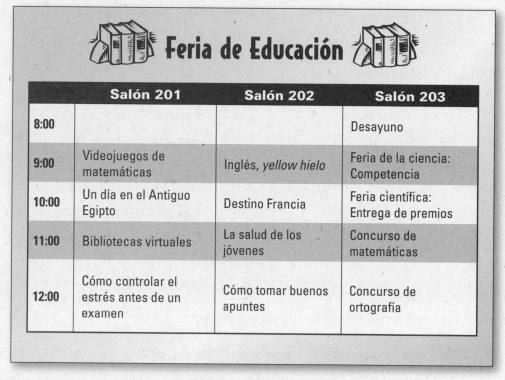

**Feria de Educación**

|  | Salón 201 | Salón 202 | Salón 203 |
|---|---|---|---|
| 8:00 |  |  | Desayuno |
| 9:00 | Videojuegos de matemáticas | Inglés, *yellow hielo* | Feria de la ciencia: Competencia |
| 10:00 | Un día en el Antiguo Egipto | Destino Francia | Feria científica: Entrega de premios |
| 11:00 | Bibliotecas virtuales | La salud de los jóvenes | Concurso de matemáticas |
| 12:00 | Cómo controlar el estrés antes de un examen | Cómo tomar buenos apuntes | Concurso de ortografía |

Escucha el siguiente audio. Toma nota y luego realiza la actividad.

## HL CD 1, tracks 9–10

¿Qué tutorías de la Feria de Educación te gustaría tomar? ¿Por qué? De acuerdo al audio, ¿qué se debe hacer para controlar el estrés antes de un examen? ¿Crees que los consejos del audio te pueden servir a la hora de tomar un examen? ¿Por qué?

# Integración: Escribir

**¡AVANZA!** **Goal:** Respond to written and oral passages about telling time and discussing daily schedules.

Lee el siguiente horario de clases de un estudiante para este semestre.

|  | **Clases abiertas** | **Clases cerradas** |
|---|---|---|
| **8:00** | Gramática | Química |
|  | **Matemáticas** | **Álgebra** |
|  | Computadoras | Inglés I |
| **9:00** | Inglés II | Historia de México I |
|  | **Biología I** | **Biología II** |
| **10:00** | Música | Arte y manualidades |
| **11:00** | **Álgebra avanzada** | **Español: Composición** |
|  |  | Escritura creativa |
| **12:30** | Descanso |  |
| **1:00** | Educación Física | Educación Física |

**Notas:** Las materias en **negritas** son clases requeridas.

Escucha el siguiente mensaje telefónico y después realiza la actividad.

## HL CD 1, tracks 11–12

Escribe un párrafo para describir cuál es el problema de Zacarías. En el mismo párrafo escribe una posible solución a su problema.

_____

_____

_____

_____

_____

_____

_____

_____

_____

_____

_____

Unidad 2, Lección 1
Integración: Escribir

**62**

**¡Avancemos! 1**
Cuaderno para hispanohablantes

UNIDAD 2 Lección 1

Integración: Escribir

# Lectura A

| ¡AVANZA! | **Goal:** Read about people's school activities and schedules. |

> Mi nombre es Cristina Aguilera. No soy la cantante. Tampoco toco la guitarra. Soy de Puebla. Me gustan mucho mis clases y mis compañeros son muy simpáticos. Éste es mi horario diario: Llego a la escuela a las siete de la mañana porque mis padres tienen que trabajar muy temprano. Cuando llego, como un poco de fruta y hago la tarea. Primero tengo clase de inglés. Para sacar buenas notas tengo que tomar muchos apuntes. Después tengo clase de arte. A las once empieza mi clase de ciencias. Esta clase me gusta porque trabajamos mucho. A las doce tengo clase de matemáticas. Es la clase más difícil y es de una hora y veinte minutos. Luego voy a almorzar con mis amigos. Por último tengo clase de español. Es muy divertida.

**1** **¿Comprendiste?** Escribe **cierto** o **falso** según la lectura.

**1.** La clase que más le gusta a Cristina es inglés. _____

**2.** Tiene matemáticas desde las doce de la tarde hasta la una y veinte. _____

**3.** Los fines de semana, Cristina usa las computadoras de la biblioteca. _____

**2** Escribe la letra de la frase que mejor completa cada oración.

**1.** Cristina llega temprano a la escuela porque _____ .

   **a.** desea descansar antes de la primera clase.

   **b.** tiene que comer.

   **c.** sus padres trabajan muy temprano.

   **d.** tiene clase de historia a las siete de la mañana.

**2.** Su clase de ciencias es _____ .

   **a.** en la mañana.

   **b.** a las once.

   **c.** a las diez menos cuarto.

   **d.** a las nueve.

**3** **¿Qué piensas?** Compara tu horario con el de Cristina. ¿Cómo son similares? ¿Cómo son diferentes?

_____

_____

_____

# Lectura B

¡AVANZA! **Goal:** Read about people's school activities and schedules.

## Mi nuevo horario

Soy Javier y tengo quince años. Soy de Acapulco y vivo en el estado de Oregón. Estudio en una escuela secundaria avanzada de ciencias y tecnología. Hay veintitrés estudiantes en mi salón. Todos tenemos las mismas clases. Hay muchas chicas en el programa, casi veinte. Primero tenemos clase de computación. Esta clase es como la clase de arte y es la más fácil porque tenemos que crear ilustraciones en la computadora. Después tenemos la clase de álgebra. En el recreo tengo que estudiar mis apuntes de inglés. Esta clase es a las diez y cuarenta y hoy tenemos examen. Tengo que estudiar para sacar muy buenas notas. Luego, en la clase de historia, estudio la historia de los Estados Unidos. Es la clase más difícil porque tengo que tomar muchos apuntes y no me gusta el horario. Deseo tener esta clase más temprano en la mañana. También tengo una clase de ciencias y esta semana tengo examen en esta clase. Veo a mis amigos casi todos los días. Los fines de semana descanso y veo la televisión.

❶ **¿Comprendiste?** Contesta las preguntas con oraciones completas.

**1.** ¿Cuántos exámenes tiene Javier esta semana, contando el que tiene hoy?

_____

**2.** ¿Cuál es la clase más fácil que tiene Javier este año? ¿Por qué?

_____

**3.** ¿Por qué no le gusta a Javier el horario de la clase de historia?

_____

_____

**4.** ¿Qué cualidades necesita una persona para estudiar en una escuela como la de Javier?

_____

_____

❷ **¿Qué piensas?** ¿Te gustaría tomar una clase de computación como ésta? ¿Por qué? ¿A qué hora? ¿Con cuánta frecuencia?

_____

_____

_____

# Lectura C

**¡AVANZA!**   **Goal:**   Read about people's school activities and schedules.

## El problema de Ricardo

Hoy lunes tengo un gran problema con mi tarea para la clase de historia. La maestra Parker nos da la oportunidad de escoger el tema para nuestro reporte y si queremos escribirlo solos o con un compañero. Ella dice que esto es una oportunidad, pero yo digo que es un gran privilegio. Para ser original, quiero escribir el mío sobre Tenochtitlán, la capital del Imperio Azteca, pero no he encontrado mucha información sobre el tema y tengo mucho para hacer.

Primero, tengo que estudiar para otras clases y no me la puedo pasar todo el día en esto. Segundo, mañana hay examen de matemáticas. También tengo que leer un libro para la clase de inglés. Y por último, mañana tengo que llegar temprano a la escuela, porque dejé allí mi libro de matemáticas.

Decidí pedirle ayuda a mis compañeros, ¡pero nadie tiene tiempo! María y Graciela van a escribir un reporte sobre Emiliano Zapata. Toño insiste en escribir el suyo sobre los mayas, un tema un poco difícil. Y Carolina está ocupada hasta las nueve de la noche, y yo no puedo a esa hora. ¡Nunca me ha pasado esto!

Ni modo, creo que voy a escribirlo sobre la Independencia de México. Entonces, ahora mi problema es cómo lo voy a enfocar. Creo que lo más fácil es escribir un reporte de cómo México se independizó de España. Como éste es el tema que más le gusta a la maestra, estoy seguro de que voy a sacar una nota excelente.

Después de pasar casi toda la tarde en la biblioteca, reuní bastantes notas para mi reporte. En él resalté cómo los mexicanos lucharon por el respeto de parte de España. Querían progresar, comercializar sus productos libremente y luchar en contra de la injusticia. Ellos se inspiraron en otros pueblos que ya se habían independizado.

Bueno, aquí está. Ahora sólo me queda esperar para ver si mi tiempo y esfuerzo me dan frutos y mi trabajo es bien evaluado. ¡Deséame suerte!

❶ **¿Comprendiste?** Contesta las preguntas con oraciones completas y breves.

**1.** ¿Cuál es el problema de Ricardo?  ¿Tiene demasiado que hacer o más bien no sabe organizar su horario?

_____

**2.** Describe los tipos de reportes que van a escribir los compañeros de Ricardo. ¿Crees que a él le gustaría unirse a alguien más para escribir sus reporte?

_____

_____

**3.** ¿Qué harías para escribir un reporte de Tenochtitlán y a qué hora lo harías?

_____

_____

**4.** ¿Por qué Ricardo desea escribir un reporte sobre un tema tan difícil como lo es la Independencia de México?

_____

_____

❷ **¿Qué piensas?** ¿Cómo organizas tu horario cuando tienes mucho que hacer? ¿Empiezas por lo más fácil y luego haces lo más difícil, o al revés? Describe las estrategias que usas normalmente.

_____

_____

_____

# Escritura A

> **¡AVANZA!**　**Goal:**　Write about your daily schedule.

**1** Llena el cuadro para decir con cuánta frecuencia haces cada una de estas actividades. Usa el vocabulario de la caja y sigue el modelo.

| actividad | frecuencia | actividad | frecuencia |
|---|---|---|---|
| descansar | | usar la computadora | |
| hacer la tarea | | leer un libro | |
| estudiar tus apuntes | | usar el uniforme | |
| comer | | tener examen | |

**2** Escribe un párrafo para contar qué haces al llegar a la escuela. Añade detalles para decir con qué frecuencia haces las actividades y con quién(es). En el párrafo debes: 1) escribir oraciones completas y claras; 2) usar la información de la actividad anterior; 3) conjugar de manera correcta los verbos, y tener una ortografía correcta.

_____

_____

_____

_____

_____

_____

**3** Evalúa tus párrafo usando la siguiente información.

| | Créditos máximo | Crédito parcial | Crédito mínimo |
|---|---|---|---|
| Contenido | Tu párrafo contiene detalles. Escribes oraciones completas y claras, y usas información de la actividad anterior. | Tu párrafo contiene algunos detalles. Algunas oraciones están incompletas o no son claras. A veces usas información de la actividad anterior. | Tu párrafo no contiene suficientes detalles. Muchas oraciones están incompletas y no son claras. Rara vez usas información de la actividad anterior. |
| Uso correcto del lenguaje | Hay muy pocos errores o ninguno en el uso de los verbos y de la ortografía. | Hay algunos errores en el uso de los verbos y de la ortografía. | Hay un gran número de errores en el uso los verbos y de la ortografía. |

# Escritura B

> **¡AVANZA!** **Goal:** Write about your daily schedule.

**1** Vas a pasar un fin de semana en la playa con tus padres y varios amigos. Quieres preparar un plan y horario de actividades para complacer a todos tus invitados. Escoge a cinco amigos(as) que vas a invitar y pregúntales sobre las actividades que les gustan. Escribe el nombre de tus amigos al lado de su actividad favorita.

| Actividades | Invitados a los que les gusta esta actividad | Cuándo |
|---|---|---|
| Alquilar DVDs y mirar películas | | |
| Escuchar música | | |
| Dibujar o pintar cuadros | | |
| Descansar en la playa | | |

**2** Ahora, escribe un resumen de las actividades que van a hacer. Indica el día y las horas cuando las van a hacer. Por ejemplo: El sábado, por la mañana, Rita y Marcos juegan al tenis. Roberto y Francisco van de compras. Esteban, Carolina y yo escuchamos música.

**Sábado** _____

_____

_____

**Domingo** _____

_____

_____

**3** Evalúa tu resumen de actividades usando la siguiente información.

| | Créditos máximo | Crédito parcial | Crédito mínimo |
|---|---|---|---|
| Contenido | Escribiste un resumen con oraciones completas e información necesaria. | Escribiste algunas oraciones incompletas y no incluyes toda la información necesaria. | Escribiste oraciones incompletas y no está claro el plan de las actividades. |
| Uso correcto del lenguaje | Tuviste muy pocos errores o ninguno en el uso de lenguaje y ortografía. | Tuviste muchos errores de uso del lenguaje y la ortografía. | Tuviste un gran número de errores en el uso del lenguaje y la ortografía. |

# Escritura C

| ¡AVANZA! | **Goal:** Write about your daily schedule. |
|---|---|

Tú y otros(as) estudiantes piensan viajar a diferentes ciudades de México durante el verano. Para esto escribes un folleto con la información necesaria sobre el viaje.

**1** Llena la tabla para organizar la información.

| tres lugares que van a visitar | | | |
|---|---|---|---|
| qué días los van a visitar | | | |
| en qué horarios los van a visitar | | | |
| cuánto dinero necesitan para visitar esos lugares | | | |

**2** Escribe el folleto para tus compañeros(as). Usa la información de la Actividad 1 para organizar tu folleto. Asegúrate de introducir en tu folleto todos los detalles posibles sobre lo que necesitan y van a hacer en las diferentes ciudades mexicanas. En tu folleto debes: 1) hacer oraciones completas y claras; 2) incluir todos los detalles posibles; 3) tener un uso adecuado del lenguaje y 4) usar los verbos y la ortografía correcta.

_____

_____

_____

_____

_____

**3** Evalúa tu folleto con la siguiente información.

| | **Créditos máximo** | **Crédito parcial** | **Crédito mínimo** |
|---|---|---|---|
| Contenido | Escribiste un folleto con oraciones completas y claras; incluyes muchos detalles. | Escribiste algunas oraciones incompletas y poco claras; no incluyes muchos detalles. | Escribiste oraciones incompletas y que no son claras; no incluyes detalles importantes para el folleto. |
| Uso correcto del lenguaje | Tuviste muy pocos errores o ninguno en el uso de lenguaje, los verbos y la ortografía. | Tuviste algunos errores en el uso del lenguaje, los verbos y la ortografía. | Tuviste un gran número de errores en el uso del lenguaje, los verbos y la ortografía. |

# Cultura A

> **¡AVANZA!**   **Goal:**   Use and strengthen cultural information about Mexico.

**1** Relaciona las dos columnas. Usa la información de tu libro para responder.

   **1.** _____ Es la capital de México.                                            **a.** Mario Molina
   **2.** _____ Es uno de los muralistas más importantes de México.   **b.** Kukulcán
   **3.** _____ Es uno de los templos de la cultura maya.                  **c.** Ciudad de México
   **4.** _____ Es un importante científico mexicano.                        **d.** Chichén Itzá
   **5.** _____ Es una antigua ciudad maya.                                     **e.** Diego Rivera

**2** ¿Cuáles son algunos de los aspectos característicos de México? Completa la siguiente tabla con la información cultural de tu libro.

| | |
|---|---|
| Un escritor mexicano famoso: | |
| La moneda nacional de México: | |
| Una comida típica de México: | |
| Una cantante mexicana famosa: | |
| Un idioma que se habla en México: | |

**3** Escribe cinco cosas que sabes acerca de las tradiciones, cultura, comida, idioma, música o la gente de México.

   **1.** _____
   **2.** _____
   **3.** _____
   **4.** _____
   **5.** _____

# Cultura B

> ¡AVANZA! **Goal:** Use and strengthen cultural information about Mexico.

**1** Usa la información cultural de tu libro para responder en oraciones completas a las siguientes preguntas sobre México y su cultura.

**1.** ¿A qué va la gente al Jardín Principal en San Miguel de Allende?

_____

_____

**2.** ¿Cuál es la universidad pública más grande de México?

_____

_____

**3.** ¿Cuáles son algunas de las comidas mexicanas típicas que conoces?

_____

_____

**4.** Menciona algunas personas famosas mexicanas y di qué hacen.

_____

_____

**2** Observa detalladamente la pintura *Alfabetización* de Diego Rivera. ¿Qué observas? Escribe tres detalles de la pintura y lo que crees que significa cada uno.

**1.** _____

_____

**2.** _____

_____

**3.** _____

_____

**3** En México y otros países de América Latina los estudiantes usan uniforme tanto en las escuelas públicas como en las escuelas privadas. ¿Cuáles crees que son los ventajas y desventajas de usar uniforme? Completa la siguiente tabla con oraciones completas.

| Ventajas | Desventajas |
|---|---|
| 1. | 1. |
| 2. | 2. |
| 3. | 3. |

# Cultura C

> **¡AVANZA!**  **Goal:** Use and strengthen cultural information about Mexico.

❶ Completa la siguiente tabla con dos oraciones completas con información relacionada con cada una de las siguientes ilustraciones que aparecen en tu libro.

| La Universidad Autónoma de México en la página 84 | 1. _____<br>2. _____ |
|---|---|
| Los estudiantes con uniforme en la página 92 | 1. _____<br>2. _____ |

❷ Responde con oraciones completas las siguientes preguntas. Usa información del libro.

1. ¿Qué tipo de construcciones hiceron los antiguos mayas?

   _____

2. ¿Qué hace la gente en el Jardín Principal de San Miguel de Allende?

   _____

   _____

3. ¿Qué tipo de ropa usan los estudiantes de México para ir a la escuela?

   _____

❸ Cómo era la educación en México antes de 1920? ¿Qué representa el cuadro de Diego Rivera titulado *Alfabetización*?

   _____

   _____

   _____

   _____

   _____

   _____

# Vocabulario A *En la escuela*

> **¡AVANZA!** **Goal:** Talk about how things are at school.

**①** Haz una línea para emparejar los objetos asociados.

1. _____ el escritorio
2. _____ la clase de matemáticas
3. _____ el papel
4. _____ la tiza
5. _____ la cafetería
6. _____ los libros
7. _____ la mochila

a. el lápiz
b. el pizarrón
c. la pizza
d. la silla
e. los cuadernos
f. la biblioteca
g. la calculadora

**②** Describe dónde está cada objeto de la clase con relación con otro objeto.

1. 2. 3. 4. 5.

1. La calculadora está al lado del _____ .
2. La pluma está encima del _____ .
3. El reloj está delante del _____ .
4. La ventana está detrás de la _____ .
5. El libro está dentro de la _____ .

**③** Contesta las preguntas sobre tu primer (*first*) día clase de. Escribe oraciones completas.

1. ¿Es divertida tu clase? _____
2. ¿Es interesante tu maestro(a)? _____
3. ¿Cómo estás en la clase? _____

# Vocabulario B *En la escuela*

> **¡AVANZA!**  **Goal:**  Talk about how things are at school.

**1** Describe cómo está cada persona en los dibujos. Escribe cinco oraciones completas con las palabras de la caja.

| emocionado | triste | tranquila | enojado | cansada |
|---|---|---|---|---|

**Modelo:**  *Juan está ocupado.*

**1. Linda**   **2. Mateo**   **3. Luz**   **4. Pablo**   **5. Andrés**

1. _____
2. _____
3. _____
4. _____
5. _____

**2** Escribe oraciones completas para decir lo que necesitas para cada clase. Después escribe cómo estás cuando vas a cada clase.

**Modelo:**  **matemáticas**  *Necesito una calculadora para la clase de matemáticas.*
*Cuando voy a la clase de matemáticas estoy nerviosa.*

1. ciencias _____
   _____

2. computación _____
   _____

3. geografía _____
   _____

4. español _____
   _____

# Vocabulario C *En la escuela*

> **¡AVANZA!** **Goal:** Talk about how things are at school.

**1** Llena el siguiente horario de un día en la escuela. Escribe qué cosas necesitas para cada clase.

| Hora | Clase | ¿Qué necesitas para esta clase? |
|---|---|---|
| **Modelo:** *7:30* | *español* | *Necesito un diccionario.* |
| | | |
| | | |
| | | |
| | | |
| | | |

**2** Contesta estas preguntas con oraciones completas. Usa los lugares de tu escuela o tus clases.

**Modelo:** ¿Cuándo estás nervioso(a)? *Estoy nervioso cuando estoy en la oficina del director.*

1. ¿Cuándo estás contento(a)?

   _____

2. ¿Cuándo estás emocionado(a)?

   _____

3. ¿Cuándo estás cansado(a)?

   _____

4. ¿Cuándo estás tranquilo(a)?

   _____

5. ¿Cuándo estás ocupado(a)?

   _____

**3** Escribe un párrafo para describir dónde están ubicados los lugares de tu escuela. ¿Dónde está el salón de clase en relación con el baño? ¿Dónde está la oficina del director en relación con la biblioteca? Escribe seis oraciones completas.

_____

_____

_____

_____

_____

_____

# Vocabulario adicional

> **¡AVANZA!** **Goal:** Tell time using a 24 hours (military time) clock.

## El reloj de veinticuatro horas (la hora militar)

En muchos países de Europa y América Latina el reloj de veinticuatro horas, o la hora militar, se usa para indicar la hora. Este horario se usa principalmente en la comunicación pública —en los periódicos, la televisión, los hospitales, los aeropuertos y las estaciones de tren, por ejemplo— y en las fuerzas militares.

Este sistema expresa las veinticuatro horas con los números 0–23. Los minutos se quedan igual. Así, la hora 1:10 a.m. se indica con 1:10 y 1:10 p.m. se indica con 13:10 (trece horas con diez minutos). Fíjate que las 7:40 p.m. se expresa en este sistema como 19:40, es decir, diecinueve horas con cuarenta minutos (19:40).

**❶** Expresa la hora en cada reloj con el sistema de veinticuatro horas (la hora militar). Usa **palabras** en oraciones completas.

**Modelo:**   *Son las cuatro horas con treinta minutos.*

4:30 a.m.

12:00 p.m.

3:15 p.m.

9:40 p.m.

2:30 a.m.

8:00 p.m.

1. _____
2. _____
3. _____
4. _____
5. _____

**❷** Imagina que trabajas en un campamento (*camp*) de verano y les mandas una tarjeta postal a tus padres. Dales tu rutina diaria en orden cronológico. Usa la hora militar **en números** esta vez.

1. _____
2. _____
3. _____
4. _____

# Gramática A *The verb estar*

> **¡AVANZA!**　**Goal:**　Use the verb **estar** to express location and emotional states.

**❶** Regresas de la escuela y tu mamá te pregunta cómo es tu salón de clases. Escoge la conjugación correcta del verbo **estar** para completar cada pregunta.

**1.** ¿Dónde (están / está) el pizarrón?

**2.** ¿Dónde (estás / está) tú?

**3.** María, ¿dónde (estamos / están) los cuadernos?

**4.** ¿(Soy / Estamos) tú y yo en la ciudad de México?

**5.** Jorge, ¿dónde (está / estás) la oficina de la directora?

**❷** Te encuentras con tus amigos en el pasillo de la escuela. Completa las oraciones con el pronombre y la forma correcta del verbo **estar**.

**Tomás:** ¡Hola, Anita! ¡Hola, Rubén! ¿Cómo _____?

**Anita:** ¡Buenos días! _____ muy bien, ¿y tú?

**Tomás:** _____ cansado. ¿Dónde están Pedro y Andrea?

**Rubén:** ¿Pedro? _____ en la cafetería. ¿Andrea? _____ en la biblioteca.

**Tomás:** También quiero ver al maestro López. _____ en clase al lado del gimnasio, ¿verdad?

**Anita:** No, _____ en la oficina del director.

**❸** La directora de la escuela quiere saber dónde están tus amigos en la primera hora de clases. Completas las oraciones para darle la información que necesita.

**1.**　　　　**2.**　　　　**3.**　　　　**4.**　　　　**5.**

**1.** Tú _____

**2.** Luis _____

**3.** Silvia y Juana _____

**4.** José y yo _____

**5.** Ustedes _____

# Gramática B  *The verb estar*

> **¡AVANZA!**  **Goal:** Use the verb **estar** to express location and emotional states.

**1** Contesta con la forma correcta de *estar* y con la emoción más lógica para decir cómo se sienten estas personas.

| tranquilo | triste | nerviosa | cansado | emocionados |
|---|---|---|---|---|

**1.** Sarita tiene que ir al dentista, por eso _____ _____ .

**2.** Cuando estudias lo suficiente para el examen, tú siempre _____

_____ .

**3.** Cuando el equipo de fútbol gana, nosotros siempre _____

_____ .

**4.** Lupita se fue a vivir lejos. Por eso su amiga Rita _____ _____ .

**5.** ¡Uy! Siempre tengo mucho trabajo en la escuela. Después de clases tengo que practicar fútbol. Al llegar a casa yo _____ _____ .

**2** Las siguientes personas están en diferentes lugares. Completa las oraciones con la conjugación correcta del verbo **estar**.

**Modelo:** Elena y tú _*están en el gimnasio.*_

**1.** Melisa, tú y yo _____

**2.** Germán _____

**3.** Francisco y Juanita _____

**4.** Tú _____

**5.** Usted _____

**6.** Los chicos y las chicas _____

**3** Expresa cómo estás cuando haces cosas que te gustan o que no te gustan. Escribe oraciones completas.

**Modelo:** _Cuando camino por el parque, estoy tranquilo._

**1.** _____

**2.** _____

**3.** _____

**4.** _____

**5.** _____

# Gramática C *The verb estar*

> **¡AVANZA!** **Goal:** Use the verb **estar** to express location and emotional states.

**1** Escribe las preguntas de la conversación por teléfono entre Sandra y Luis. Usa la forma correcta del verbo **estar** en cada pregunta.

**Luis:** _____

**Sandra:** Yo estoy bien pero muy ocupada. Pero, _____

**Luis:** Paco, Juan, Francisco y yo estamos en el gimnasio.

**Sandra:** Y, _____

**Luis:** El entrenador está en la cafetería con el profesor de ciencias.

**Sandra:** _____

**Luis:** Todos estamos nerviosos. Este es un juego muy importante para nosotros.

**Sandra:** _____

**Luis:** Sí, claro que papá, mamá y tú están invitados. Scrá muy divertido.

**2** Escribe cinco oraciones completas para decir dónde se sientan cinco de tus compañeros(as) con relación a otras personas en la clase de español. Usa expresiones de lugar.

**Modelo:** *Carmen está sentada delante de Marcos y lejos de Rosa.*

1. _____
2. _____
3. _____
4. _____
5. _____

**3** Escribe un párrafo para decir dónde están cinco de tus salones de clase y a qué hora tienes cada una. Expresa cómo te sientes en cada clase.

**Modelo:** *A las siete de la mañana tengo clase de computación con el profesor Rojas. La clase de computación está al lado del salón de español. Esta clase es muy interesante.*

_____
_____
_____
_____
_____
_____

# Gramática A  *ir + a + place*

┌─────────────────────────────────────────────────────────────────────┐
│ **¡AVANZA!**    **Goal:**   Talk about where you go in and around school. │
└─────────────────────────────────────────────────────────────────────┘

**1** Elige la forma correcta del verbo para decir adónde van los estudiantes. Escribe el verbo en el espacio blanco.

| vamos | voy | van | vas | va |
|-------|-----|-----|-----|----|

1. Rocío _____ a la biblioteca para escribir un informe de ciencias.

2. Eduardo y Esteban _____ al gimnasio para practicar deportes.

3. Claudia y yo _____ a pasar un rato con los amigos.

4. ¿No _____ tú a la biblioteca para estudiar para el examen?

5. Yo _____ a la clase de música.

**2** Escribe la forma correcta del verbo *ir a* para completar la nota que te deja tu madre.

Antes de salir con tus amigos debes **1.** _____ la casa de Andrés a buscar a tu hermana. Luego, los dos **2.** _____ la clase de piano. Después, tú **3.** _____ la biblioteca a dejar los libros y tu hermana **4.** _____ la práctica de fútbol.

**3** Andrés te cuenta adónde él y sus amigos van durante un día de escuela.

**Modelo:**   Fernando, Marcelo y Gustavo *van a la biblioteca.*

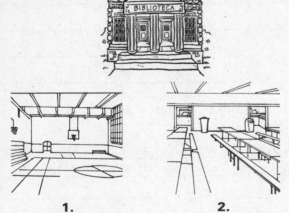

1.          2.          3.          4.

1. Martín, Rosa y yo _____

2. Ramón _____

3. Linda _____

4. Emilia y Victoria _____

# Gramática B  *ir + a + place*

> **¡AVANZA!**  **Goal:**  Talk about where you go in and around school.

**1** Escribe la forma correcta de **ir** en la siguiente conversación con Marta.

1. A las ocho yo _____ a la clase de matemáticas. Y tú, Marta, ¿adónde _____?

2. Si tú _____ a la clase de historia, ¿adónde _____ Rosendo?

3. A las diez tú y yo _____ a la clase de arte. Y después tú y Miguel _____ al gimnasio, ¿no?

4. Nancy y yo _____ juntos a la clase de ciencias a las once. ¿_____ Javier y tú a la misma clase después de gimnasio?

5. Bueno, todos tenemos almuerzo a la misma hora. ¿_____ yo contigo, o _____ tú con tus amigas?

**2** Escribe adónde van los alumnos durante el día y a qué hora van.

**Modelo:**

yo / a las 7:00

*A las 7:00 voy a la escuela.*

**1.**

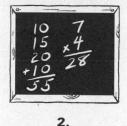
**2.**

**3.**

**4.**

1. nosotros / a las 8:00

_____

2. ellos / a las 9:00

_____

3. ustedes / a las 11:00

_____

4. tú / a las 2:00 p.m.

_____

# Gramática C  *ir + a + place*

> **¡AVANZA!**  **Goal:** Talk about where you go in and around school.

**1** Imagina que eres inspector de tu escuela por una semana. Lee la información del cuadro y escribe oraciones completas sobre lo que hace cada persona, dónde y cuándo lo hace.

**Modelo:** *El lunes, el Sr. López y la Sra. López van a la oficina del director.*

| DIA | PERSONA/S | LUGAR |
|---|---|---|
| lunes | Sr. López y la Sra. López | oficina del director |
| martes | Sr. Sánchez | clase de español |
| miércoles | Sra. Alvarez y tú | gimnasio |
| jueves | todos | cafetería |
| viernes | Srta. Guzmán | biblioteca |

1. _____

2. _____

3. _____

4. _____

**2** Contesta las preguntas para decir adónde vas y adónde van otros, según la situación. Usa frases completas con el verbo *ir*.

**Modelo:** *¿Adónde vas cuando... quieres tocar la guitarra?*

Yo *voy a la clase de música* , pero mi primo *va a la cafetería* .

*¿Adónde vas cuando...*

1. ...tienes que estudiar? Yo _____ pero otras personas _____ .

2. ...quieres divertirte? Yo _____ pero mi mejor amigo _____ .

3. ...necesitas descansar? Yo _____ pero mis amigas _____ .

4. ...tienes que escribir correos electrónicos? Yo _____ pero mi hermano _____ .

**3** ¿Adónde van tus profesores? Escribe oraciones completas en los espacios de abajo y usa los nombres de tus profesores.

**Modelo:** *El martes a las 9:00, el Sr. Adams va a la clase de matemáticas.*

_____

_____

# Gramática adicional

| ¡AVANZA! | **Goal:** | Learn and practice masculine and feminine nouns. |

## Masculine and feminine nouns: exceptions

En español, los nombres que terminan en **-o** generalmente son masculinos, mientras los que terminan en **-a** son femeninos. No obstante, hay algunas excepciones. Por ejemplo, **día, mapa**, **planeta**, y **sofá** son siempre masculinos. Lo mismo ocurre con muchos de los nombres que terminan en **-ma**.

| **el idioma** | **el poema** | **el programa** | **el sistema** | **el telegrama** |

La palabra **mano** es femenina, igual que las versiones cortas de nombres femeninos más largos.

| **la disco (discoteca)** | **la foto (fotografía)** | **la moto (motocicleta)** |

Los nombres asociados con el trabajo o los roles que terminan en **-ista** o **-eta** pueden ser o masculinos o femininos, dependiendo género del individuo a quien se refieren.

| **el(la) dentista** | **el(la) turista** | **el(la) poeta** |

Escribe una M si las palabras son masculinas y una F si las palabras son femeninas.

| el mapa | M | | la foto | |
| el mapa | M |
| la disco | |
| la mano | |
| el síntoma | |
| la artista | |
| el deportista | |
| el tema | |

| la foto | |
| el aroma | |
| el problema | |
| el clima | |
| la radio | |
| el poeta | |
| el planeta | |

## Integración: Hablar

> **¡AVANZA!**  **Goal:** Listen and respond to written and oral passages describing location.

Lee con atención el siguiente artículo de un periódico escolar de un colegio
en México.

# Periódico escolar

Libro 1 numero 3

## DESAPARECEN ÚTILES ESCOLARES

*GIMNASIO, Edificio de actividades* – Un estudiante informó a este periódico que el viernes pasado se le perdieron varios útiles escolares, entre ellos, una computadora que sus padres le regalaron en su cumpleaños. El estudiante dijo en la dirección que no recordaba si le había puesta seguro a su armario. Los objetos se perdieron entre las diez y once de la mañana, durante la clase de gimnasia del segundo grado. El estudiante no fue a clases ese día porque estaba enfermo y sólo vino a la escuela a la hora de salida para recoger la tarea. Cuando abrió su armario se dio cuenta que estaba vacío. El estudiante también perdió una mochila verde con azul que contenía dos plumas, una regla T, una calculadora, varios cuadernos y libros. Hay mil pesos de recompensa para quien dé información sobre los objetos desaparecidos.

Escucha el siguiente mensaje telfónico. Toma nota y después completa la actividad.

### HL CD 1, tracks 13–14

¿Cómo crees que se sintió el estudiante al ver que su armario estaba vacío? ¿Cómo te sentirías tú si te pasara algo similar? De acuerdo al mensaje, ¿te parece que fue una broma divertida? ¿Por qué?

# Integración: Escribir

| ¡AVANZA! | **Goal:** Listen and respond to written and oral passages describing location. |

Observa con atención el siguiente mapa de una escuela secundaria.

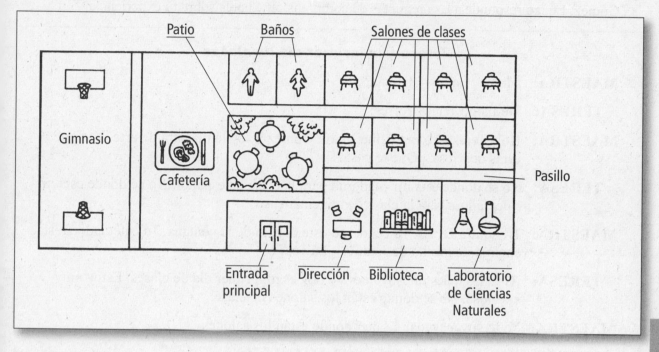

Escucha el siguiente mensage telefónico que un amigo le deja a Samuel. Después realiza la actividad.

## HL CD 1, tracks 15–16

Escribe brevemente por qué son importantes las rutas de emergencia. Con base en el mapa, escribe una lista de instrucciones para la ruta de escapes de emergencia de la escuela.

_____
_____
_____
_____
_____
_____
_____
_____
_____
_____

¡Avancemos! 1
Cuaderno para hispanohablantes

UNIDAD 2 Lección 2
Integración: Escribir

Unidad 2, Lección 2
Integración: Escribir **85**

# Lectura A

> **¡AVANZA!**   **Goal:**   Read about how people feel and where things are located.

**1** Teresa es una estudiante nueva en la escuela. Lee la conversación entre ella y la maestra Gómez. Luego responde a las preguntas de comprensión y habla sobre tu experiencia.

---

### Teresa y su primer día de clases

**MAESTRA:** ¡Hola! ¿Cómo te llamas?

**TERESA:** Me llamo Teresa Torres.

**MAESTRA:** Hola Teresa. Yo me llamo María Gómez y soy la maestra de arte. Veo que estás nerviosa. ¿Qué te pasa?

**TERESA:** No sé dónde está mi cuaderno para la clase de español. No sé dónde está mi calculadora para la clase de matemáticas.

**MAESTRA:** Tranquila Teresa. Tu cuaderno está debajo de la ventana. Tu calculadora está encima de la silla de Juanita. ¿La ves?

**TERESA:** ¡Gracias maestra! Soy nueva y hoy es mi primer día de clases. Estoy muy nerviosa. No sé dónde están los salones de clase.

**MAESTRA:** Yo te voy a ayudar a saber dónde están los salones.

**TERESA:** ¿Dónde está la clase de español? ¿Está lejos?

**MAESTRA:** La clase de español está cerca de la oficina del director. Camina por el pasillo y al lado de la cafetería está la clase de español.

**TERESA:** ¡Gracias maestra! Me voy a la clase de español. ¡Nos vemos!

---

**2** **¿Comprendiste?** Responde a las siguientes preguntas con oraciones completas.

**1.** ¿Por qué dice Teresa que está nerviosa?

_____

**2.** ¿Dónde están el cuaderno y la calculadora de Teresa?

_____

**3.** ¿Cómo ayudó la maestra a Teresa?

_____

**3** **¿Qué piensas?** ¿Pierdes las cosas con frecuencia? Piensa en alguna situación divertida en que perdiste algo. Describe qué perdiste y cómo lo encontraste.

_____

# Lectura B

¡AVANZA! **Goal:** Read about how people feel and where things are located.

Querido abuelo:

Ahora estoy cansada por los deportes que tengo que hacer todos los días. Pero estoy muy contenta. La clase más difícil que tengo es la de historia. Tengo que estudiar mucho y tomar muchos apuntes. Mañana tengo examen. La maestra nos va a pedir que pasemos al pizarrón a contestar las preguntas. ¡Estoy muy nerviosa! Nunca estoy contenta cuando tengo que contestar en frente de toda la clase. El examen es sobre la historia de la fotografía. Tengo muchos apuntes en mi cuaderno para estar tranquila. Es a las once menos diez de la mañana. Voy a estudiar unas horas en la biblioteca hoy en la tarde. Necesito sacar una buena nota, como siempre. Antes del examen tengo clase de música. Quiero aprender a tocar la guitarra. La clase de música está lejos de la clase de historia. Entonces tengo que salir de allí antes de que termine, para llegar temprano al examen. ¡Ah! También tengo otras clases, como matemáticas, inglés, ciencias y español. ¡Estudio como cualquier persona normal! Bueno, espero que estés bien, abuelito. Te quiero mucho,

Alicia

**1** **¿Comprendiste?**

**1.** ¿Por qué dice Alicia que estudia como una persona normal?

_____

_____

**2.** ¿Cuántas clases tiene Alicia en total?

_____

**3.** ¿Qué materiales va a usar Alicia en su examen?

_____

**2** **¿Qué piensas?** ¿Cuántas clases tienes tú en total? ¿Cuál clase te gusta más? ¿Por qué? ¿Te pones nervioso(a) cuando tienes un examen? ¿Por qué sí o por qué no?

_____

_____

_____

_____

# Lectura C

> **¡AVANZA!**  **Goal:** Read about how people feel and where things are located.

**1** Dominic tiene una clase en la escuela muy interesante. Lee sobre su vida en la escuela. Luego responde a las preguntas de comprensión y habla sobre tu experiencia.

## La clase de Dominic

¡Hola! Mi nombre es Dominic Saavedra y soy méxicoamericano. Nací en Los Ángeles, California, hace dieciséis años. Mi madre también es de California, se llama Carolina y es muy linda. Mi padre Roberto es de la ciudad de Chihuahua y es alto y guapo. Tengo un hermano que se llama Daniel, pero todos en la casa le decimos Dan. Él es un año menor que yo. Somos casi gemelos porque vamos juntos a todas partes.

En la escuela vamos juntos a la clase de ciencias. En realidad es una clase de «cómo ver cosas debajo de la lente de un microscopio». A veces es biología, a veces química, a veces astronomía. El maestro es médico cirujano. Lo que más le gusta hacer es enseñar y nos da clases de todo. El maestro es muy bueno y como todos en la clase le tenemos cariño le decimos de apodo «El Profe».

Hoy tenemos una tarea con él. Vamos a analizar tierrita por el microscopio. La idea es distinguir entre lo que es basura y un meteorito. Tenemos que usar el método científico. Dan y yo subimos a la azotea de la casa a recoger la tierra que encontramos en el techo. En la azotea encontramos diferentes muestras de tierra para poner debajo de la lente del microscopio. El profesor va a estar contento con nosotros porque vamos a llevar muchas muestras. Tal vez nos pregunte de dónde sacamos las muestras. Y Dan y yo vamos a decir «¡Las sacamos de la casa!»

A veces «El Profe» es muy serio. Él no desperdicia el tiempo y de inmediato nos hace sacar los cuadernos, tomar apuntes, preparar el microscopio, formular una hipótesis en el pizarrón, describir los datos y lo que vamos a observar, hacer el experimento y sacar conclusiones. Cuando termine el año escolar, Dan y yo vamos a ser expertos en el método científico.

**2** **¿Comprendiste?** Responde a las siguientes preguntas con oraciones completas.

1. ¿Cómo es la familia de Dominic?

_____

_____

_____

2. ¿Qué aprenden los chicos en la clase de ciencias?

_____

_____

3. ¿Adónde van los hermanos para hacer la tarea?

_____

4. Según Dominic, ¿cómo va a reaccionar El Profe con la tarea?

_____

**3** **¿Qué piensas?** ¿Cómo es tu clase de ciencias? ¿Qué hacen los alumnos en esa clase? Haz una breve explicación de cómo estudias el método científico.

_____

_____

_____

_____

_____

_____

# Escritura A

| ¡AVANZA! | **Goal:** Describe where things are located and how people feel. |

Quieres conocer mejor a un(a) compañero(a) nuevo(a) de la escuela. Después llegas a casa y le cuentas a tus familiares cómo es tu compañero(a)

❶ Escribe los datos de tu compañero(a).

| Nombre del compañero(a) | |
|---|---|
| ¿De dónde es? | |
| ¿Cuáles clases le gustan más? | |
| ¿Cuál es su lugar favorito de la escuela? | |
| ¿Cómo lo / la describes físicamente? | |
| ¿Cómo se siente en la escuela? | |
| ¿Qué actividades le gusta hacer? | |
| ¿En qué clases está contigo? | |

❷ Escribe un párrafo de cinco renglones con oraciones completas para contar cómo es tu compañero(a). Asegúrate de que tu párrafo contenga: 1) la información de la primera actividad; 2) oraciones completas y lógicas; 3) los verbos en presente. Por ejemplo: *Tengo un(a) compañero(a) nuevo(a)* y 4) la ortografía correcta.

_____

_____

_____

_____

_____

❸ Evalúa tu párrafo con la siguiente información.

| | **Crédito máximo** | **Crédito parcial** | **Crédito mínimo** |
|---|---|---|---|
| Contenido | Tu párrafo contiene la información de la primera actividad, y oraciones completas y lógicas. | Tu párrafo no contiene alguna información de la primera actividad. Algunas oraciones están incompletas o no son lógicas. | Tu párrafo contiene muy poca información de la primera actividad. Muchas oraciones están incompletas y no son lógicas. |
| Uso correcto del lenguaje | Tu párrafo contiene verbos en presente y la ortografía es correcta. | Tu párrafo contiene algunos errores en la conjugación de los verbos en presente. Hay algunos errores de ortografía. | Tu párrafo contiene muchos errores en la conjugación de los verbos en presente y muchos errores de ortografía. |

UNIDAD 2 Lección 2

Escritura A

90

Unidad 2, Lección 2
Escritura A

¡Avancemos! 1
Cuaderno para hispanohablantes

# Escritura B

| ¡AVANZA! | **Goal:** Describe where things are located and how people feel. |
|---|---|

Tu escuela es muy grande y Alina, una alumna nueva, te pide que la ayudes a llegar del salón de clase de inglés a la biblioteca.

**1** Escribe en la tabla una lista de los lugares de importancia o de algunos objetos que le indican a Alina que va por buen camino. Describe cada objeto o lugar.

| Objeto o lugar | Descripción |
|---|---|
|  |  |
|  |  |
|  |  |
|  |  |
|  |  |

**2** Escribe las instrucciones para ayudarle a Alina a ir del salón de clase de inglés a la biblioteca. Escribe oraciones completas y lógicas. Asegúrate de que las instrucciones para Alina tengan: 1) palabras que indican una secuencia, como «**primero, luego, después, por último**»; 2) palabras para indicar cuántos minutos le toma llegar de un lugar a otro; 3) verbos de acción para decir cómo ir de un lugar a otro; 4) objetos, formas, colores o lugares para aclarar las instrucciones y 5) ortografía correcta.

_____

_____

_____

_____

_____

_____

**3** Evalúa tus instrucciones con la siguiente tabla.

|  | **Crédito máximo** | **Crédito parcial** | **Crédito mínimo** |
|---|---|---|---|
| Contenido | Tus instrucciones tienen palabras que indican secuencia, palabras que indican tiempo, verbos de acción y palabras para aclarar las instrucciones. | En tus instrucciones no siempre usas palabras tienen que indican secuencia o tiempo. Te faltó usar más verbos de acción y palabras para aclarar las instrucciones. | Tus instrucciones no tienen una secuencia. Tampoco usas palabras que indican tiempo, verbos de acción o palabras para aclarar las instrucciones. |
| Uso correcto del lenguaje | No tienes errores de ortografía. | Tienes algunos errores de ortografía. | Tienes muchos errores de ortografía. |

# Escritura C

| ¡AVANZA! | **Goal:** Describe where things are located and how people feel. |
|---|---|

Tus compañeros(as) de clase están muy interesados(as) en ayudar a cambiar la imagen del salón de clase. Para esto, escribes algunas sugerencias a tu profesor(a).

**1** Observa los objetos del salón de clase. Escribe qué cosas se deben cambiar de lugar, qué cosas se necesitan pero no están, y qué cosas ya no se necesitan.

| Se deben cambiar de lugar: | Se necesitan: | Ya no se necesitan: |
|---|---|---|
| | | |
| | | |
| | | |
| | | |

**2** Escribe tus sugerencias a tu profesor, con base en la información anterior. Explica por qué haces estas sugerencias. Escribe tu informe con: 1) oraciones completas y lógicas; 2) palabras para describir lugares; 3) palabras para expresar sentimientos; 4) detalles de la nueva decoración y 5) verbos y ortografía correcta.

_____

_____

_____

_____

_____

_____

**3** Evalúa tus sugerencias con la siguiente tabla.

| | **Crédito máximo** | **Crédito parcial** | **Crédito mínimo** |
|---|---|---|---|
| Contenido | Usas oraciones completas y lógicas, palabras para describir lugares y para expresar sentimientos y detalles de la nueva decoración. | Casi siempre usas oraciones completas y lógicas, palabras para describir lugares, para expresar sentimientos y detalles de la nueva decoración. | No usas oraciones completas y lógicas, palabras para describir lugares, palabras para expresar sentimientos y detalles de la nueva decoración. |
| Uso correcto del lenguaje | No tienes errores en el uso de los verbos y de la ortografía. | Tienes algunos errores al usar los verbos y la ortografía. | Tienes muchos errores al usar los verbos y la ortografía. |

# Cultura A

| ¡AVANZA! | **Goal:** Use and strengthen cultural information about Mexico. |
|---|---|

**1** ¿Son ciertas o falsas estas oraciones sobre *Mi clase favorita*? Encierra en un círculo la respuesta correcta. Usa la información de tu libro para responder.

1. Tomás Gutiérrez Moreno vive en Guadalajara, México.     C     F

2. La clase favorita de Tomás es español.     C     F

3. María González vive en Punta Cana, República Dominicana.     C     F

4. María quiere estudiar idiomas y trabajar con el turismo.     C     F

5. Tomás y María tienen planes para seguir estudiando.     C     F

**2** Observa el plano del Museo Nacional de Antropología de México. Escribe el nombre de cuatro salas o lugares que te gustaría visitar en el museo.

1. _____

2. _____

3. _____

4. _____

**3** ¿Quién fue Frida Kahlo? ¿Qué tipo de obras pintó con mayor frecuencia? Si tuvieras que hacer un autorretrato de ti mismo, ¿qué características incluirías? Escribe oraciones completas que describan tus respuestas a las preguntas anteriores.

_____

_____

_____

_____

_____

# Cultura B

| ¡AVANZA! | **Goal:** Use and strengthen cultural information about Mexico. |

**1** Usa la información de tu libro para responder en oraciones completas a las siguientes preguntas sobre México y su cultura.

**1.** ¿Qué es en realidad la Piedra del Sol? Observa la fotografía de la página 116.

_____

**2.** ¿En dónde está el Museo Nacional de Antropología?

_____

**3.** ¿Quién fue Frida Kahlo?

_____

**4.** ¿Cómo se llama el museo en Asunción, Paraguay que contiene objetos de la cultura indígena del país?

_____

**2** México cuenta con muchas unversidades importantes. ¿Cuál es la universidad más grande de México? ¿Te gustaría conocerla? ¿Por qué?

_____

_____

_____

**3** Observa las fotografías de las universidades de México y de República Dominicana en la página 126 y 127 de tu libro. ¿En qué se parecen los edificios de las dos universidades? ¿Cómo reflejan la cultura de ambos países? Escribe un párrafo corto.

_____

_____

_____

_____

UNIDAD 2 Lección 2

Cultura B

Unidad 2, Lección 2
Cultura B

**94**

¡**Avancemos! 1**
Cuaderno para hispanohablantes

# Cultura C

> **¡AVANZA!**　**Goal:**　Use and strengthen cultural information about México.

**1** Explica quién fue Frida Kahlo y por qué es importante su aportación al arte mexicano. Luego, describe el autorretrato y la fotografía de la página 122 en tu libro. Escribe un párrafo corto usando oraciones completas.

_____

_____

_____

_____

_____

**2** Vuelve a leer las composiciones de *Mi clase favorita* en la página 126 en tu libro. Contesta las siguientes preguntas usando oraciones completas.

**1.** ¿Qué desea Tomás Gutiérrez estudiar en la universidad? ¿Por qué?

_____

**2.** ¿Qué te gustaría estudiar a ti?

_____

**3.** ¿Cuáles son las clases favoritas de María González?

_____

**4.** ¿Por qué crees que el turismo es importante para cualquier país?

_____

**5.** ¿Qué lugares turísticos hay en la ciudad donde vives?

_____

**3** Imagina que tu clase irá de visita al Museo Nacional de Antropología de México. Escribe un párrafo que describa el recorrido que te gustaría hacer por el museo. Incluye los nombres y el orden de las salas o lugares que te gustaría visitar.

_____

_____

_____

_____

_____

_____

**UNIDAD 2 Lección 2**　**Cultura C**

# Comparación cultural: Horarios y clases

## Lectura y escritura

Después de leer los párrafos donde Rafael, Andrea y Juan Carlos describen la forma en que pasan el día en la escuela, escribe un párrafo sobre tu propio horario. Usa la información de los relojes para escribir las oraciones y después escribe un párrafo sobre tu horario.

### Paso 1

Completa los dos relojes con una lista de tu clases y actividades que haces después de la escuela. Indica las horas correctas con flechas.

clase     a.m.          p.m.     actividad

Ahora toma los datos de los dos relojes y escribe una oración para cada una de las actividades que indicaste en los relojes.

_____

_____

_____

_____

_____

_____

_____

**96** Unidad 2
Comparación cultural

¡Avancemos! 1
Cuaderno para hispanohablantes

UNIDAD 2

Comparación cultural

# Comparación cultural: Horarios y clases

## Lectura y escritura
*(continuación)*

### Paso 3

Ahora escribe tu párrafo usando las oraciones que escribiste como guía. Incluye
una oración introductoria y utiliza los verbos **tener**, **tener que**, **ir**, **ir a** para describir
tu horario.

_____

_____

_____

_____

_____

_____

_____

**Lista de verificación**

Asegúrate de que...

☐ todos los datos del horario que pusiste en los relojes estén incluidos en el párrafo;

☐ das detalles para describir claramente todas las actividades que haces después de la escuela;

☐ incluyes nuevas palabras de vocabulario y los verbos **tener**, **tener que**, **ir** e **ir a**.

**Tabla**

Evalúa tu trabajo usando la tabla siguiente.

| Criterio de escritura | Excelente | Bueno | Necesita mejorar |
|---|---|---|---|
| **Contenido** | Tu párrafo incluye muchos datos acerca de tu horario. | Tu párrafo incluye algunos datos acerca de tu horario. | Tu párrafo incluye muy pocos datos acerca de tu horario. |
| **Comunicación** | La mayor parte de tu párrafo está organizada y es fácil de entender. | Partes de tu párrafo están organizadas y son fáciles de entender. | Tu párrafo está desorganizado y es difícil de entender. |
| **Precisión** | Tu párrafo tiene pocos errores de gramática y de vocabulario. | Tu párrafo tiene algunos errores de gramática y de vocabulario. | Tu párrafo tiene muchos errores de gramática y de vocabulario. |

# Comparación cultural: Horarios y clases
## Compara con tu mundo

Ahora escribe una comparación de tu horario y el de uno de los tres estudiantes que aparecen en la página 133. Organiza tus comparaciones en actividades que haces por la mañana y actividades que haces por la tarde. Incluye también las clases.

## Paso 1

Utiliza el cuadro para organizar las comparaciones por tema. Escribe tus datos y los del (de la) estudiante que escogiste para cada uno de los temas.

| Mi horario a.m. | El horario de _____ a.m. |
|---|---|
| 8:00 | 8:00 |
| 9:00 | 9:00 |
| 10:00 | 10:00 |
| 11:00 | 11:00 |
| 12:00 | 12:00 |
| **Mi horario p.m.** | **El horario de _____ p.m.** |
| 1:00 | 1:00 |
| 2:00 | 2:00 |
| 3:00 | 3:00 |
| 4:00 | 4:00 |
| 5:00 | 5:00 |

## Paso 2

Ahora usa los datos del cuadro para escribir la comparación. Incluye una oración de introducción y escribe sobre cada uno de los temas. Utiliza los verbos **tener**, **tener que**, **ir**, **ir a** para describir tu horario y el del (de la) estudiante que escogiste.

_____

_____

_____

_____

_____

_____

_____

_____

# Vocabulario A  *Mi comida favorita*

> ¡AVANZA!    **Goal:**   Use vocabulary to talk about foods and beverages.

**1** Empareja con una línea la definición de la derecha que corresponde a la palabra o frase de la izquierda.

1. ahora
2. tener hambre
3. nutritivo
4. tener ganas de
5. tener sed
6. rico

a. delicioso
b. querer beber algo
c. bueno para la salud
d. querer comer algo
e. en este momento
f. querer hacer algo

**2** Completa el cuadro con lo que comen y beben tú y tu familia los sábados.

| el desayuno | el almuerzo | la cena |
|---|---|---|
| 1. *el café* | 1. _____ | 1. _____ |
| 2. _____ | 2. _____ | 2. _____ |
| 3. _____ | 3. _____ | 3. _____ |
| 4. _____ | 4. _____ | 4. _____ |

**3** Contesta las preguntas sobre lo que te gusta comer con oraciones completas.

1. ¿Comes el desayuno? ¿Por qué (no)?

_____

2. ¿Cuál te gusta más, el desayuno o el almuerzo? ¿Por qué?

_____

3. ¿Qué comidas nutritivas venden en la cafetería de la escuela?

_____

4. ¿Qué tipo de jugo es tu jugo favorito?

_____

5. Cuando tienes hambre, ¿qué comes?

_____

# Vocabulario B  *Mi comida favorita*

| ¡AVANZA! | **Goal:** Use vocabulary to talk about foods and beverages. |
|---|---|

**❶** Subraya la palabra que mejor completa la oración.

**Modelo:**   Por lo general como (la cena / el almuerzo) al mediodía.

1. Prefiero comer pan y (huevos / cena) para el desayuno.

2. Me gusta (la hamburguesa / la leche) con chocolate que prepara mi abuela.

3. (El café / La sopa) y el jugo son dos bebidas.

4. Para preparar un sándwich, necesito jamón y (yogur / queso).

5. Cuando tengo ganas de comer fruta, como (manzanas / pan).

**❷** Escribe la palabra correcta para completar cada oración.

| la cena | nutritiva | sed | la comida | el desayuno | rica | sopa |
|---|---|---|---|---|---|---|

**Modelo:**   Cuando estoy enferma, mi mamá me prepara una _sopa_ de pollo.

1. Es importante comer comida _____ para la buena salud.

2. Siempre como _____ con la familia a las seis de la tarde.

3. Cuando tengo _____ me gusta beber jugo de naranja.

4. Me gusta la fruta de Puerto Rico porque es muy _____ .

5. Como _____ todos los días a las ocho de la mañana.

6. _____ favorita de mi familia es la sopa que prepara mi papá.

**❸** Contesta las preguntas sobre lo que te gusta comer con oraciones completas.

**Modelo:**   ¿Qué comes cuando tienes hambre?   *Cuando tengo hambre como pan.*

1. ¿Qué bebida te gusta más? _____

2. ¿Qué comes en el desayuno? _____

3. ¿Cuál es tu comida favorita? _____

4. ¿Cuáles frutas te gustan más? _____

# Vocabulario C  *Mi comida favorita*

> **¡AVANZA!**  **Goal:**  Use vocabulary to talk about foods and beverages.

**1** Escribe la palabra correcta para completar el diálogo entre José y Ramón.

**José:** ¡Hola, Ramón! ¿Tienes **1.** _____ ? ¿Quieres comer?

**Ramón:** Sí. Son las nueve de la mañana y quiero comer un buen desayuno y beber
**2.** _____ de naranja.

**José:** ¿Por qué no vamos a la casa de mi abuela? Siempre hornea
**3.** _____ fresco para el desayuno.

**Ramón:** Sí, y siempre tiene muchas **4.** _____ frescas como manzanas y
bananas para comer con yogur.

**José:** ¡Vamos! Si queremos un desayuno fuerte, ella prepara **5.** _____
revueltos con jamón.

**2** Alejo entrevista a Teresa sobre las tres comidas. Escribe las respuestas de Teresa.

**Modelo:**  **Alejo:** ¿Cuál es tu comida diaria preferida?
**Teresa:** *Prefiero el almuerzo.*

**1.** **Alejo:** ¿Qué comes para el desayuno normalmente?

**Teresa:** _____

**2.** **Alejo:** ¿Qué te gusta comer para el almuerzo?

**Teresa:** _____

**3.** **Alejo:** ¿Qué te gusta comer para la cena?

**Teresa:** _____

**4.** **Alejo:** ¿Qué comidas no te gustan para nada?

**Teresa:** _____

**5.** **Alejo:** Cuando tienes sed, ¿qué prefieres beber?

**Teresa:** _____

**3** Escribe un párrafo de seis oraciones completas para describir tu comida favorita del
día. Menciona cuándo y qué comes y con quién(es). También explica por qué comes
lo que comes.

_____

_____

_____

_____

UNIDAD 3 Lección 1  Vocabulario C

# Vocabulario adicional *Homófonos*

> **¡AVANZA!**  **Goal:** Distinguish the meanings of homophones, or words that are pronounced the same but spelled differently.

Las palabras **homófonas** son aquellas que suenan igual pero se escriben diferente y tienen un significado diferente. Por ejemplo:

- sumo ⟶ Yo sumo las cantidades. (sumar)
  zumo ⟶ El zumo de naranja es nutritivo. (jugo)

- vaya ⟶ Vaya a Puerto Rico. (ir)
  valla ⟶ El atleta se tropezó con la última valla. (obstáculo)

- coser ⟶ Tengo que coser los pantalones rotos. (usar aguja e hilo)
  cocer ⟶ Tengo que cocer las verduras. (cocinar)

- hecho ⟶ Fue un hecho heroico. (suceso)
  echo ⟶ Echo los papeles en la basura. (echar)

- ciento ⟶ El vestido me costó ciento veinte dólares. (De cien.)
  siento ⟶ Siento que no vengas a la fiesta. (sentir) Me siento en la silla. (sentarse)

**❶** La señora Páez dejó una lista de quehaceres para su hijo Alan. Encierra en un círculo el homófono correcto en la segunda columna de la tabla para completar la lista.

| | |
|---|---|
| **1.** Cómprame un _____ de servilletas. | ciento / siento |
| **2.** Exprime las naranjas para hacer el _____ . | sumo / zumo |
| **3.** Tienes que _____ las verduras en la olla eléctrica. | coser / cocer |
| **4.** Dile a tu hermano que _____ a la frutería por las uvas. | valla / vaya |

**❷** La mamá de Nancy se fue de vacaciones a Puerto Rico. Encierra en un círculo los homófonos que Nancy utilizó correctamente en su correo electrónico y subraya los que usó mal.

Mamá: Mañana es la carrera de obstáculos en la que voy a competir. Ojalá que esta vez no me caiga en la primera vaya. El echo es que estoy muy nerviosa porque te echo de menos. Zumo los días que has estado en San Juan y ya son muchos. Entro en la cocina y pienso en el pollo que sabes coser tan rico. Pero no estás aquí y sola me siento en la silla del patio para recordarte. Tu hija, Nancy

**102** Unidad 3, Lección 1
Vocabulario adicional

Vocabulario adicional

UNIDAD 3 Lección 1

**¡Avancemos! 1**
Cuaderno para hispanohablantes

# Gramática A *Gustar* with nouns

┌─────────────────────────────────────────────────────────────────┐
│ **¡AVANZA!**   **Goal:**   Use the verb **gustar** to talk about what people like. │
└─────────────────────────────────────────────────────────────────┘

**1** Completa las oraciones con la forma correcta del verbo **gustar** para indicar lo que les gusta a Flora y a Diana.

| le gusta | les gusta | le gustan | les gustan |
|----------|-----------|-----------|------------|

1. A Diana y a Flora _____ los tostones de San Juan.

2. A Flora no _____ el jugo de manzana.

3. A Diana _____ la pizza para el almuerzo.

4. Las hamburguesas _____ a Flora.

5. No _____ a ellas beber mucha leche.

6. A Flora no _____ para nada el café.

**2** Lee la conversación entre Ana y Jorge y completa cada oración con la forma correcta del verbo **gustar**.

**Jorge:** Ana, ¿a ti te **1.** _____ el cereal para el desayuno?

**Ana:** No, no me **2.** _____. Pero me **3.** _____ los huevos con queso.

**Jorge:** ¿Qué les **4.** _____ beber a ti y a tu familia?

**Ana:** A nosotros nos **5.** _____ el jugo de naranja y el café.

**Jorge:** A tus papás les **6.** _____ mucho las comidas nutritivas.

**Ana:** Sí, a ellos siempre les **7.** _____ comer un desayuno nutritivo.

**3** Unos chicos en la cafetería se hacen preguntas sobre la comida. Usa los nombres de las personas para formar preguntas con el verbo **gustar**. Escribe oraciones completas y sigue el modelo.

**Modelo:**   Sofía / la sopa fría

_¿Le gusta a Sofía la sopa fría?_

1. Marco / la comida nutritiva

_____

2. Victoria y Aurelio / el café

_____

3. tú / los jugos de fruta

_____

# Gramática B  *Gustar with nouns*

> **¡AVANZA!**    **Goal:**    Use the verb **gustar** to talk about what people like.

**❶** Completa las oraciones sobre lo que le gusta a Carlos con la forma correcta del verbo **gustar**.

A Carlos no le **1.** _____ el jugo de naranja. Pero sí le

**2.** _____ los huevos con jamón y le **3.** _____ la leche

fría. Para el almuerzo, a Carlos le **4.** _____ los tostones y también

le **5.** _____ el pollo en salsa roja con arroz. De postre, a Carlos

le **6.** _____ las frutas y los pasteles. En la noche, a Carlos le

**7.** _____ el pan dulce. De vez en cuando, antes de dormir, a Carlos

le **8.** _____ el cereal. ¿Qué te gusta más comer a ti?

**❷** ¿Qué les gusta? Escribe oraciones completas indicando los gustos de cada persona. Sigue el modelo.

**Modelo:**    mis compañeros de clase / cereal

   *A mis compañeros de clase les gusta el cereal.*

**1.** yo / pan y café

_____

**2.** mi maestra de español / yogur

_____

**3.** mis amigos y yo / pizza con mucho queso

_____

**4.** mis hermanas / hamburguesas

_____

**5.** tú / manzanas

_____

**❸** Escribe cinco oraciones sobre tus gustos, los de tu mejor amigo(a) y los de tu familia. ¿Qué les gusta o no les gusta comer? ¿Qué les gusta o no les gusta beber?

**1.** _____

**2.** _____

**3.** _____

**4.** _____

**5.** _____

# Gramática C  *Gustar with nouns*

| ¡AVANZA! | **Goal:** Use the verb **gustar** to talk about what people like. |
|---|---|

**1** ¿Qué les gusta o no les gusta a las siguientes personas? Combina los elementos de cada cuadro para escribir oraciones completas.

| | |
|---|---|
| a Juan | las bebidas nutritivas |
| a ella | las manzanas |
| a la amiga de Paula | desayunar rápido |
| a mis padres y a mí | comer plátanos |
| a Jorge y a Laura | compartir el postre |
| a ti | el café |

1. _____

2. _____

3. _____

4. _____

5. _____

6. _____

**2** Mira el menú del cocinero Valiente. Escribe cinco oraciones completas para indicar lo que te gusta y no te gusta del menú. También explica qué les gusta y no les gusta a tus amigos(as).

**Menú del cocinero Valiente**

*Sopa de tomate*

*Huevos revueltos con tomate y cebolla*

*Pizza con jamón y queso*

*Hamburguesas*

*Arroz con pollo*

*Galletas*

*Jugo de manzana*

*Jugo de naranja*

*Café con leche*

*Chocolate caliente*

_____

_____

_____

_____

_____

_____

_____

_____

_____

_____

_____

_____

# Gramática A  *Present tense of -er and -ir verbs*

> **¡AVANZA!**    **Goal:**   Use the present tense of **-er** and **-ir** verbs to talk about various activities.

**1** Empareja la forma correcta de cada verbo con los pronombres correspondientes para saber lo que hacen estas personas.

| | |
|---|---|
| **1.** \_\_\_\_ Tú... | **a.** compartimos una ensalada durante la cena. |
| **2.** \_\_\_\_ Nosotros... | **b.** siempre comen hamburguesas con queso. |
| **3.** \_\_\_\_ Ustedes... | **c.** hace su tarea y come al mismo tiempo. |
| **4.** \_\_\_\_ Yo... | **d.** no lees el periódico porque tienes que ir a la escuela. |
| **5.** \_\_\_\_ Carla... | **e.** no escribo cartas porque estoy muy ocupado. |

**2** Rodrigo y Elena están en un café. Completa la conversación con el verbo correcto.

**Rodrigo:**  Las hamburguesas que ellos **1.** _____ aquí son muy ricas. (vender)

**Elena:**  ¿ **2.** _____ tú y yo una? (Compartir)

**Rodrigo:**  No, gracias. ¿Por qué no **3.** _____ tú y yo una ensalada? (comer)

**Elena:**  Sí, sí. Y también quiero saber si ellos **4.** _____ pizzas. (hacer)

**Rodrigo:**  ¿Por qué no **5.** _____ tú el menú? (leer)

**Elena:**  ¡Ah, fantástico, porque yo no **6.** _____ la pizza con nadie! (compartir)

**3** Lee las siguientes oraciones y cambia el verbo para hacer la oración lógica. Sigue el modelo.

**Modelo:**   Nosotros escribimos el periódico todas las mañanas.

   *Nosotros leemos el periódico todas las mañanas.*

**1.**  Tú bebes manzanas todas las mañanas.

_____

**2.**  Mis amigas comen cartas a sus padres.

_____

**3.**  Nosotros comemos mucho jugo.

_____

**4.**  Yo corro la tarea después de las clases.

_____

Unidad 3, Lección 1
Gramática A
**106**

¡**Avancemos! 1**
Cuaderno para hispanohablantes

UNIDAD 3 Lección 1
Gramática A

# Gramática B  *Present tense of -er and -ir verbs*

¡AVANZA!  **Goal:** Use the present tense of **-er** and **-ir** verbs to talk about various activities.

**1** Usa elementos de cada columna para hacer cuatro preguntas a varias personas. Sigue el modelo.

**Modelo:**  *¿Cuándo bebes tú jugo?*

| ¿Cuándo? | comer | tú | cartas |
| ¿Por qué? | compartir | Santiago | jugo |
| ¿Cuál(es)? | leer | ellas | el menú |
| | beber | nosotros | la pizza |

1. _____

2. _____

3. _____

4. _____

**2** Estás en la cafetería y observas qué hacen los demás. Completa las oraciones con la forma correcta del verbo apropiado.

   **1.**            **2.**            **3.**            **4.**

1. Ana y Mateo _____ a una mesa antes de que alguien se las gane.

2. Fernando _____ una revista sin que le moleste el ruido.

3. Ese maestro de ciencias _____ una pizza.

4. Ustedes _____ el almuerzo.

**3** Ahora escribe cuatro oraciones completas similares a las anteriores sobre otras cosas que veas en la cafetería.

1. _____

2. _____

3. _____

4. _____

# Gramática C  *Present tense of -er and -ir verbs*

| ¡AVANZA! | **Goal:** Use the present tense of **-er** and **-ir** verbs to talk about various activities. |
|---|---|

**1** Cada persona hace algo diferente. Describe lo que hacen.

**1.**   **2.**   **3.**

1. _____

2. _____

3. _____

**2** Responde a las siguientes preguntas con oraciones completas.

   **1.** ¿Qué comes normalmente para el desayuno?

   _____

   **2.** ¿Qué beben tú y tus amigos para el almuerzo?

   _____

   **3.** ¿Cuándo haces la tarea?

   _____

   **4.** ¿Qué comida comparten tus amigos contigo?

**3** Escribe un párrafo de seis oraciones para describir tus actividades y las de tus amigos los fines de semana. Usa los verbos **aprender**, **beber**, **comer**, **compartir**, **escribir**, **hacer**, and **leer**.

_____

_____

_____

_____

_____

_____

_____

UNIDAD 3 Lección 1

Gramática C

108

Unidad 3, Lección 1
Gramática C

¡Avancemos! 1
Cuaderno para hispanohablantes

# Gramática adicional  *Las palabras interrogativas*

> **¡AVANZA!**   **Goal:**  Use interrogative words in indirect questions.

Regularmente usas palabras interrogativas como: **¿qué?**, **¿cuándo?**, **¿cómo?** y **¿dónde?** cuando haces una pregunta. Estas palabras requieren un acento escrito.

   ¿**Có**mo estás?        ¿De **dón**de eres?        ¿**Cuá**ndo llegaste?

Estas palabras también requieren un acento escrito cuando la pregunta es indirecta. Observa los siguientes ejemplos:

   Dime **cómo** se llama tu perro.        Avísame **qué** haces esta tarde.

Para saber si necesitas escribir el acento o no, trata de encontrar el sentido interrogativo en este tipo de oraciones. Debes pensar: ¿Hay una pregunta indirecta en esta oración? Si puedes identificar una pregunta en la oración, entonces la palabra interrogativa necesita un acento escrito.

**1** Valeria habla con sus amigos durante la hora del almuerzo. Encuentra las preguntas indirectas en las oraciones de Valeria. Empieza tus preguntas con las palabras interrogativas en negritas.

   **Modelo:**    Anne me dijo **dónde** compró la falda.

   *¿Dónde compró la falda Anne?*

**1.** Paloma sabe **qué** traer a la reunión.

_____

**2.** Valentina, enséñame **cómo** decir mi nombre en portugués.

_____

**3.** León, dime **cuándo** vas a comprar los palos de golf.

_____

**4.** No sabemos **quién** va a ir al cine este fin de semana.

_____

**2** David escribió la siguiente nota para Alfredo. Léela con cuidado y selecciona la palabra correcta en cada caso.

   Alfredo: Hola, ¿cómo estás?

   No sé **1.** (donde / dónde) tengo la cabeza esta semana. ¿**2.** (Cual / Cuál) fue la conclusión a la que llegamos? ¿Escribes tú el cuento y yo hago las ilustraciones, o escribo yo el cuento y tú haces las ilustraciones? No quiero contarte **3.** (como / cómo) resolví el problema entre Adriana y Laura pero **4.** (como / cómo) soy un poco indiscreto... Fíjate **5.** (que / qué) tuve que invitar a las dos a ser parte del proyecto.

   David

UNIDAD 3 Lección 1   Gramática adicional

# Integración: Hablar

¡AVANZA! **Goal:** Listen and respond to written and oral passages discussing meals and food.

El siguiente menú es de un restaurante en San Juan, Puerto Rico. Subraya las comidas que te gustaría probar.

Fuente 1 Leer

---

## RESTAURANTE MAR AZUL
### Menú del día

| Aperitivos | Entradas | Acompañamientos |
|---|---|---|
| ☞ Sopa de verduras | ☞ Pescado en salsa | ☞ Arroz blanco |
| Ensaladas de vegetales | Pescado frito | Plátano frito |
| Ensaladas de frutas | Pasta con pollo | Frijoles |
| Queso frito | Arroz con pollo | Vegetales |
| Pequeños sándwiches | Pollo frito | Papas fritas |
| Refrescos | Carne en salsa negra * | **Postres** |
| | Sándwiches de jamón y queso | Flan de queso |
| | Hamburguesas | Flan de la casa |
| | | Helados |
| | | Galletas |
| | | Dulce de leche |
| | | Café |

*Pregunte por su plato favorito*     ☞ Sugerencia del chef     * Picante

---

Escucha el siguiente fragmento del programa *Alina, para siempre en su cocina*. Toma notas. Luego completa la actividad.

Fuente 2 Escuchar

## HL CD 1, tracks 17–18

¿Qué platos del restaurante se parecen al plato del audio? Explica en qué se parecen y en qué no separecen?

# Integración: Escribir

| ¡AVANZA! | **Goal:** Listen and respond to written and oral passages discussing meals and food. |
|---|---|

El siguiente fragmento es de un artículo que habla sobre los resultados de una encuesta en las escuelas secundarias de Puerto Rico.

Fuente 1 Leer

---

### LA IMPORTANCIA DEL DESAYUNO

MAYAGÜEZ, Puerto Rico – Los estudiantes del Colegio Cristóbal Colón están contentos. Una encuesta dice que los estudiantes de este colegio sí saben comer. La encuesta se hizo a cien escuelas de Puerto Rico. El 15 de marzo, el 85% de los jóvenes dijo que esa mañana tomaron un desayuno nutritivo. Muchos comieron huevos, pan y queso, y bebieron yogur, leche o jugo de naranja. La encuesta se hizo para investigar qué es lo que comen al desayuno los jóvenes en Puerto Rico. Para sorpresa de todos, el 10% de ellos dijo que comió una fruta al desayuno más de una vez.

---

Escucha los recuerdos de la Señora Mildred Holguín. Toma notas. Luego completa la actividad.

Fuente 2 Escuchar

### HL CD 1, tracks 19–20

Escribe un párrafo para compara lo que comen los estudiantes de la encuesta y lo qué comía doña Mildred.

_____

_____

_____

_____

_____

# Lectura A

| ¡AVANZA! | **Goal:** Read and answer questions about likes and dislikes. |

**1** Lee el diálogo entre Dora y Ramón y completa las actividades a continuación.

> **DORA:** ¡Tengo hambre! ¿Qué hay para almorzar?
>
> **RAMÓN:** Yo no tengo mucha hambre. Yo sólo quiero comer un sándwich de jamón y queso.
>
> **DORA:** Pues yo tengo ganas de comer sopa, pollo, papas fritas y ensalada. Me gusta mucho el pollo. ¿A ti te gusta el pollo?
>
> **RAMÓN:** No, no me gusta. Me gustan más las hamburguesas.
>
> **DORA:** ¿Qué bebida te gusta?
>
> **RAMÓN:** Me gustan los jugos de frutas. Yo bebo jugo de naranja.
>
> **DORA:** En el almuerzo yo siempre bebo agua.
>
> **RAMÓN:** ¡Mira! También hay fruta. Yo quiero una manzana. ¿Y tú?
>
> **DORA:** No, no tengo ganas de comer fruta. Bueno, ya tenemos todo. Ahora vamos a sentarnos para comer. ¡Qué rico está el pollo! ¡Y qué ricas las papas!
>
> **RAMÓN:** Dora, ¿podemos compartir las papas fritas?
>
> **DORA:** ¿No dices que no tienes hambre? ¡Son mis papas!

**2** **¿Comprendiste?** Escoge la mejor respuesta y encierra en un círculo la letra correspondiente.

**1.** ¿Qué tanta hambre tiene Ramón?
   **a.** mucha hambre
   **b.** poca hambre
   **c.** tanta hambre como Dora
   **d.** No tiene hambre.

**2.** ¿Qué come y bebe Dora?
   **a.** ensalada, pollo, sopa, papas fritas y jugo
   **b.** ensalada, pollo, arroz, papas fritas y agua
   **c.** ensalada, pollo, sopa, papas fritas y agua
   **d.** ensalada, un sándwich, sopa y papas fritas

**3.** ¿Qué comida NO le gusta a Ramón?
   **a.** las hamburguesas
   **b.** la fruta
   **c.** las papas fritas
   **d.** el pollo

**4.** ¿Qué le gusta a Ramón?
   **a.** los jugos de fruta
   **b.** el agua
   **c.** sólo el jugo de naranja
   **d.** la leche

**3** **¿Qué piensas?** ¿Cuál de los dos almuerzos prefieres, el que come Dora o el que come Ramón? ¿Por qué?

_____

_____

_____

_____

# Lectura B

¡AVANZA!  **Goal:** Read and answer questions about likes and dislikes.

**1** Lee lo que escribió Manuel sobre las comidas y las cosas que les gustan a él y a su hermano. Luego responde a las preguntas y compara su experiencia con la tuya.

> Me llamo Manuel y soy de Puerto Rico. Tengo un hermano menor que se llama David. David y yo nunca estamos de acuerdo.
>
> Por la mañana, antes de ir a la escuela, David y yo comemos un desayuno nutritivo. A mí me gustan los huevos con jamón y un jugo de naranja. A David le gusta el cereal con leche. A mí no me gusta la leche; es horrible.
>
> En la escuela, David y yo comemos el almuerzo en la cafetería. Hoy hay pizza, pero a mí no me gusta. Yo como un bistec con papas fritas y David come pizza y un yogur. Él dice que el yogur es muy rico, pero yo creo que es más horrible que la leche. También bebemos bebidas diferentes: David bebe un jugo de piña y yo bebo un refresco.
>
> Por la tarde, después de hacer la tarea, a mí me gusta dibujar o leer un libro. A David no le gusta leer; a él le gusta practicar deportes y tocar la guitarra.
>
> ¿Verdad que somos diferentes? Pero a los dos nos gusta hablar por teléfono y pasar un rato con los amigos. ¡También nos gusta mucho el arroz con pollo que hace mamá!

**2** **¿Comprendiste?** Responde a las siguientes preguntas con oraciones completas.

1. ¿Qué les gusta de desayuno a Manuel y a David?

_____

2. ¿A quién no le gusta la leche? Además de la leche, ¿qué alimento hecho de leche no le gusta?

_____

3. ¿Qué cosas les gusta hacer a los dos? ¿Qué comida les gusta a los dos?

_____

_____

**3** **¿Qué piensas?** Manuel y David comen desayunos diferentes, pero los dos comen desayunos nutritivos. ¿Qué te gusta comer a ti en el desayuno? ¿Es un desayuno nutritivo? ¿Crees que es importante comer un desayuno nutritivo? ¿Por qué?

_____

_____

_____

_____

# Lectura C

**1** Lee el siguiente artículo sobre la cocina tradicional de Puerto Rico. Luego responde a las preguntas de comprensión y escribe sobre la comida de un país hispanohablante.

## La cocina puertorriqueña

En Puerto Rico hay una mezcla de diferentes pueblos que se refleja en las costumbres, en la cultura, en la música y también en su comida. La cocina de Puerto Rico combina platos e ingredientes de origen principalmente indígena, español y africano, aunque también tiene influencia de otros países debido a las personas que llegaron a la isla de países como Francia, Italia y China. La cocina tradicional de Puerto Rico se conoce como cocina criolla. Los elementos principales de esta cocina son el arroz, el pescado, los frijoles y los plátanos.

Un plato muy popular en Puerto Rico es el **mofongo**, que se hace con carne, plátanos fritos y ajo. Con el plátano también se hacen los tostones. También son típicas de Puerto Rico las **empanadillas** (masa de harina rellena de carne, queso o marisco que luego se fríe o se cuece en el horno) y el **asopao** (sopa de arroz y pollo).

Las **frituritas** son sabrosos entremeses, o pequeñas porciones de alimentos, que pueden comerse a cualquier hora. Se llaman frituritas porque se fríen. Las **alcapurrias** son frituritas de plátano y carne. Otras frituritas son los **bacalaítos** (bacalao) y los pastelillos de harina rellenos de carne o queso.

En Puerto Rico también hay bebidas especiales como los deliciosos jugos y néctares de frutas tropicales, como el mango, la guayaba, la piña y el tamarindo. También se hacen batidos de estas frutas con leche. Los postres puertorriqueños también son ricos. Los más populares son los dulces de coco y leche, como el famoso **tembleque**. También se comen el arroz con leche y el flan, que son típicos no sólo de Puerto Rico, sino de muchos países hispanohablantes.

UNIDAD 3 Lección 1
Lectura C

**114**    Unidad 3, Lección 1
Lectura C

**¡Avancemos! 1**
Cuaderno para hispanohablantes

**2** **¿Comprendiste?** Responde a las siguientes preguntas con oraciones completas.

1. ¿Cuál es el origen de la cocina de Puerto Rico? ¿Qué alimentos más se usan en la cocina criolla?

_____

_____

_____

_____

2. ¿Cuáles tres platos de los que se nombran en el artículo se hacen con plátanos?

_____

_____

3. ¿Qué son las frituritas? ¿De qué se hacen?

_____

_____

4. Según el artículo, ¿qué bebidas y postres se hacen con leche?

_____

_____

**3** **¿Qué piensas?** ¿Has probado algún plato típico de Puerto Rico o de un país hispanohablante? ¿Cuál? ¿Qué ingredientes tiene? ¿Te gusta? ¿Crees que es un plato nutritivo?

_____

_____

_____

_____

_____

_____

# Escritura A

> **¡AVANZA!** **Goal:** Write about foods and beverages.

**1** ¿Qué comidas te gustan? Piensa en qué te gustaría comer durante el fin de semana y escribe un menú para el sábado y el domingo. Puedes repetir comidas y bebidas. Asegúrate de que: a) los alimentos y las bebidas son adecuados para cada comida, b) las comidas son variadas y saludables y c) el uso del lenguaje es correcto y no hay faltas de ortografía.

## Menú para el fin de semana

| sábado | domingo |
|---|---|
| desayuno _____ | desayuno _____ |
| _____ | _____ |
| almuerzo _____ | almuerzo _____ |
| _____ | _____ |
| cena _____ | cena _____ |
| _____ | _____ |

**2** Ahora escribe un párrafo de seis oraciones sobre las comidas y bebidas del menú anterior que más te gustan. Explica por qué.

_____

_____

_____

_____

_____

_____

**3** Evalúa tu párrafo con la siguiente tabla.

| | **Crédito máximo** | **Crédito parcial** | **Crédito mínimo** |
|---|---|---|---|
| Contenido | Escribiste seis oraciones completas con una lista variada de comidas. | Escribiste cuatro oraciones completas con una lista no tan variada de comidas. | Escribiste dos oraciones completas y tu lista de comidas no es variada. |
| Uso correcto del lenguaje | Tuviste muy pocos errores o ninguno en el uso del lenguaje, la ortografía y el verbo **gustar**. | Tuviste algunos errores en el uso del lenguaje, la ortografía y el verbo **gustar**. | Tuviste un gran número de errores en el uso del lenguaje, la ortografía y el verbo **gustar**. |

UNIDAD 3 Lección 1
Escritura A

Unidad 3, Lección 1
Escritura A

116

¡Avancemos! 1
Cuaderno para hispanohablantes

# Escritura B

| ¡AVANZA! | **Goal:** Write about foods and beverages. |
|---|---|

Escribe un párrafo para hablar de ti y tu mejor amigo(a).

**1** Completa esta tabla con las actividades, comidas y bebidas que (no) te gustan a ti y las que (no) le gustan a tu amigo(a).

| | **Actividades** | **Comidas** | **Bebidas** |
|---|---|---|---|
| **A mí me gusta(n)** | | | |
| **A _____ le gusta(n)** | | | |
| **A mí no me gusta(n)** | | | |
| **A _____ no le gusta(n)** | | | |

**2** Usa la tabla para escribir tu párrafo. Asegúrate de que: 1) incluyes información tanto sobre ti como sobre tu amigo(a), 2) el párrafo es fácil de entender y 3) usas el verbo **gustar** correctamente.

_____

_____

_____

_____

**3** Evalúa tu párrafo usando la siguiente tabla.

| | **Crédito máximo** | **Crédito parcial** | **Crédito mínimo** |
|---|---|---|---|
| Contenido | Incluyes información sobre ti y sobre tu amigo(a). El párrafo es fácil de comprender. | Falta información sobre ti y tu amigo(a). Contiene secciones difíciles de comprender. | Falta mucha información sobre ti y tu amigo(a). Tu párrafo es difícil de comprender. |
| Uso correcto del lenguaje | Tuviste muy pocos errores o ninguno en el uso del verbo **gustar**. | Tuviste algunos errores en el uso del verbo **gustar**. | Tuviste un gran número de errores en el uso del verbo **gustar**. |

# Escritura C

| ¡AVANZA! | **Goal:** Write about foods and beverages. |

Prepara una encuesta para saber si los estudiantes de tu escuela y sus familias tienen una alimentación saludable y adecuada.

**1** Completa estas listas con los datos que necesitas conocer para decidir si una alimentación es saludable. Ten en cuenta los alimentos y las costumbres.

**Alimentos:** _____ , _____ , _____ , _____ .

**Costumbres:** _____ , _____ , _____ , _____ .

**2** Escribe una introducción para la encuesta explicando a quién va dirigida y cuál es su finalidad. Luego, usa las listas para escribir seis preguntas. Asegúrate de que: 1) la presentación es clara, 2) las preguntas son claras y relevantes y, 3) usas bien las palabras interrogativas y no hay faltas de ortografía.

**ENCUESTA**

*Introducción* _____

_____

_____

1. _____
2. _____
3. _____
4. _____
5. _____
6. _____

**3** Evalúa tu encuesta usando la siguiente tabla.

| | Crédito máximo | Crédito parcial | Crédito mínimo |
|---|---|---|---|
| Contenido | La introducción es clara. Incluiste seis preguntas relevantes. | La introducción no es clara. Incluiste menos de seis preguntas o tus preguntas no son relevantes. | La introducción no es clara. Incluiste pocas preguntas que no son claras y ni relevantes. |
| Uso correcto del lenguaje | El uso de las palabras interrogativas es correcto y no hay faltas de ortografía. | Hay algunos errores en el uso de las palabras interrogativas y la ortografía. | Hay un gran número de errores en el uso de las palabras interrogativas y la ortografía. |

# Cultura A

| ¡AVANZA! | **Goal:** Use and consolidate cultural information about Puerto Rico. |
|---|---|

**1** Usa las palabras del cuadro para completar las siguientes descripciones de algunas comidas típicas de Puerto Rico y de El Salvador.

| **pupusas** | **tostones** | **semita** | **alcapurrias** | **bacalaitos** |
|---|---|---|---|---|

1. Pedazos de pescado bacalao frito: _____

2. Pan dulce con capas de mermelada de piña: _____

3. Plátano macho frito relleno con carne: _____

4. Plátanos macho fritos: _____

5. Tortillas de maíz rellenas con frijoles, puerco o queso: _____

**2** ¿Adónde pueden ir los visitantes en Puerto Rico para hacer las siguientes actividades? Completa la siguiente tabla.

| | |
|---|---|
| Admirar los edificios coloniales: | |
| Ver la Cascada de la Coca: | |
| Reunirse informalmente con amigos y familiares: | |
| Ver la estatua de Cristóbal Colón: | |
| Ver un coquí: | |

**3** Describe el Viejo San Juan u otro lugar importante de Puerto Rico. Usa oraciones completas en la narración y compáralo con tu ciudad u otro lugar que visitaste.

_____

_____

_____

_____

_____

**UNIDAD 3 Lección 1 Cultura A**

# Cultura B

> **¡AVANZA!**    **Goal:**    Use and consolidate cultural information about Puerto Rico.

**1** Usa la información de tu libro para responder en forma breve a las siguientes preguntas sobre Puerto Rico.

   **1.** ¿Qué país está cerca de Puerto Rico?

   _____

   **2.** ¿Cuáles son algunas comidas típicas de la cocina criolla de Puerto Rico?

   _____

   **3.** ¿Cuál es la capital de Puerto Rico?

   _____

   **4.** ¿Que es un **coquí**?

   _____

**2** Rellena la siguiente tabla con dos oraciones completas que describan cada uno de los siguientes lugares.

| El Viejo San Juan | **1.** _____ |
| | **2.** _____ |
| El Parque Nacional de El Yunque | **1.** _____ |
| | **2.** _____ |
| La Plaza de Colón | **1.** _____ |
| | **2.** _____ |

**3** ¿Dónde se reúnen las familias puertorriqueñas para descansar y pasar un rato? ¿Hay algún lugar en tu ciudad en donde la gente vaya para pasar el rato en familia? Compara y escribe un párrafo corto para describirlo.

_____

_____

_____

_____

# Cultura C

> **¡AVANZA!** **Goal:** Use and consolidate cultural information about Puerto Rico.

**1** Describe lo que sabes del Viejo San Juan. Da detalles de los edificios, plazas y calles.

_____
_____
_____
_____

**2** Escribe cuatro oraciones completas para describir las diferencias y semejanzas de los lugares en Puerto Rico y los que hay en la ciudad o estado donde vives.

| Diferencias: | Semeanzas: |
|---|---|
| **Modelo:** *En mi ciudad no hay playa como en Puerto Rico.* | *En mi ciudad también hay un parque nacional como en Puerto Rico.* |
| **1.** | **1.** |
| **2.** | **2.** |

**3** En los EE.UU. se comen diferentes platos de la cocina criolla puertorriqueña. Escoge un plato y escribe un párrafo para describirlo, incluyendo los ingredientes que lo componen. Después compáralo con un plato similar de tu cultura.

_____
_____
_____
_____
_____
_____

# Vocabulario A  *En mi familia*

> **¡AVANZA!**  **Goal:**  Talk about family and ages.

**1** Emilio habla de su familia. Indica si cada oración es cierta (**C**) o falsa (**F**).

1. _____ El padre de mi padre es mi tío.

2. _____ Las hermanas de mi madre son mis tías.

3. _____ Los padres de mis padres son mis abuelos.

4. _____ Los hijos de mis abuelos son mis primos.

5. _____ La abuela de mi hermano es mi abuela.

6. _____ La madre de mi hermanastra es mi madrastra.

**2** Cristina hace comparaciones sobre su familia. Elige la palabra o expresión correcta para completar cada oración.

| tanto como | mejor | mayor | menos | menor |
|---|---|---|---|---|

1. Yo tengo catorce años y mi hermana tiene diez años. Yo soy su hermana

   _____ .

2. Mi hermano tiene siete años. Es nuestro hermano _____ .

3. Mi tío come dos huevos y mi padre come dos. Mi padre come _____

   mi tío.

4. Yo estudio cuatro horas y mi hermana estudia dos horas. Ella estudia

   _____ .

5. Mi madre no está enferma hoy. Ella está mucho _____ .

**3** Contesta las preguntas con oraciones completas y con los números en palabras.

1. ¿Cuál es el año de tu nacimiento?

   _____

2. Escribe la siguiente fecha en palabras: 23/12/2007

   _____

3. Escribe en palabras el año de nacimiento de Nora y sus amigos.

   Nora, 1985: _____

   Esteban, 1990: _____

   Carmen, 1997: _____

UNIDAD 3 Lección 2

Vocabulario A

**122**  Unidad 3, Lección 2
Vocabulario A

**¡Avancemos! 1**
Cuaderno para hispanohablantes

# Vocabulario B  En mi familia

> **¡AVANZA!**  **Goal:**  Talk about family and ages.

**1** Escribe los números correctos para las primeras cuatro oraciones y escoge entre **mayor**, **tanto** y **peor** para las últimas tres oraciones.

1. 700 _____

2. 500 _____

3. 1.000 _____

4. 900 _____

5. José tiene la nota más baja de la clase. Es la _____ nota.

6. Luisa tiene dos años más que yo. Es mi hermana _____ .

7. Simón y yo tenemos seiscientos dólares cada uno. Él tiene _____ como yo.

**2** Describe las relaciones entre los miembros de una familia. Contesta las preguntas con oraciones completas.

**Modelo:**  ¿Quién es la hermana de tu madre?  *La hermana de mi madre es mi tía.*

1. ¿Quién es la madre de tu madre? _____

2. ¿Quién es el padre de tu primo? _____

3. ¿Quién es el padre de tu hermanastro? _____

4. ¿Quién es el hermano de tu tía? _____

5. ¿Quién es la hija de tu tío? _____

**3** Vas a hacer una fiesta para el cumpleaños de in(a) amigo(a). Contesta las preguntas con oraciones completas. Escribe los números con palabras.

1. ¿Cuál es la fecha de la fiesta? _____

_____

2. ¿Cuántos años va a tener tu amigo(a)? _____

_____

3. ¿Tiene hermanos tu amigo(a)? ¿Son menor es o mayores? _____

_____

4. ¿A qué miembros de su familia vas a invitar? _____

_____

UNIDAD 3 Lección 2  Vocabulario B

# Vocabulario C  *En mi familia*

| ¡AVANZA! | **Goal:** Talk about family and ages. |

**1** Escribe los números de las siguientes operaciones matemáticas en palabras.

**Modelo:**  $400 + 800 = 1.200$

*Cuatrocientos más ochocientos son mil doscientos.*

**1.** $300 + 200 = 500$

_____

**2.** $800 - 100 = 700$

_____

**3.** $600 + 400 = 1.000$

_____

**4.** $900.000 + 100.000 = 1.000.000$

_____

**5.** $1.300 - 200 = 1.100$

_____

**2** Describe las relaciones entre los miembros de tu familia o una familia que tú conoces. Contesta las preguntas con oraciones completas.

**Modelo:**  tía  *Mi tía es la hermana de mi padre.*

**1.** padrastro _____

**2.** abuelo_____

**3.** prima_____

**4.** madre_____

**5.** hermanos _____

**3** Describe a dos miembros de tu familia o una familia que conoces. Escribe seis oraciones completas. ¿Cuál es su fecha de su nacimiento? ¿Cuántos años tienen? Escribe los números con palabras.

_____

_____

_____

_____

_____

_____

# Vocabulario adicional

> **¡AVANZA!**  **Goal:**  Write a letter with an appropriate greeting and closing.

## Saludos y despedidas

Si escribes una carta en español, puedes usar varias expresiones para empezar y terminar la carta. En una carta formal o informal para la familia, los amigos u otras personas, puedes empezar con una variación de estos saludos:

**Estimado Juan; Estimados abuelos**  (formal)

**Querida Alondra; Queridos padres**  (menos formal)

**¡Hola, Isaac!**  (informal)

Puedes terminar una carta formal o informal para la familia, los amigos u otras personas con una variación de estas despedidas y tu nombre al final:

**Atentamente,**  (formal)

**Un saludo,**  (formal)

**Con cariño,**  (informal)

**Un beso,**  (informal)

**Un abrazo,**  (informal)

**1** Escribe un saludo y una despedida que puedes usar para cada persona.

**1.** otro estudiante en la clase _____

**2.** tus abuelos _____

**3.** tu mamá _____

**4.** tu mejor amigo(a) _____

**5.** tu hermano _____

**6.** tu maestro(a) de español _____

**7.** el presidente de Estados Unidos _____

**2** Escríbele una carta al (a la) director(a) de tu escuela. Usa un saludo, cinco oraciones o preguntas completas y una despedida.

_____

_____

_____

_____

_____

_____

# Gramática A  *Possessive Adjectives*

> **¡AVANZA!**　**Goal:**　Use possessive adjectives to talk about family.

**❶** Gloria habla de su familia y las familias de sus amigos. Elige el adjetivo posesivo correcto para cada descripción.

1. Yo tengo cuatro primos. (Mi / Mis) primos viven en Mayagüez.

2. Juan tiene una hermana. (Su / Sus) hermana tiene cinco años.

3. Maribel tiene dos gatos. (Nuestros / Sus) gatos son blancos.

4. Nosotros tenemos muchos tíos. (Sus./ Nuestros) tíos viven en Puerto Rico.

5. Tú tienes tres hijos. (Mis / Tus) hijos se llaman Daniel, David y Gabriela.

**❷** Pablo describe a su familia. Reemplaza la frase subrayada con el adjetivo posesivo apropiado. Sigue el modelo.

**Modelo:**　El gato de ustedes es grande.　*Su gato es grande.*

1. El abuelo de Juan tiene setenta años. _____

2. Los perros de ellos son gordos. _____

3. Los primos de nosotros viven en San Juan. _____

4. El cumpleaños de la tía de Adela es el 18 de agosto. _____
   _____

5. A los padres de Emilio les gusta ir al cine. _____

6. Las hermanas de ustedes son simpáticas. _____

**❸** Contesta las siguientes preguntas con oraciones completas.

**Modelo:**　¿Cuál es tu comida favorita?　*Mi comida favorita es la pizza.*

1. ¿Dónde vive tu familia?

   _____

2. ¿Cuándo es tu cumpleaños?

   _____

3. ¿Cuál es la fecha de nacimiento de tu mejor amigo(a)?

   _____

4. ¿Dónde viven las familias de tus amigos?

   _____

5. ¿Cuál es la comida favorita de tu familia y tú?

   _____

# Gramática B  *Possessive Adjectives*

| | |
|---|---|
| ¡AVANZA! | **Goal:** Use possessive adjectives to talk about family. |

**1** Lee la siguiente descripción de la familia de Guillermo. Elige el adjetivo posesivo correcto para completar cada oración.

Me llamo Guillermo. Voy a contarlte un poco de **1.** (mi / tu / su / mis) familia. Tengo dos primos. **2.** (Su / Mis / Sus / Tu) padres son **3.** (mi / mis / sus / tus) tíos. Ellos tienen un gato y dos perros. **4.** (Nuestro / Su / Sus / Tu) gato se llama Tigre y **5.** (nuestros / su / sus / mis) perros se llaman Osito y Pecas. Mis padres y yo no tenemos animales porque **6.** (nuestras / nuestra / sus / mi) casa es pequeña y a **7.** (mi / mis / su / sus) padres no les gustan los animales. Y tú, ¿tienes animales en **8.** (nuestra / su / mi / tu) casa?

**2** Juan y sus amigos perdieron sus cosas. Escribe oraciones completas con los adjetivos posesivos correspondientes para explicar dónde están sus cosas.

**Modelo:**   el cereal de Juan          la cocina
             *Su cereal está en la cocina.*

1. las calculadoras de nosotros        el salón de clase
2. los libros de mí ·                   la biblioteca
3. el gato de ustedes                   la silla
4. el almuerzo de ti                    la mesa
5. los papeles de Ana                   la mochila

1. _____

2. _____

3. _____

4. _____

5. _____

**3** Escribe un párrafo con cinco oraciones completas sobre los objetos más importantes para algunos de los miembros de tu familia o una familia que conoces. Usa los adjetivos posesivos en cada oración.

**Modelo:**   *El objeto más importante de mi hermano es su balón de fútbol.*

_____

_____

_____

_____

_____

# Gramática C  *Possessive Adjectives*

> **¡AVANZA!**  **Goal:** Use possessive adjectives to talk about family members.

**❶** Escribe de nuevo las preguntas con los adjetivos posesivos correspondientes.

**Modelo:** ¿Cuál es el color favorito de tu amigo?   *¿Cuál es su color favorito?*

**1.** ¿Has visto el perro de ti?

_____

**2.** ¿Tienen ustedes los libros de Juan?

_____

**3.** ¿Conocen a los maestros de Pedro?

_____

**4.** ¿Tiene Carlos las mochilas de nosotros?

_____

**5.** ¿Han visto la casa de Maribel?

_____

**❷** Escribe oraciones completas para describir las pertenencias de estas personas.

| Persona | Color | Pertenencias | Descripción |
|---|---|---|---|
| **Modelo:**  tío | azul | carro | *Su carro es azul.* |
| **1.** papá | verde | ojos | |
| **2.** hermanas | rojo | vestidos de San Valentín | |
| **3.** nosotros | blanco | perrita | |
| **4.** tú | negro | osito de peluche | |
| **5.** yo | amarillo | lápices | |

**❸** ¿Cuáles son las pertenencias que tu familia tenía hace cinco años y recuerdan con más cariño? Usa adjetivos posesivos para hacer una lista de cinco pertenencias. También explica por qué las apreciaban.

**Modelo:**  *Mi padre tenía un suéter rojo. Era su favorito porque se lo dio mi mamá.*

_____

_____

_____

_____

# Gramática A Comparatives

> **¡AVANZA!**  **Goal:** Use comparative expressions to describe people and things.

**1** Mira las edades de estas personas e indica si cada oración es cierta (**C**) o falsa (**F**) de acuerdo a los comparativos **mayor**, **menor**.

Felipe (2), Ana (17), Luz (8), Juan (14), Eva (81)

1. _____ Juan es menor que Ana.

2. _____ Felipe es mayor que Eva.

3. _____ Ana es menor que Felipe y Juan.

4. _____ Luz es menor que todas.

5. _____ Eva es mayor que los dos chicos.

**2** Escoge la forma comparativa correcta para completar las oraciones.

1. Liliana es (tan / más) atlética (que / más) Clara.

2. Me gusta correr (tan / tanto) (como / que) nadar.

3. Estas uvas son (mejores / tan) (que / más) aquellas uvas.

4. Sus notas son (peores / tanto) (como / que) mis notas.

5. Jaime es (como / menos) estudioso (tan / que) yo.

6. Mi mamá es (tan / más) buena (como / tanto) tu mamá.

**3** Escribe oraciones para comparar a Jorge y Diego. Usa adjetivos y las expresiones **más...que**, **menos...que** y **tan...como**.

1. _____

2. _____

3. _____

4. _____

5. _____

6. _____

Jorge    Diego

# Gramática B Comparatives

¡AVANZA!    **Goal:**   Use comparative expressions to describe people and things.

**1** Completa cada oración con una expresión comparativa según el símbolo. Sigue el modelo.

**Modelo:**   Me gusta el cereal  *más que*  el pan. (+)

**1.** Me gusta pasear _____ correr. (–)

**2.** Me gusta la pizza _____ las papas fritas. (=)

**3.** Me gustan las clases de la mañana _____ las clases de la tarde. (–)

**4.** Me gusta estudiar en la biblioteca _____ estudiar en casa. (=)

**5.** Me gusta escribir con lápiz _____ escribir con pluma. (+)

**2** Usa las palabras de los cuadros y los comparativos **más...que**, **menos...que** y **tan... como** para formar cuatro oraciones. Sigue el modelo.

**Modelo:**   *Los sándwiches son menos ricos que las hamburguesas.*

| | | |
|---|---|---|
| los sándwiches | nutritivo | los ensaladas |
| la pizza | rico | los jugos |
| las galletas | horrible | las hamburguesas |
| los refrescos | | el helado |
| las manzanas | | las naranjas |

**1.** _____

**2.** _____

**3.** _____

**4.** _____

**3** Compara a algunos miembros de tu familia o una familia que conoces. Escribe oraciones con los comparativos **más que...**, **menos que...**, **tan...como** y **tanto como...**

**1.** _____

**2.** _____

**3.** _____

**4.** _____

**5.** _____

UNIDAD 3 Lección 2

Gramática B

Unidad 3, Lección 2
Gramática B

**130**

¡Avancemos! 1
Cuaderno para hispanohablantes

# Gramática C *Comparatives*

> **¡AVANZA!**　**Goal:**　Use comparative expressions to describe people and things.

**1** Marisol expresa su opinión. Sin cambiar el orden de lo que compara, escribe en el espacio en blanco una oración que exprese la opinión contraria.

1. Los gatos son mejores que los perros.

   _____

2. Las chicas son más maduras que los chicos.

   _____

3. Hacer ejercicio es menos importante que ir al cine.

   _____

4. Las hamburguesas son más sabrosas que la pizza.

   _____

**2** El tiempo lo cambia todo. Usa las siguientes categorías para escribir una comparación entre hoy y hace cinco años. Usa la pistas +, – o = para saber qué tipo de comparación escribir.

| Categoría | Pista | Comparación |
|---|---|---|
| **Modelo:** *dinero* | + | *Hoy tengo más dinero que hace cinco años.* |
| 1. jugar | – | |
| 2. libros | + | |
| 3. estudiar | = | |
| 4. ver la tele | – | |

**3** Las familias tienen una rutina distinta cuando están de vacaciones. Escribe un párrafo breve donde uses por lo menos cinco comparaciones que expresen lo que es igual y lo que es distinto para los miembros de tu familia en temporada de escuela.

**Modelo:** *Cuando estoy de vacaciones, duermo más que cuando voy a la escuela.*

_____

_____

_____

_____

_____

_____

# Gramática adicional *El uso de la coma*

¡AVANZA! **Goal:** Use commas when appropriate.

Se usa la coma:

1. Después del nombre, cuando en una oración te diriges a una persona.
   **Ejemplo:**  María, ven para acá.

2. Antes y después del nombre cuando el nombre va a mitad de la oración.
   **Ejemplo:**  Ahora, María, ven para acá.

3. Para dividir una serie de elementos en una oración. No la uses en el último elemento si lo precede una conjunción (y, o, ni).
   **Ejemplos:**  Ana, Lupe y Ariel

   Pedro, Juan o Jorge

   Ni tú, ni yo ni él

4. Para interrumpir una oración con información extra.
   **Ejemplo:**  Juan, cansado por el viaje, se dejó caer en la cama.

5. Para separar expresiones como es decir, no obstante, sin embargo, etc.
   **Ejemplo:**  No lo necesito, sin embargo, me gustó y lo voy a comprar.

❶ Tina describe sus hábitos alimenticios. Escribe el número de la regla de arriba para identificar qué regla del uso de la coma se aplica.

1. Me levanto por la mañana y como un pan, dos huevos tibios y un vaso de jugo de naranja. _____

2. A media tarde, hambrienta por el trabajo, como una hamburguesa. _____

3. No obstante, en mi escritorio siempre tengo golosinas. _____

❷ Jahir escribió el siguiente recado para el consejero de su escuela. Agrega las comas que faltan para que su escritura sea clara.

Me gustan mucho las clases de biología historia y cálculo. No obstante mi favorita es la de química. Me encanta hacer experimentos. Mi papá siempre me dice: Jahir tú vas a ser científico. No sé. Me gustaría complacerlo, sin embargo lo que a mí realmente me gusta es correr. ¿Qué me aconseja usted?

❸ Ahora escribe tú una nota al consejero de tu escuela para decirle cuáles son tus clases favoritas. No te olvides de practicar el uso de la coma.

_____

_____

_____

_____

# Integración: Hablar

> **¡AVANZA!**    **Goal:**   Respond to written and oral passages talking about family.

Lee el siguiente artículo de un blog de Internet sobre la familia hispana y el idioma español.

**Fuente 1 Leer**

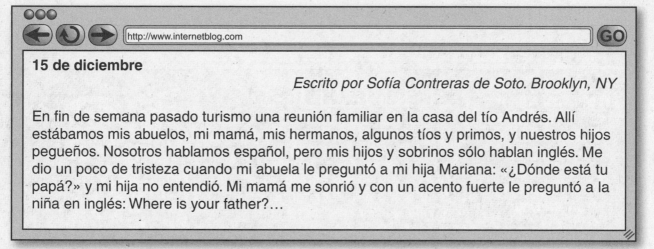

**15 de diciembre**

*Escrito por Sofía Contreras de Soto. Brooklyn, NY*

En fin de semana pasado turismo una reunión familiar en la casa del tío Andrés. Allí estábamos mis abuelos, mi mamá, mis hermanos, algunos tíos y primos, y nuestros hijos pegueños. Nosotros hablamos español, pero mis hijos y sobrinos sólo hablan inglés. Me dio un poco de tristeza cuando mi abuela le preguntó a mi hija Mariana: «¿Dónde está tu papá?» y mi hija no entendió. Mi mamá me sonrió y con un acento fuerte le preguntó a la niña en inglés: Where is your father?…

Escucha la descripción que hace Teresa Aguilar de su familia. Toma notas. Luego completa la Actividad.

**Fuente 2 Escuchar**

**HL CD 1, tracks 21–22**

Prepara una respuesta oral en la cual de las dos familias, la de Sofía contreias ola de Teresa Aguilar, te parece más interesante y porqué.

**¡Avancemos! 1**
Cuaderno para hispanohablantes

UNIDAD 3 Lección 2
Integración: Hablar

Unidad 3, Lección 2
Integración: Hablar   **133**

# Integración: Escribir

> **¡AVANZA!** **Goal:** Listen and respond to written and oral passages talking about family.

Estudia la siguiente página de un sitio Internet. Encierra en un círculo las palabras que no entiendas.

Fuente 1 Leer

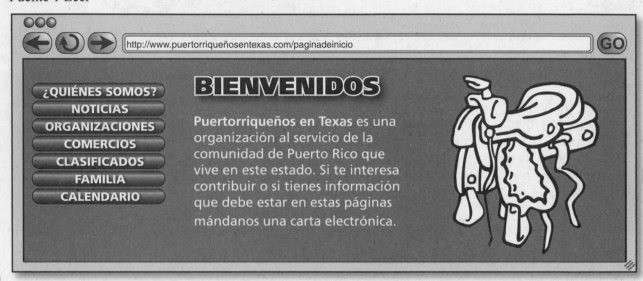

Escucha el siguiente anuncio radio. Toma notas. Luego completa la Actividad.

Fuente 2 Escuchar

## HL CD 1, tracks 23–24

Puede un persona pertenacer a la orgaización Puertorriqueños en Texas y la Asociación de Hispanoamericanos? Escribe una carta electrónica al sitio puertorriqueños en Texas y dales la información necesaria para anunciar el evento del que ella habló en el mensaje.

_____

_____

_____

_____

_____

_____

_____

_____

_____

_____

# Lectura A

| ¡AVANZA! | **Goal:** Read about family and age. |
| --- | --- |

**1** Lee el anuncio que Ana y Patricia pusieron en el sitio Web de la escuela. Luego responde a las preguntas y da tu opinión sobre los correos electrónicos entre estudiantes.

> ¡Hola! Somos Ana y Patricia, dos estudiantes de Arecibo, Puerto Rico. Tenemos 15 años, pero mi cumpleaños es en mayo y el de Ana en agosto, así que yo soy mayor que ella. Somos divertidas y atléticas y nos gusta mucho hablar con amigos de todas partes.
>
> Ana es más seria que yo. Ella es muy trabajadora y yo soy un poquito perezosa: ella siempre termina la tarea antes que yo. Ana es alta. Yo soy un poco más baja que Ana y soy muy habladora. Ana y yo nunca tenemos problemas porque a ella le gusta más escuchar que hablar. A las dos nos gusta cantar y tocar la guitarra. Ana tiene una voz preciosa, pero yo toco la guitarra mejor que ella.
>
> Ana y yo queremos que nos escriban chicas y chicos de tu escuela. Si tienes de 15 a 17 años y te gusta intercambiar correos electrónicos con personas de otros lugares, esperamos tu mensaje.

**2** **¿Comprendiste?** Responde a las siguientes preguntas con oraciones completas.

**1.** ¿De dónde son Ana y Patricia?

_____

**2.** Las dos amigas tienen 15 años, pero Patricia dice que ella es mayor que Ana. ¿Por qué?

_____

**3.** Escribe dos diferencias entre las dos amigas.

_____

_____

**3** **¿Qué piensas?** ¿Te parece interesante intercambiar correos electrónicos con chicos(as) de tu edad que viven en otro estado o en otro país? ¿Por qué? ¿A cuál de las dos chicas te gustaría más escribirle? ¿Por qué?

_____

_____

_____

_____

_____

# Lectura B

| ¡AVANZA! | **Goal:** Read about family and age. |

**1** Lee el diálogo. Luego responde a las preguntas y escribe sobre reuniones familiares.

> **CARLOS:** En mayo visitamos a la familia de mi mamá. ¿Quieres ver las fotos?
>
> **DAVID:** Sí, claro.
>
> **CARLOS:** Mira, estos dos chicos son Alberto y Arturo, los hijos de Esther, una hermana de mi mamá. Alberto tiene catorce años y Arturo tiene doce. Los dos juegan al fútbol.
>
> **DAVID:** Tú también juegas al fútbol, ¿verdad?
>
> **CARLOS:** Sí, pero no soy tan deportista como ellos.
>
> **DAVID:** ¡Bueno, seguro que ellos no son tan divertidos e ingeniosos como tú!
>
> **CARLOS:** Mira, esta señora rubia es mi tía Araceli.
>
> **DAVID:** Y estos señores, ¿quiénes son? Parecen muy simpáticos.
>
> **CARLOS:** Son mis abuelitos, los padres de mi mamá. Son simpáticos, aunque la abuela es más seria que el abuelo.
>
> **DAVID:** ¿Tus abuelos? ¡Son muy jóvenes!
>
> **CARLOS:** Sí, el abuelo tiene cincuenta y nueve años, y la abuela uno menos.
>
> **DAVID:** ¿Y cuántos nietos tienen?
>
> **CARLOS:** Pues somos...las tres hijas de tía Araceli, el hijo de tía Inés, los dos hijos y la hija de tía Esther, mi hermana, mi hermano y yo. Somos...
>
> **DAVID:** No hace falta que cuentes. ¡Son una familia muy grande!

**2** **¿Comprendiste?** Responde a las siguientes preguntas sobre la lectura.

**1.** ¿Quiénes son Alberto y Arturo respecto a Carlos? ¿Qué les gusta hacer?

_____

**2.** ¿Qué piensa David acerca de Carlos, en comparación con sus primos?

_____

**3.** ¿Cómo es la abuela en comparación con el abuelo?

_____

**3** **¿Qué piensas?** ¿Tienes hermanos(as) o primos(as) de tu edad? ¿Y abuelos? ¿En qué ocasiones se reúne tu familia? ¿Dónde?

_____

_____

_____

# Lectura C

| ¡AVANZA! | **Goal:** Read about family and age. |

**1** Lee la siguiente historia. Luego responde a las preguntas de comprensión y da tu opinión sobre celebraciones de cumpleaños.

### Un cumpleaños especial

El papá y la mamá de Amelia están de viaje. Amelia y Julita, su hermana menor, pasan la semana en casa de tía Brígida. La tía Brígida vive sola en una casa grande en las afueras de la ciudad. Ella es muy buena y cariñosa pero también es bastante despistada. Esta mañana, tía Brígida despierta a Amelia y a Julita, prepara el desayuno y le dice a Amelia:

—Amelia, querida, hoy tengo muchísimas cosas que hacer, así que va a venir Sofía a buscarlas para ir a la playa.

Al poco rato oyen el carro de Sofía, la hermana menor de Brígida. Julita está contenta, pero Amelia no. Hoy es viernes 3 de agosto; es el cumpleaños de Amelia. «Nadie se acuerda», piensa ella.

En la playa, Amelia juega con su hermana y con Ismael y Blanca, los hijos de Sofía. Amelia se divierte en la playa, pero de vez en cuando vuelve a pensar: «Nadie se acuerda. Y mamá y papá no llegan hasta mañana...».

Al mediodía, Sofía les dice que es hora de almorzar y que van a ir a comer a casa de los abuelos. Julita, Ismael y Blanca saltan de alegría porque, ¡el abuelo hace unos pasteles estupendos! Amelia no tiene hambre.

Cuando llegan a casa de los abuelos, Amelia es la última en salir del coche. Todos entran en la casa. Rosario, la abuela, espera a Amelia en la puerta, la abraza y le dice muy bajito al oído: «¡Feliz cumpleaños!» Y muchas voces gritan: «¡Felicidades!» Amelia no puede creer lo que ve: toda la familia está allí, los primos, los tíos... ¡papá y mamá también! ¡Están con tía Brígida! Ella corre a abrazar a sus padres y le dice a su tía:

—Entonces, ¿no te olvidaste?

—¿Cómo voy a olvidarme del cumpleaños de mi sobrina tan querida?

Amelia le da un beso a la tía Brígida. ¡Éste va a ser un cumpleaños inolvidable!

**2** **¿Comprendiste?** Responde a las siguientes preguntas con oraciones completas.

**1.** ¿Por qué Amelia y Julita están en casa de su tía?

_____

_____

**2.** ¿Por qué está triste Amelia?

_____

_____

**3.** ¿Con quiénes va Amelia a la playa y qué relación tiene cada persona con Amelia?

_____

_____

**4.** ¿Por qué se sorprende Amelia cuando llega a casa de los abuelos?

_____

_____

**3** **¿Qué piensas?** ¿Cómo sueles celebrar tu cumpleaños? ¿Te gustaría celebrar tu próximo cumpleaños de una forma especial? ¿Cómo?

_____

_____

_____

_____

**UNIDAD 3 Lección 2**

**Lectura C**

Unidad 3, Lección 2
Lectura C

**138**

**¡Avancemos! 1**
Cuaderno para hispanohablantes

# Escritura A

| ¡AVANZA! | Goal: | Practice making comparisons between people. |
|----------|-------|----------------------------------------------|

A tu amigo le gusta ver la tele y escuchar música, y le gusta poco salir a la calle. Él quiere una mascota, pero no sabe qué escoger. ¿Qué le recomiendas?

**1** Haz una lista de las características de cada animal y de los cuidados que necesitan.

| Perro | Gato |
|-------|------|
| Características: | Características: |
| Cuidados: | Cuidados: |

**2** Escribe un párrafo para decir cuál es la mejor mascota para tu amigo según su personalidad. Apoya tu opinión con comparaciones entre las características y entre los cuidados de los animales. Asegúrate de que: 1) tu párrafo es fácil de entender, 2) las comparaciones sirven para apoyar tu opinión y 3) las estructuras comparativas son correctas.

_____

_____

_____

_____

_____

_____

**3** Evalúa tu párrafo usando la siguiente tabla.

|  | Crédito máximo | Crédito parcial | Crédito mínimo |
|--|----------------|-----------------|----------------|
| Contenido | El párrafo es fácil de entender y las comparaciones sirven para apoyar tu opinión. | El párrafo es un poco difícil de entender y algunas comparaciones no sirven para apoyar tu opinión. | El párrafo es difícil de entender y las comparaciones no sirven para apoyar tu opinión. |
| Uso correcto del lenguaje | Tuviste muy pocos errores o ninguno en el uso de los comparativos. | Tuviste algunos errores en el uso de los comparativos. | Tuviste un gran número de errores en el uso de los comparativos. |

# Escritura B

> ¡AVANZA!  **Goal:**  Practice making comparisons between people.

**1** Piensa en tu mejor amigo(a). ¿Ustedes se parecen mucho o son diferentes? Completa la tabla siguiente con información sobre ti y sobre tu amigo(a).

| | mi amigo(a) | yo |
|---|---|---|
| Características | 1. _____<br>2. _____<br>3. _____ | 1. _____<br>2. _____<br>3. _____ |
| Actividades extraescolares y de los fines de semana | 1. _____<br>2. _____<br>3. _____ | 1. _____<br>2. _____<br>3. _____ |

**2** Basándote en la tabla, escribe un párrafo para hacer comparaciones entre tú y tu amigo(a). Asegúrate de que: 1) tu párrafo es fácil de entender, 2) la información está bien ordenada y 3) usas las estructuras comparativas correctamente y que los adjetivos concuerdan con los nombres a los que modifican.

_____

_____

_____

_____

_____

_____

**3** Evalúa tu párrafo usando la siguiente tabla.

| | Crédito máximo | Crédito parcial | Crédito mínimo |
|---|---|---|---|
| Contenido | El párrafo es fácil de entender y la información está bien ordenada. | Algunas partes de tu párrafo son difíciles de entender y parte de la información está desordenada. | El párrafo es difícil de entender y la información está desordenada. |
| Uso correcto del lenguaje | Tuviste muy pocos errores o ninguno en el uso de los comparativos y en la concordancia de los adjetivos. | Tuviste algunos errores en el uso de los comparativos y en la concordancia de los adjetivos. | Hay un gran número de errores en el uso de los comparativos y en la concordancia de los adjetivos. |

# Escritura C

| ¡AVANZA! | **Goal:** Practice making comparisons between people. |
|---|---|

**María 64 años**  **Cristóbal 66 años**  **Celia 45 años**  **José 47 años**  **Rodrigo 15 años**  **Ana 9 años**

**1** Elige a tres miembros de la familia. Imagina cómo son y completa la tabla con sus datos.

| Nombre | 2 actividades favoritas | Características físicas | Características de la personalidad |
|---|---|---|---|
| **1.** | | | |
| **2.** | | | |
| **3.** | | | |

**2** Escribe un párrafo sobre los cuatro miembros que elegiste. Haz comparaciones entre ellos basándote en las edades y en los datos de la tabla. Asegúrate de que: 1) el párrafo está bien organizado, 2) incluyes información sobre los cuatro miembros y 3) las estructuras comparativas son correctas.

_____

_____

_____

**3** Evalúa tu párrafo usando la siguiente tabla.

| | **Crédito máximo** | **Crédito parcial** | **Crédito mínimo** |
|---|---|---|---|
| Contenido | Tu párrafo está bien organizado. | Tu párrafo no está muy organizado. | Tu párrafo está desorganizado. |
| Uso correcto del lenguaje | Tuviste muy pocos errores o ninguno en el uso de los comparativos. | Tuviste algunos errores en el uso de los comparativos. | Tuviste un gran número de errores en el uso de los comparativos. |

# Cultura A

> **¡AVANZA!** **Goal:** Use and consolidate cultural information about Puerto Rico.

**1** Rellena la siguiente tabla con información sobre la fiesta de quinceañera. Marca la columna con la respuesta correcta.

| En la fiesta de quinceañera... | | |
|---|---|---|
| | **Sí** | **No** |
| hay damas. | | |
| la quinceañera usa un vestido especial. | | |
| sólo asiste la quinceañera | | |
| se sirve un banquete. | | |
| no hay baile. | | |
| se brinda y se baila un vals. | | |

**2** En Puerto Rico hay tres partidos políticos principales. Escribe el nombre de cada partido junto a los ideales que cada uno cree.

**Partido Democrático**   **Partido Nuevo Progresista**   **Partido Independentista Puertorriqueño**

**1.** Este partido desea la independencia de Puerto Rico:

_____

**2.** Este partido está actualmente en el poder:

_____

**3.** Este partido desea que Puerto Rico se convierta en el estado número 51 de los Estados Unidos.

_____

**3** Compara el retrato de Goyita de la página 176 con el retrato de una mujer de tu cultura. Describelas y di en que se asemejan o no. Usa oraciones completas.

_____
_____
_____
_____
_____

Unidad 3, Lección 2
Cultura A

**142**

UNIDAD 3 Lección 2
Cultura A

¡**Avancemos! 1**
Cuaderno para hispanohablantes

# Cultura B

> **¡AVANZA!**    **Goal:**  Use and consolidate cultural information about Puerto Rico.

**1** ¿Son ciertas o falsas estas oraciones sobre *La quinceañera*? Encierra en un círculo la respuesta correcta.

| | | | |
|---|---|---|---|
| **1.** | La fiesta de quinceañera se hace en las escuelas. | C | F |
| **2.** | En la celebración de quinceañera hay una fiesta con banquete. | C | F |
| **3.** | En Puerto Rico, el quinceañero es una fiesta para hombres. | C | F |
| **4.** | También se le llama quinceañera a la chica que cumple años. | C | F |
| **5.** | En la fiesta de quinceañera usualmente hay música para bailar. | C | F |
| **6.** | En Perú no se sirve comida ni tampoco se baila en la fiesta de quinceañera. | C | F |

**2** La fiesta de quinceañera tiene elementos característicos que la distinguen. Describe cinco de esos elementos con oraciones completas.

_____

_____

_____

_____

_____

**3** ¿Por qué crees que un gran número de gente vota en las elecciones en Puerto Rico? Escribe un párrafo corto con tu opinión.

_____

_____

_____

_____

**UNIDAD 3 Lección 2**

**Cultura B**

# Cultura C

---

**¡AVANZA!**     **Goal:**   Use and consolidate cultural information about Puerto Rico.

---

**1** Lee *Las elecciones en Puerto Rico* en la página 170 en tu libro de texto. Responde a las siguientes preguntas con oraciones completas.

**1.** Si los puertorriqueños son ciudadanos de los Estados Unidos, ¿por qué no pueden votar en las elecciones presidenciales?

_____

**2.** ¿Por qué crees que la gente vota?

_____

**3.** ¿Qué es lo que desea el Partido Independentista de Puerto Rico?

_____

_____

**4.** ¿Crees que es importante participar en las elecciones de un país?

_____

**5.** ¿Qué crees que motiva a la gente a votar?

_____

**2** ¿Crees que los elementos de la fiesta de la quinceañera son importantes? Escribe tu opinión sobre tres de los elementos de la quinceañera. Usa oraciones completas.

**1.** _____

**2.** _____

**3.** _____

**3** Mira cuidadosamente la fotografía de la página 176 de tu libro de texto y escribe un breve diálogo entre ellas.

**Modelo:**     *Manuel (el Abuelo): Mira, esta foto es de cuando tu mamá cumplió quince años.*

*Mirna (la nieta): ¡Qué bonita se veía! ¿Me parezco a ella?*

_____

_____

_____

_____

_____

_____

**UNIDAD 3 Lección 2**

**Cultura C**

Unidad 3, Lección 2
Cultura C

**144**

**¡Avancemos! 1**
Cuaderno para hispanohablantes

# Comparación cultural: ¿Qué comemos?

## Lectura y escritura

Después de leer los párrafos donde María Luisa, Silvia y José describen cómo disfrutan de la comida del domingo, escribe un párrafo de una comida de domingo. Usa el cuadro para escribir las oraciones y después escribe un párrafo que describa tu comida típica de domingo.

### Paso 1

Completa el cuadro describiendo tu comida típica de domingo. Incluye el mayor número de datos posibles.

### Paso 2

Ahora toma los datos del cuadro y escribe una oración para cada uno de los temas.

_____
_____
_____
_____
_____
_____

# Comparación cultural: ¿Qué comemos?

## Lectura y escritura
*(continuación)*

### Paso 3

Ahora escribe tu párrafo usando las oraciones que escribisle como guía. Incluye una oración introductoria y utiliza los adjetivos posesivos **mi**, **mis**, **tu**, **tus**, **su**, **sus** para escribir sobre tu comida típica de domingo.

_____

_____

_____

_____

_____

_____

### Lista de verificación

Asegúrate que de...

☐ todos los datos de tu comida típica de domingo que pusiste en el cuadro estén incluidos en el párrafo;

☐ utilizas los datos para describir cada aspecto de la comida típica de los domingos;

☐ incluyes adjetivos posesivos y las nuevas palabras del vocabulario.

### Tabla

Evalúa tu trabajo usando la tabla siguiente.

| Criterio de escritura | Excelente | Bueno | Necesita mejorar |
|---|---|---|---|
| **Contenido** | Tu párrafo incluye muchos datos acerca de tu comida típica de domingo. | Tu párrafo incluye algunos datos acerca de tu comida típica de domingo. | Tu párrafo incluye muy pocos datos acerca de tu comida típica de domingo. |
| **Comunicación** | La mayor parte de tu párrafo está organizada y es fácil de entender. | Partes de tu párrafo están organizadas y son fáciles de entender. | Tu párrafo está desorganizado y es difícil de entender. |
| **Precisión** | Tu párrafo tiene pocos errores de gramática y de vocabulario. | Tu párrafo tiene algunos errores de gramática y de vocabulario. | Tu párrafo tiene muchos errores de gramática y de vocabulario. |

UNIDAD 3
Comparación cultural

Unidad 3
Comparación cultural

**146**

¡**Avancemos! 1**
Cuaderno para hispanohablantes

# Comparación cultural: ¿Qué comemos?
## Compara con tu mundo

Ahora escribe una comparación de la comida típica de domingo de uno de los tres estudiantes que aparecen en la página 187 y la tuya. Organiza tus comparaciones por tema. Primero compara los lugares en donde comen los domingos, luego los alimentos que comen y por último con quién comen.

### Paso 1

Utiliza el cuadro para organizar las comparaciones por tema. Escribe tus datos y los del (de la) estudiante que escogiste para cada uno de los temas.

| Categorías | Mi almuerzo / cena | El almuerzo / cena de _____ |
|---|---|---|
| ¿Dónde? | | |
| ¿Qué? | | |
| ¿Con quién? | | |

### Paso 2

Ahora usa los datos del cuadro para escribir la comparación. Incluye una oración de introducción y escribe acerca de cada uno de los temas. Utiliza los adjetivos posesivos como **mi**, **mis**, **su**, **sus** para describir tu comida típica de domingo y la del (de la) estudiante que escogiste.

_____
_____
_____
_____
_____
_____
_____
_____

# Vocabulario A  ¡Vamos de compras!

**¡AVANZA!**  **Goal:** Talk about going shopping for clothes.

**①** Escribe la letra de la palabra o frase de la derecha que se relaciona a la palabra o frase de la izquierda.

1. ____ pagar
2. ____ entender
3. ____ el sombrero
4. ____ el euro
5. ____ los pantalones vaqueros
6. ____ la camiseta
7. ____ el precio
8. ____ los zapatos
9. ____ feo(a)

a. el dinero de unos países europeos
b. el gorro
c. no atractivo(a)
d. comprender
e. la blusa
f. los jeans
g. dar dinero por algo
h. las sandalias
i. el costo

**②** Felipe va de compras. Escribe la palabra correcta para completar cada oración.

| suerte | el centro comercial | una chaqueta | la ropa | dinero |

1. Felipe quiere comprar _____ que necesita para la escuela.
2. Él prefiere _____ a los grandes almacenes.
3. No tiene mucho _____ , sólo cien pesos.
4. Si tiene _____ , va a comprar lo que necesita a un buen precio.
5. Cuando tiene frío, quiere llevar _____ .

**③** ¿Qué llevamos puesto durante el año? Completa cada oración según corresponda.

1. Cuando tiene calor, a María _____
2. Cuando tienen frío, mis padres _____
3. Cuando está lloviendo, yo no _____

# Vocabulario B  *¡Vamos de compras!*

---

**¡AVANZA!**    **Goal:**    Talk about going shopping for clothes.

---

**①** Escribe con qué color(es) o qué artículo(s) de ropa relacionas ciertas cosas.

**Modelo:**    **Santa Claus:**  *rojo y blanco*

1. jeans _____

2. la bandera *(flag)* de los Estados Unidos _____

3. los jugadores de tenis _____

4. el sol _____

5. las flores de la primavera _____

**②** Escribe oraciones completas para identificar la estación del año y la ropa que Benjamín lleva en cada dibujo.

    **1.**        **2.**        **3.**        **4.**

1. _____

2. _____

3. _____

4. _____

**③** Contesta las preguntas con oraciones completas para indicar tus preferencias.

1. ¿Adónde prefieres ir de compras?

    _____

2. ¿Cuál es tu artículo de ropa favorito?

    _____

3. ¿De qué color(es) es tu ropa favorita?

    _____

# Vocabulario C *¡Vamos de compras!*

> **¡AVANZA!**  **Goal:**  Talk about going shopping for clothes.

**1** Identifica cada articulo y coloréalo. Escribe una oración completa que incluya el nombre del objeto y el color.

**Modelo:**  *Los jeans son azules.*

1.  2.  3.  4.  5.

1. _____
2. _____
3. _____
4. _____
5. _____

**2** Vives en una región donde hay cuatro estaciones y quieres hacer una lista de toda tu ropa. Indica los artículos que debes incluir para cada estación.

1. **el invierno:**

   _____

2. **la primavera:**

   _____

3. **el verano:**

   _____

4. **el otoño:**

   _____

**UNIDAD 4 Lección 1**

**Vocabulario C**

Unidad 4, Lección 1
Vocabulario C

**150**

**¡Avancemos! 1**
Cuaderno para hispanohablantes

# Vocabulario adicional *El uso del sufijo -ería*

> **¡AVANZA!**　　**Goal:**　Expand your vocabulary with the suffix **-ería**.

El sufijo **-ería** se usa para expresar dónde se hace o se vende una cosa. Por ejemplo, en una **zapatería** se hacen o se venden **zapatos**. En una **perfumería**, se hace o se vende **perfume**, y en una **taquería** se hacen o se venden **tacos**. Para formar estas palabras, reemplazas la letra final del sustantivo (*noun*) con **-ería**, y así tienes un nuevo sustantivo.

Si tienes dudas sobre la nueva palabra, consulta un diccionario.

**❶** Expresa con el nuevo sufijo el lugar donde se hace o se vende una cosa.

1. la leche _____
2. los libros _____
3. los pasteles _____
4. el helado _____
5. el papel _____
6. la joya _____
7. los dulces _____
8. las tortillas _____

**❷** Menciona cinco cosas que quieres comprar y el lugar donde se venden. ¿Qué cosas notas de tu lista?

| Lo que quiero comprar | El lugar |
|---|---|
| 1. | 1. |
| 2. | 2. |
| 3. | 3. |
| 4. | 4. |
| 5. | 5. |

UNIDAD 4 Lección 1　Vocabulario adicional

# Gramática A  *Stem-changing verbs: e → ie*

> **¡AVANZA!**    **Goal:**    Use several stem-changing verbs in everyday situations.

**❶** Hoy sábado, tú y tu amiga Laura van de compras a un centro comercial. Subraya la forma correcta del verbo para completar cada oración.

**Modelo:**    Laura (quieren / **quiere**) comprar unos zapatos negros.

1. Tú y Laura (empiezo / empiezan) a buscar una tienda de bicicletas.

2. Afuera hace frío y Laura (piensan / piensa) comprar una chaqueta de color marrón.

3. Ya tengo hambre. ¿(Quieres / Quiero) comer antes de entrar a esa tienda?

4. Laura siempre (prefiero / prefiere) ir de compras los domingos.

5. Nosotros (entiende / entendemos) que este sombrero cuesta doscientos dólares.

**❷** Escribe la forma correcta del verbo para describir una reunión con tú familia.

1. Mis abuelos (querer) _____ ir al centro comercial el miércoles.

2. Tú tienes calor y (preferir) _____ llevar pantalones cortos.

3. Yo (entender) _____ que mis calcetines anaranjados son feos.

4. En el invierno, Elena y yo (pensar) _____ ir a la tienda de gorros.

5. Mi prima Adela siempre (perder) _____ su sombrero rojo en el verano.

6. Mi tío Mario (empezar) _____ a preparar un sándwich de jamón y queso.

**❸** Observa cada dibujo y escribe una oración completa usando la forma correcta de los verbos **querer**, **pensar** o **preferir** para describir qué quieren comprar estas personas.

**1. Lorena y Marta**    **2. Leticia y Pablo**    **3. Eduardo**    **4. Carlos**

1. _____

2. _____

3. _____

4. _____

UNIDAD 4 Lección 1

Gramática A

# Gramática B  *Stem-changing verbs: e → ie*

> **¡AVANZA!**  **Goal:** Use several stem-changing verbs in everyday situations.

**1** Toño e Isabel piensan hacer algo hoy pero no se deciden. Completa su diálogo con la forma correcta de los verbos en paréntesis.

**Toño:** Isabel, hace frío y yo **1.** _____ (querer) ponerme un suéter.

**Isabel:** Tienes que comprar una chaqueta. ¿No **2.** _____ (preferir) ir a una tienda de ropa?

**Toño:** **3.** _____ (Preferir) ir de compras a un almacén. Es más barato.

**Isabel:** Bueno. ¿Sabes a qué hora **4.** _____ (cerrar) las tiendas?

**Toño:** **5.** _____ (Pensar) que a las seis.

**Isabel:** Entonces mejor vamos a un centro comercial, ya **6.** _____ (empezar) las ofertas.

**2** Vas de compras con tus amigos. Contesta las preguntas sobre sus actividades. Escribe oraciones completas.

**1.** ¿Prefieren tus amigos ir a un centro comercial?

_____

**2.** ¿Empiezan ustedes sus compras en la mañana o en la tarde?

_____

**3.** ¿Piensas comprar un regalo para un amigo?

_____

**4.** ¿Quieren las chicas comprar zapatos?

_____

**5.** ¿A qué hora cierra la tienda?

_____

**6.** ¿Quieren los chicos comprar pantalones cortos?

_____

**3** Escribe lo que tú y tus amigos piensan, quieren o prefieren llevar.

**1.** _____

**2.** _____

**3.** _____

**4.** _____

# Gramática C  *Stem-changing verbs: e → ie*

> **¡AVANZA!**  **Goal:**  Use several stem-changing verbs in everyday situations.

**1** Samuel no quiere salir porque tiene mucha tarea. Contesta las invitaciones que le hacen sus amigos con la forma negativa del verbo en paréntesis.

**Modelo:**  —Cierran el almacén a las siete. ¿No quieres venir con las chicas?

—*Gracias, no pienso ir al almacén.*  (pensar)

**1.** —Samuel, ¿quieres ir al centro comercial con nosotros?

—Gracias, _____ . Necesito hacer mi tarea. (querer)

**2.** —Lina y Carla te esperan en el centro comercial.

—Ellas _____ que tengo que estudiar. (entender)

**3.** —Ellas insisten en ir con nosotros dos.

—Pero yo _____ sacar malas notas. (pensar)

**4.** —Yo sí quiero ir de compras pero ya es tarde.

—Pero _____ temprano. (cerrar)

**5.** —¿Y vas a terminar la tarea de español primero?

**6.** —No. prefiero _____ la tarea de español primero. (hacer)

**2** Escribe qué ropa quieren comprar o prefieren no comprar las siguientes personas para llevar a varios eventos. Usa las palabras de las cajas para crear oraciones completas.

| | Almacén Kika: | Eventos |
|---|---|---|
| Carmen<br>Carmen y Amalia<br>Tú<br>Nosotros<br>Yo | chaqueta de mezclilla<br>pantalones en rayas moradas de terciopelo<br>camisa<br>impermeable<br>faldas | fiesta sorpresa<br>fiesta de graduación<br>cumpleaños de una amiga<br>el aniversario de tus papás<br>boda de mi hermana |

**Modelo:**  *Tú prefieres no comprar una falda para la fiesta sorpresa.*

**1.** _____

**2.** _____

**3.** _____

**4.** _____

# Gramática A *Direct object pronouns*

> **¡AVANZA!**  **Goal:** Use direct object pronouns to avoid repetition.

**1** Francisco describe su experiencia cuando va de compras. Indica con una X si es **correcto** o **incorrecto** el pronombre de objeto directo que usa Francisco.

| | | Correcto | Incorrecto |
|---|---|---|---|
| **Modelo:** | No quiero comprar esos jeans horribles. Prefiero no comprarlas. | | X |
| **1.** | Voy a una tienda a comprar discos. Voy a comprarlos. | | |
| **2.** | Quiero una camisa roja. La quiero roja. | | |
| **3.** | Me gustan esos zapatos y las voy a comprar. | | |
| **4.** | Ese yogur es nutritivo y voy a comprarlo. | | |
| **5.** | Para mi cumpleaños quiero unas sandalias. Los quiero. | | |
| **6.** | Ya cierran el centro comercial. Ya la cierran. | | |

**2** En la tienda, Andrea y Venancio indican lo que prefieren hacer o comprar. Escribe el pronombre de objeto directo para cada cosa.

1. Andrea quiere una chaqueta. Andrea _____ quiere.

2. Venancio prefiere los pantalones negros. Venancio _____ prefiere negros.

3. Ellas no quieren llevar zapatos nuevos a la fiesta. Ellas no quieren _____ .

4. Compro una camisa elegante. _____ compro.

5. Ustedes quieren comer un helado. Quieren _____ .

6. Necesito comprar unas plumas para la clase de arte. Necesito _____ .

7. Yo nunca pierdo mi dinero. Yo nunca _____ pierdo.

**3** Rocío y Bernardo van de compras. Escribe de nuevo la oración con el pronombre apropiado.

1. Bernardo prefiere calcetines rojos. _____

2. Rocío necesita el vestido. _____

3. Bernardo no quiere comprar el sombrero. _____

4. Rocío no lleva pantalones cortos. _____

5. Bernardo necesita carnisas para sus hermanos. _____

6. Rocío quiere comprar una blusa azul. _____

# Gramática B  *Direct object pronouns*

> **¡AVANZA!**   **Goal:**   Use direct object pronouns to avoid repetition.

**1** Los amigos de Marcos quieren saber quién compra todo lo necesario para la fiesta. Usa el pronombre para indicar cada cosa.

  **Modelo:**   —Mariana, ¿compras refrescos? (No)   *—No, yo no los compro.*

  **1.** Abuela, ¿preparas tú toda la comida? (Sí)

  _____

  **2.** Susana, ¿compras el pastel? (Sí)

  _____

  **3.** Marcos, ¿prefieres comprar los refrescos? (No)

  _____

  **4.** Alicia y Tomás, ¿compran unas pizzas? (Sí)

  _____

  **5.** Marcos, ¿quieren tú y Verónica comprar las decoraciones? (No)

  _____

**2** Describe lo que vas o no vas a comprar este sábado. Usa los pronombres de objeto directo.

  **Modelo:**   (gorro)   *Voy a comprarlo / Lo voy a comprar.*
  *No lo voy a comprar / No voy a comprarlo.*

  **1.** (camisetas) _____

  **2.** (calcetines) _____

  **3.** (una camisa elegante) _____

  **4.** (un sombrero) _____

**3** Contesta las preguntas sobre las compras con los pronombres de objeto directo.

  **1.** Si tienes calor, ¿compras una chaqueta?

  _____

  **2.** ¿Prefieres comprar el gorro en el almacén o en el centro comercial?

  _____

  **3.** ¿A qué hora cierran las tiendas en tu comunidad?

  _____

  **4.** ¿Compras tu ropa en euros o en dólares?

  _____

UNIDAD 4 Lección 1

Gramática B

**156** Unidad 4, Lección 1
Gramática B

**¡Avancemos! 1**
Cuaderno para hispanohablantes

# Gramática C  *Direct object pronouns*

> **¡AVANZA!**  **Goal:**  Use direct object pronouns to avoid repetition.

**❶** Patricia describe lo que tiene que hacer esta tarde pero se equivoca. Corrige los pronombres en cada oración para que quede correcta.

1. Mi mamá te va a llevar a mí y a mi mejor amiga a una tienda.

2. Prefiero llevar los vestidos elegantes pero mi amiga prefiere llevarlas feos.
   _____

3. Esa pizza se ve deliciosa y queremos comprarte.
   _____

4. Si veo un regalo para Ronaldo, voy a comprarnos para su cumpleaños.
   _____

**❷** Contesta las siguientes preguntas sobre tus actividades. Usa el pronombre de objeto directo para reemplazar cada cosa y escribe oraciones completas.

   **Modelo:**   ¿A qué hora lees el periódico?

   *Lo leo por la mañana.*

1. ¿Dónde prefieres comprar la ropa?
   _____

2. ¿Cuándo usas pantalones cortos normalmente?
   _____

3. ¿Cuándo llamas a tus amigos normalmente?
   _____

4. ¿Quieres hacer la tarea?
   _____

5. ¿Vas a celebrar tu cumpleaños?
   _____

**❸** Escribe cinco oraciones sobre la ropa que te gusta comprar y dónde prefieres comprarla. Menciona artículos de ropa específicos y usa los pronombres del objeto directo.

_____

_____

_____

_____

UNIDAD 4 Lección 1

Gramática C

# Gramática adicional. *Adjetivos y pronombres demostrativos*

> **¡AVANZA!**    **Goal:**   Use demostrative adjectives and pronouns correctly.

**Los demostrativos** se usan para señalar la proximidad o la distancia entre el objeto del que se habla y la persona que habla. Los demostrativos tienen concordancia de género y número con el nombre al que se refieren, a excepción de los neutros (**esto**, **eso**, **aquello**).

| Cercanos | Lejanos | Remotos |
|----------|---------|---------|
| este / estos | ese / esos | aquel /aquellos |
| esta / estas | esa / esas | aquella / aquellas |
| esto | eso | aquello |

Cuando los demostrativos aparecen en la misma oración con el nombre al que se refieren los llamamos **adjetivos demostrativos**. Cuando el nombre no aparece en la oración los llamamos **pronombres demostrativos** y se escriben con un acento. Estudia los siguientes ejemplos:

Quiero esta camisa. → esta + camisa = adjetivo demostrativo

No me gusta aquélla. → aquélla – camisa = pronombre demostrativo

**1** Juan hace notas mentales antes de hacer sus compras. Subraya los adjetivos demostrativos. Luego, encierra en un círculo los pronombres demostrativos.

"Me gusta esta chamarra de cuero pero está muy cara. Mejor voy a comprar aquélla de franela que está en venta. Necesito unos guantes para el invierno. Si compro éstos, no tendré suficiente dinero para ir al cine esta noche. Mejor, le pido al empleado que me enseñe ésos en el cajón. Esto de no tener mucho dinero es muy triste".

**2** Marilú y Andrea están de compras y describen sus preferencias. Rellena los espacios en blanco con los pronombres demostrativos correctos.

1. Andrea: —A mí me gustan esos pantalones.

   Marilú: —Toma, pruébate _____ , te van a gustar más.

2. Andrea: —Ay no, pásame esa falda que está cerca de ti.

   Marilú: —¿Cuál? ¿ _____ ?

3. Andrea: —Sí, con esta bufanda se va a ver divina.

   Marilú: —No, me gusta más _____ detrás del mostrador.

# Integración: Hablar

| ¡AVANZA! | **Goal:** | Respond to written and oral passages about making purchases and describing clothing. |
|---|---|---|

Lee el siguiente editorial de una revista juvenil.

## ¡DE LA MODA LO QUE TE ACOMODA! PERO...

*por Janet Ruiz*

Todos sabemos que la moda se repite con el paso del tiempo. Pero muchos deseamos que los diseñadores no repitan la moda de los años ochenta. Recordemos que los cantantes de la época se vestían de manera muy particular, casi que cómica. Muchos admiradores de estos artistas se querían vestir igual. No era raro ver por la calle chicos con camisetas y pantalones rotos, y chicas con vestidos cortos y chaquetas de colores... y, ¿se acuerdan del estilo y los colores del pelo?...

37

Escucha el mensaje de Silvia para su amigo. Toma apuntes y luego responde a las preguntas.

### HL CD 1, tracks 25–26

Describe detalladamente el disfraz que van a llevar Silvia y Sunita a la fiesta: cómo es la ropa, de qué colores, cómo son los accesorios y el maquillaje. ¿Qué crees que diga Sunita cuando vea a Silvia vestida de la misma manera?

# Integración: Escribir

| | |
|---|---|
| **¡AVANZA!** **Goal:** | Respond to written and oral passages about making purchases and describing clothing. |

Lee el siguiente catálogo de una tienda de ropa y pon atención a los precios de cada artículo.

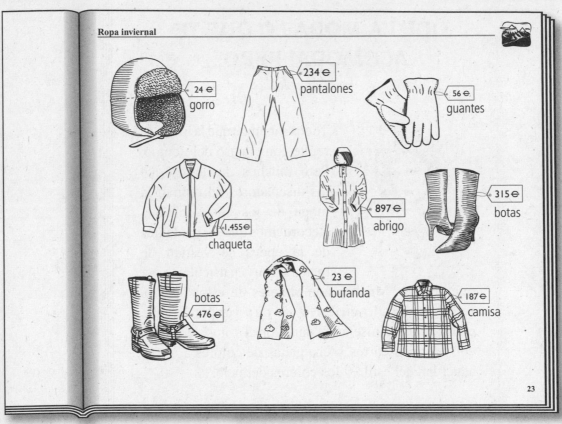

Escucha el anuncio de radio. Toma nota y luego realiza la actividad.

## HL CD 1, tracks 27–28

Escríbele un mensaje a Susana Madrigal, una chica española que no sabe qué regalarle a sus padres en su aniversario de bodas. Susana no vio el catálogo ni escuchó el anuncio de radio por lo que debes darle toda la información necesaria. Describe la ropa y los descuentos de la venta.

_____
_____
_____
_____
_____
_____
_____

UNIDAD 4 Lección 1
Integración: Escribir

Unidad 4, Lección 1
Integración: Escribir

**160**

**¡Avancemos! 1**
Cuaderno para hispanohablantes

# Lectura A

┌─────────────────────────────────────────────────────────────────┐
│ **¡AVANZA!**   **Goal:**   Read about clothes and style.          │
└─────────────────────────────────────────────────────────────────┘

**❶** Carlos y Luisa son compañeros de clase. Aunque tienen muchas cosas en común, usan ropa de estilo muy diferente. Lee lo que hablan un día después de las clases. Luego responde las preguntas de comprensión y da tu opinión sobre la ropa que tú usas.

┌─────────────────────────────────────────────────────────────────┐

### Somos diferentes

Son las cuatro de la tarde, Carlos y Luisa caminan por la escuela hacia la salida. A Carlos le gusta mucho la ropa de colores y lleva una camisa roja, unos jeans negros, una chaqueta verde, marrón y negra y unos zapatos rojos. A Luisa le gusta otra ropa. Ella lleva una camiseta azul claro, un pantalón azul oscuro, unas botas negras; también lleva una chaqueta del mismo color que el pantalón. Luego, en la calle, Luisa lleva un gorro de color azul claro y Carlos un gorro verde, marrón y negro. Luisa mira el gorro de Carlos y dice:

–Carlos, ¿dónde compras la ropa?

–La compro en una tienda pequeña, hay ropa muy bonita y de todos los colores.

–¿Tú no llevas dos cosas del mismo color?

–Me gustan los colores.

–¡No, Carlos! Tú llevas muchos colores.

└─────────────────────────────────────────────────────────────────┘

**❷** **¿Comprendiste?** Responde a las siguientes preguntas con oraciones completas.

**1.** ¿De qué color es la ropa de Luisa?

_____

**2.** ¿Qué ropa le gusta a Carlos?

_____

**3.** ¿Carlos compra la ropa en el centro comercial?

_____

**4.** ¿Qué estación del año es en la lectura?

_____

**❸** **¿Qué piensas?** ¿En qué se parece o en qué se diferencia la ropa que llevas en enero, abril, julio y octubre?

_____

_____

_____

# Lectura B

| ¡AVANZA! | **Goal:** Read about clothes and style. |
|---|---|

**1** Lee el siguiente artículo sobre tiendas de ocasión. Luego responde a las preguntas de comprensión y habla de tu experiencia cuando vas de compras.

## Dónde comprar ropa

Si te gusta comprar ropa hay muchas tiendas y centros comerciales con la ropa más actual. También existen otras tiendas que venden ropa. Son las tiendas de ocasión.

Las tiendas de ocasión tienen la misma ropa, las mismas marcas y los mismos colores que en los centros comerciales y tiendas de moda. Los precios en las tiendas de ocasión son mucho más bajos: una blusa que en el centro comercial cuesta 40 dólares, en una tienda de ocasión cuesta 25 dólares; unos calcetines de 7 dólares, aquí cuestan 4 o 5 dólares. Los precios son más bajos porque es ropa de segunda mano.

Si te gusta comprar ropa buena y no tienes mucho dinero, las tiendas de ocasión son un buen lugar. Además, en las tiendas de ocasión también encuentras zapatos, gorros, sombreros y muchas más cosas.

**2** **¿Comprendiste?** Responde a las siguientes preguntas con oraciones completas.

**1.** ¿Cómo es la ropa que venden en los centros comerciales y en las tiendas?

_____

**2.** ¿Qué ropa venden en las tiendas de ocasión?

_____

**3.** ¿Por qué cuesta poco la ropa en las tiendas de ocasión?

_____

**3** **¿Qué piensas?** ¿Dónde te gusta comprar la ropa? ¿Por qué? ¿Qué es para ti más importante cuando vas a comprar ropa?, ¿el precio?, ¿los colores?, ¿la moda?

_____

_____

_____

_____

# Lectura C

| ¡AVANZA! | **Goal:** Read about clothes and style. |

**1** Alberto, Sergio y César pertenecen al grupo de teatro de la escuela. Hoy van a actuar y están nerviosos. Lee su diálogo. Luego contesta las preguntas de comprensión y da tu opinión sobre lo que van a representar.

**ALBERTO:** ¡Date prisa! Empezamos dentro de diez minutos y aún no estamos vestidos para actuar. ¿Dónde está mi sombrero negro?

**SERGIO:** Pienso que lo vi encima de la mesa.

**ALBERTO:** ¿Piensas? ¡No sabes dónde lo pusiste!

**SERGIO:** Yo no lo toqué. Allí está. ¿Lo ves? ¿Y tú sabes dónde están los zapatos?

**ALBERTO:** César siempre los pone debajo de la silla. Sí, allí están. Voy a buscarlos.

**CÉSAR:** *(Abre la puerta y entra.)* ¡Quedan cinco minutos!

**ALBERTO:** Sí, sí, ya sé. ¿Por qué no cierras la puerta?

**CÉSAR:** Ya la cierro, y ya me voy. *(Sale y cierra la puerta.)*

*(Sergio habla en voz baja, no se entiende lo que dice.)*

**ALBERTO:** ¿Qué dices?

**SERGIO:** Nada, repaso mi diálogo del segundo acto.

**ALBERTO:** ¿No puedes repasarlo en silencio?

**SERGIO:** Voy a decirlo sólo una vez más.

**ALBERTO:** Los dos queremos que todo salga bien, ¿verdad? Pues por favor, cállate que me estoy poniendo nervioso.

**SERGIO:** Bueno, está bien, yo ya estoy preparado. ¿Y tú? ¿Necesitas otra cosa?

**ALBERTO:** Sólo necesito la espada y la capa.

**SERGIO:** Yo tengo dos espadas, mira, ¿quieres la espada negra?

**ALBERTO:** No, prefiero la espada marrón. ¿Y la capa?

**SERGIO:** Tú la tienes.

**ALBERTO:** No, yo no la tengo.

**SERGIO:** ¡Oh! ¡No! Tú siempre pierdes todas las cosas.

**ALBERTO:** No, yo no las pierdo. ¡Necesito mi capa! ¡Ayúdame a buscarla! ¡No puedo ser «El Zorro» sin capa!

**CÉSAR:** *(Abre la puerta y entra.)* ¡Queda un minuto!

**ALBERTO:** Pero no encuentro la capa...

**CÉSAR:** Yo acabo de verla en una silla detrás del escenario.

**ALBERTO:** ¡No lo puedo creer! Vamos, Sergio.

**2** **¿Comprendiste?** Responde a las siguientes preguntas con oraciones completas.

1. Alberto y Sergio son un poco desorganizados y les cuesta trabajo tener todo preparado para la actuación. Escribe qué cosas buscan antes de salir al escenario y quién busca cada cosa.

   _____
   _____

2. César pertenece al mismo grupo de teatro que Alberto y Sergio pero él no es actor. ¿Cuál crees que es su función dentro del grupo?

   _____
   _____

3. Aunque es normal estar nervioso antes de una presentación teatral, uno de los chicos está demasiado nervioso. ¿Quién es y por qué crees que está nervioso?

   _____
   _____
   _____

4. ¿Piensas que Alberto encuentra la capa? ¿Cómo crees que acaba la historia?

   _____
   _____

5. ¿Qué tipo de obra crees que van a representar los chicos? ¿Por qué lo sabes?

   _____
   _____

**3** **¿Qué piensas?** ¿Has participado alguna vez en una obra de teatro? ¿Cómo te vestiste? Si nunca has participado en una obra de teatro, di en qué tipo de obra te gustaría participar y cómo te gustaría vestirte.

   _____
   _____
   _____
   _____

# Escritura A

| ¡AVANZA! | **Goal:** Write about clothes and shopping. |
| --- | --- |

Has ido a estudiar un semestre a España y tu amigo(a) va a ir a visitarte en el mes de abril. Escríbele un correo electrónico a tu amigo(a).

**1** En abril es la primavera en España. Piensa qué excursiones puedes hacer con tu amigo(a) y qué ropa es la adecuada.

| Excursiones | Ropa |
| --- | --- |
|  |  |
|  |  |
|  |  |

**2** Escribe el correo electrónico con los datos de la tabla anterior. Aconséjale a tu amigo(a) sobre la ropa que debe llevar. Asegúrate de que 1) la ropa que le aconsejas llevar es la adecuada para la época del año, 2) incluyes por lo menos dos prendas de ropa para cada excursión, 3) la ortografía y el uso de los verbos son correctos.

| A: |
| --- |
|  |
|  |
|  |
|  |
|  |

**3** Evalúa tu correo electrónico usando la siguiente tabla.

|  | Crédito máximo | Crédito parcial | Crédito mínimo |
| --- | --- | --- | --- |
| Contenido | En el correo incluiste ropa para la época del año y dos o más prendas adecuadas para cada excursión. | En el correo la ropa es adecuada para la época del año pero no incluiste suficiente número de prendas o no son adecuadas para las excursiones. | En el correo la ropa no es adecuada para la época del año o incluiste menos de dos prendas para una o más de las excursiones. |
| Uso correcto del lenguaje | Tuviste muy pocos errores o ninguno en el uso de los verbos y la ortografía. | Tuviste algunos errores en el uso de los verbos y la ortografía. | Tuviste un gran número de errores en el uso de los verbos y la ortografía. |

# Escritura B

¡AVANZA!  **Goal:**  Write about clothes and shopping.

Todos nos vestimos de forma diferente en cada momento o situación. Explica cómo te vestirías tú en tres situaciones diferentes y por qué.

**1** Primero haz una lista de la ropa, los zapatos y los otros complementos que tú escogerías para las siguientes situaciones. Anota también el color de cada prenda de ropa.

  **a.** Para ir con tus amigos(as) a la playa: _____

  **b.** Para ir a la escuela: _____

  **c.** Para ir a cenar con tu familia a un restaurante elegante: _____

**2** Tienes un(a) amigo(a) que nunca se viste de manera apropiada. Cuando hace frío lleva camisetas y pantalones cortos, a la graduación de su hermana llevó un traje de baño. Explícale a este(a) amigo(a) sobre como vestirse. Usa la información de arriba. Asegúrate de que 1) la ropa que incluyes es adecuada para cada ocasión, 2) das una información completa sobre la ropa para cada ocasión e incluyes todos los detalles posibles, 3) el uso del lenguaje y la ortografía son correctos.

_____

_____

_____

_____

_____

_____

**3** Evalúa tu explicación usando la siguiente tabla.

|  | **Crédito máximo** | **Crédito parcial** | **Crédito mínimo** |
|---|---|---|---|
| Contenido | En tu explicación indicas la ropa adecuada para cada ocasión; das mucha información y detalles sobre la ropa. | En tu explicación indicas la ropa adecuada para cada ocasión; das algo de información y algunos detalles sobre la ropa. | En tu explicación la ropa no es adecuada para cada ocasión; das muy poca información y muy pocos o ningún detalle sobre la ropa. |
| Uso correcto del lenguaje | Tuviste muy pocos errores o ninguno en el uso del lenguaje y la ortografía. | Tuviste algunos errores en el uso del lenguaje y la ortografía. | Tuviste un gran número de errores en el uso del lenguaje y la ortografía. |

# Escritura C

¡AVANZA! **Goal:** Write about clothes and shopping.

Una empresa, *Centrostruct*, quiere abrir un centro comercial en tu barrio. Primero van a hacer un estudio de mercado para saber tu opinión.

**1** Llena la siguiente encuesta que te ha dado *Centrostruct*.

**a.** ¿Cuántas veces vas de compras en una semana? ¿En un mes?

_____

**b.** ¿Cuánto dinero gastas aproximadamente cuando vas de compras?

_____

**c.** ¿Qué tipo de ropa compras?

_____

**d.** ¿Piensas que sería bueno tener un gran centro comercial cerca? ¿Por qué?

_____

**2** Ahora usa las respuestas del ejercicio anterior y escribe una carta a la empresa *Centrostruct* en la cual das tu opinión sobre la construcción del centro comercial. Asegúrate de que 1) tu carta es clara y fácil de comprender, 2) das tus opiniones sobre los centros comerciales, 3) usas correctamente el lenguaje y la ortografía.

Estimado *Centrostruct*:

_____

_____

_____

_____

Sinceramente,

**3** Evalúa tu carta usando la siguiente tabla.

| | Crédito máximo | Crédito parcial | Crédito mínimo |
|---|---|---|---|
| Contenido | Tu carta es clara y fácil de comprender. Incluye tus opiniones personales. | Secciones de tu carta no son claras / fáciles de comprender o le falta opiniones personales. | Tu carta no es clara, resulta difícil de comprender y no incluye opiniones personales. |
| Uso correcto del lenguaje | Tuviste muy pocos errores o ninguno en el uso del lenguaje y la ortografía. | Hay algunos errores en el uso del lenguaje y la ortografía. | Hay un gran número de errores en el uso del lenguaje y la ortografía. |

UNIDAD 4 Lección 1 Escritura C

# Cultura A

| ¡AVANZA! | **Goal:** Use and strengthen cultural information about Spain. |
|---|---|

**1** ¿Qué tanto sabes sobre España y su cultura? Une ambas columnas según corresponde.

1. Esta es la moneda de España. _____          **a.** el Real Madrid
2. Es una comida típica española. _____        **b.** el flamenco
3. Es un equipo de fútbol español. _____        **c.** Madrid
4. Es un idioma que se habla en España. _____   **d.** el euro
5. Es un baile típico español. _____            **e.** la paella
6. Es la capital de España. _____               **f.** el gallego

**2** Escoge la palabra correcta de la lista para describir aspectos culturales de España.

| gazpacho | Pablo Picasso | traje de sevillana | El Barca |
|---|---|---|---|

1. Lola le va al Real Madrid, pero su novio dice que _____ es mejor equipo.

2. _____ fue uno de los pintores más grandes del siglo XX.

3. José prepara _____ con tomate y otros vegetales.

4. Lourdes está cosiendo su _____ para la Feria de Abril.

**3** ¿Quién fue Salvador Dalí? ¿De qué estilo son sus obras? Mira la pintura de la página 203 en tu libro. Responde a estas preguntas y escribe dos características de esta obra.

_____

_____

_____

_____

_____

UNIDAD 4 Lección 1

Cultura A

**168**

Unidad 4, Lección 1
Cultura A

**¡Avancemos! 1**
Cuaderno para hispanohablantes

# Cultura B

| ¡AVANZA! | **Goal:** Use and strengthen cultural information about Spain. |
|---|---|

**❶** Antonio Gamboa está escribiendo su tarea sobre España. Ayúdalo completando las siguientes oraciones.

En España se hablan cuatro idiomas, **1.** _____ .

El **2.** _____ es el traje tradicional de Sevilla que las chicas usan para la Feria de Abril. España tiene frontera con **3.** _____ .

Algunas de las comidas típicas de España son **4.** _____ .

El **5.** _____ es la moneda de España y de los países que pertenecen a la Comunidad Europea.

**❷** Anita Robledo no sabe sobre qué personaje español escribir una biografía. Ayúdale escribiendo una oración completa acerca de los siguientes personajes famosos de España.

**1.** Pablo Picasso

_____

_____

**2.** Salvador Dalí

_____

_____

**3.** Miguel de Cervantes Saavedra

_____

_____

**❸** Tu amiga Sara nunca había oído hablar del baile flamenco. ¿Cómo le describirías este baile? Escribe un párrafo corto y menciona tres características de los trajes del hombre y de la mujer. También opina si te gusta y por qué.

_____

_____

_____

_____

# Cultura C

| ¡AVANZA! | **Goal:** Use and strengthen cultural information about Spain. |
|---|---|

**1** Completa las siguientes oraciones sobre España.

> **Modelo:** La paella . . .
> *es una comida típica española que contiene pescado y otros mariscos.*

1. Pablo Picasso . . .

   _____

2. El flamenco . . .

   _____

3. Las pinturas surrealistas . . .

   _____

4. El verano en España . . .

   _____

**2** Te han pedido que entrevistes a Salvador Dalí para el diario cultural de tu ciudad. Escribe cuatro preguntas que le harías sobre su obra *La persistencia de la memoria*. Usa la información sobre el pintor en tus preguntas.

| | |
|---|---|
| **1.** | |
| **2.** | |
| **3.** | |
| **4.** | |

**3** ¿Son importantes los himnos en el fútbol español? ¿Por qué? Escribe un párrafo corto en el que expreses lo que te gustaría que incluyera el himno de tu equipo deportivo favorito.

_____

_____

_____

_____

_____

**170**

UNIDAD 4 Lección 1
Cultura C

Unidad 4, Lección 1
Cultura C

¡**Avancemos!** 1
Cuaderno para hispanohablantes

# Vocabulario A  ¿Qué hacemos esta noche?

| ¡AVANZA! | **Goal:** Talk about going out. |
|---|---|

**1** Víctor va a salir esta noche. Indica con un círculo adónde quiere ir.

1. Necesito comer. Voy (a un restaurante / a una ventanilla).

2. Me gusta la música rock. Voy (a un concierto / al café).

3. Tengo ganas de ver *Hamlet*. Voy (al parque / al teatro).

4. Quiero ver una película. Voy (al cine / al teatro).

5. Tengo que caminar para hacer ejercicio. Voy (al cine / al parque).

**2** Lucas y Mateo están en un restaurante. Escoge una palabra de la lista para completar el diálogo entre ellos.

| pescado | postre | cuenta | bistec | ensalada |
|---|---|---|---|---|

1. Mateo: Lucas, ¿qué vas a pedir? Yo quiero el _____ . Me gusta mucho la carne.

2. Lucas: Yo quiero el _____ porque estamos cerca del mar (*sea*).

3. Mateo: Debemos pedir una _____ , ¿no?

4. Lucas:  Sí, y un _____ también: pastel de chocolate.

5. Mateo: ¡Vamos a tener una _____ muy grande!

**3** Vas al centro con tus amigos esta noche para cenar e ir a un concierto. Contesta las preguntas con oraciones completas.

1. ¿Cómo van Uds. al centro?

_____

2. ¿Qué vas a comer en el restaurante?

_____

3. ¿Vas a dejar una propina para el (la) camarero(a)?

_____

4. ¿A qué tipo de concierto van Uds.?

_____

5. ¿Cuánto cuestan las entradas?

_____

# Vocabulario B ¿Qué hacemos esta noche?

> **¡AVANZA!** **Goal:** Talk about going out.

**1** Indica con una **X** qué actividades asocias con los siguientes lugares.

|  | El cine | El restaurante | El centro |
|---|---|---|---|
| 1. la película |  |  |  |
| 2. el autobús |  |  |  |
| 3. la propina |  |  |  |
| 4. las entradas |  |  |  |
| 5. el pastel |  |  |  |
| 6. el coche |  |  |  |
| 7. la ventanilla |  |  |  |

**2** Completa las oraciones con el infinitivo correcto para saber lo que hace Teo esta noche.

| servir | costar | encontrar | dormir | tomar | pedir | volver |
|---|---|---|---|---|---|---|

1. Va a _____ el autobús hasta la calle Velázquez.

2. Va a _____ a sus amigos en un restaurante.

3. Va a _____ un bistec.

4. El bistec le va a _____ mucho, pero tiene suficiente dinero.

5. El camarero quiere _____ el postre, pero Teo no puede comer más.

6. Después de la cena, Teo decide _____ a casa.

7. Él está cansado y necesita _____ .

**3** Prepara un menú para tu familia. Escribe oraciones completas para describir lo que les vas a preparar.

**Modelo:** *Para mi abuelita, voy a prepararle un café con leche para el desayuno. Para el almuerzo, voy a hacer le una ensalada de pollo. Para la cena, voy a cocinarle arroz, carne y brócolis.*

| El desayuno | El almuerzo | La cena |
|---|---|---|
| 1. Para mi mamá, |  |  |
| 2. Para mi papá, |  |  |
| 3. Para mi tiá, |  |  |
| 4. Para mi hermanu, |  |  |
| 5. Para mi hermanito, |  |  |

# Vocabulario C  ¿Qué hacemos esta noche?

> ►¡AVANZA!    **Goal:**  Talk about going out.

**1** Sales al centro con tu amigo(a) esta tarde. Completa las oraciones para describir lo que haces en cada lugar. Usa una forma de las palabras por oración.

1. En el parque nosotros _____ .

2. En el restaurante yo _____ .

3. En el restaurante mi amiga _____ .

4. En el cine nosotros _____ .

5. En el autobús yo _____ .

**2** Escribe oraciones completas para describir lo que ves una noche mientras te encuentras con unos amigos en el centro.

| **1. Federico, Esteban e Inés** | **2. Dolores y Cecilia** | **3. La familia Báez** | **4. El camarero** | **5. Benito** |

1. _____

2. _____

3. _____

4. _____

5. _____

**3** Comes en un restaurante del centro con tu amigo(a). Escribe siete oraciones completas para describir por orden cronológico lo que pasa.

1. _____

2. _____

3. _____

4. _____

5. _____

6. _____

7. _____

# Vocabulario adicional

> **¡AVANZA!**  **Goal:** Use the suffix **-ísimo(a)**.

## El uso de -ísimo(a)

Cuando quieres decir que una persona, una cosa o una idea es más que buena, puedes decir que es **muy buena**. Y cuando quieres decir que algo es más que malo, puedes decir que es **muy malo**. Pero también hay otra manera de expresar **muy** en estos casos. Por ejemplo, en lugar de decir **muy bueno(a)** o **muy malo(a)** puedes decir **buenísimo(a)** o **malísimo(a)**.

Reemplaza la vocal (*vowel*) final del adjetivo con –ísimo(s) / –ísima(s). Por ejemplo: guapo, guapísimo; roja, rojísima; inteligentes, inteligentísimos. Hay algunas palabras que requieren un cambio ortográfico. Por ejemplo: **rico**, **riquísimo**; **amargo**, **amarguísimo**.

**1** Cambia cada expresión con **muy** usando el sufijo **–ísimo(a)**.

1. Ramón es muy alto. Él es _____.

2. Carolina es muy estudiosa. Ella es _____.

3. Los libros son muy grandes. Ellos son _____.

4. Mi papá está muy cansado. Él está _____.

5. Felipe es muy cómico. Él es _____.

**2** Imagínate que estás en una cena muy elegante. Escribe cinco oraciones completas con el sufijo **–ísimo(a)** para describir el lugar y la comida.

1. _____

2. _____

3. _____

4. _____

5. _____

UNIDAD 4 Lección 2
Vocabulario adicional

Unidad 4, Lección 2
Vocabulario adicional

**174**

**¡Avancemos! 1**
Cuaderno para hispanohablantes

# Gramática A  *Stem-changing verbs: o → ue*

| ¡AVANZA! | **Goal:** Use stem-changing verbs: o → ue to talk about what people do. |
|---|---|

**1** Sandra hace planes para el fin de semana. Subraya la forma correcta del verbo.

   **Modelo:**   Después de visitar a Lorena  ((puedo)/ poder)  ir de compras.

   **1.** El sábado  (almorzar / almuerzo)  con los abuelos.

   **2.** Después, Vanesa y yo  (puedo / podemos)  ir al centro comercial.

   **3.** Veo una blusa que  (costar / cuesta)  veinte dólares.

   **4.** Juan Manuel  (podemos / puede)  venir también.

   **5.** Él  (encontramos / encuentra)  la idea de ir de compras muy aburrida.

**2** Estas personas son muy distraídas. Escribe la forma correcta del verbo **encontrar** para decirles dónde pueden encontrar lo que han perdido.

   **1.**    **2.**    **3.**    **4.**    **5.**

   **1.** Ernesto, _____ los zapatos debajo del sofá.

   **2.** Sara y Elena, si abren la puerta _____ a Kitty.

   **3.** Señorita Pérez, _____ sus lentes sobre su cabeza.

   **4.** Andrés, _____ tu grabadora MP3 en el jardín.

   **5.** Sasha, _____ el cepillo en la mochila.

**3** Alberto habla de su rutina. Escribe oraciones completas para decir lo que hace.

   **1.** Por lo general / yo  / dormir / ocho horas

   _____

   **2.** Todos los días / nosotros / almorzar un plato de frutas y un sándwich

   _____

   **3.** Normalmente / mi equipo / poder practicar después de la escuela

   _____

   **4.** Mis amigos  / encontrarse en el parque a las cuatro

   _____

   **5.** Después de la práctica / yo volver a casa para estudiar

   _____

# Gramática B  *Stem-changing verbs: o → ue*

> **¡AVANZA!**  **Goal:**  Use stem-changing verbs: o → ue to talk about what people do.

**1** La profesora Hernández habla con sus estudiantes sobre el próximo viaje a España. Escribe en los espacios la forma correcta del verbo entre paréntesis.

En Madrid nosotros **1.** _____ (poder) visitar el Museo del Prado.

La admisión **2.** _____ (costar) diez euros, pero ¡vale la pena!

Allí nosotros **3.** _____ (encontrar) obras de los grandes pintores españoles. Mi favorito es Diego Velázquez, un pintor de Sevilla. Este fin de semana ustedes tienen que escribir un reporte sobre los pintores españoles.

Tú **4.** _____ (poder) escribir sobre Velázquez, o Dalí, o Goya.

Yo **5.** _____ (encontrar) a Dalí el más interesante.

**2** Escribe oraciones completas para describir lo que hace la familia Molina.

**1.** Mi mamá siempre / almorzar / pollo

_____

**2.** Mi tío Marco Antonio y su novia Luci / encontrar un restaurante bueno

_____

**3.** Yo / dormir tarde / los sábados

_____

**4.** el abuelo Ernie / no poder almorzar con la familia los domingos

_____

**5.** Después de almorzar / nosotros / volver a casa

_____

**3** Estudia los precios de los artículos en la tabla siguiente. Luego escribe una oración completa para expresar cuánto cuestan.

**Modelo:**  Bistec  *El bistec cuesta catorce dólares.*

|  | **Precio** |
|---|---|
| *bistec* | *$14* |
| hamburguesa | $3 |
| pastel | $8 |
| Las entradas a una película | $20 |

**1.** El pastel _____

**2.** Tres hamburguesas _____

**3.** Las entradas a una película _____

## Gramática C  *Stem-changing verbs: o → ue*

> **¡AVANZA!**   **Goal:**   Use stem-changing verbs: o → ue to talk about what people do.

**❶** Escribe oraciones sobre tus actividades y las de tus amigos con los verbos indicados.

**Modelo:**   **nosotros** / dormir

*Dormimos a las nueve de la noche.*

1. **tú** / almorzar

_____

2. **vosotros** / poder

_____

3. **Jorge y Maribel** / poder

_____

4. **yo** / encontrar

_____

5. **Juan** / dormir

_____

**❷** ¿Tienen buenos modales? Usa el verbo **poder** para escribir una oración completa que explique las cosas que no se pueden hacer en los siguientes lugares. Sigue el modelo.

**Modelo:**  (yo) *En el concierto no puedo dormir.*

   1.              2.              3.              4.              5.

1. (nosotros) _____

2. (la señora Rodríguez) _____

3. (tú) _____

4. (los estudiantes) _____

5. (el señor Márquez) _____

# Gramática A  *Stem-changing verbs: e → i*

> **¡AVANZA!**  **Goal:**  Use stem-changing verbs: e → i to talk about ordering and serving food.

**❶** Lee las siguientes oraciones sobre las preferencias de las personas en un restaurante. Elige la forma correcta del verbo **pedir** o **servir**.

| | |
|---|---|
| **1.** Yo _____ | **a.** sirves pastel en tu cumpleaños. |
| **2.** Pedro _____ | **b.** piden bistec con patatas en el restaurante. |
| **3.** Tú _____ | **c.** sirven hamburguesas. |
| **4.** Maribel y tú _____ | **d.** pide pescado. |
| **5.** Los camareros _____ | **e.** pedimos pizza en la cafetería. |
| **6.** Cristina y yo _____ | **f.** sirvo pollo a los invitados. |

**❷** Vas al festival internacional de comida. Rellena los espacios en blanco con la forma correcta del verbo **servir** para describir lo que sirven en cada puesto *(stand)*.

**1.** En el puesto de Tailandia, ellos _____ una sopa de pescado.

**2.** En el puesto de México, la señora Godínez _____ mole de Oaxaca.

**3.** Mi puesto favorito es el de Estados Unidos porque mis padres y yo _____ hamburguesas y patatas fritas.

**4.** Más tarde voy a visitar el puesto de España porque es grande y los camareros _____ una paella espectacular.

**5.** Mis padres dicen que el año próximo vamos a _____ espaguetis porque vamos a poner el puesto de Italia.

**❸** Estas personas están de viaje. Para describir lo que comen en cada lugar, completa las siguientes oraciones con la forma correcta del verbo **pedir**. Sigue el modelo.

**Modelo:**  yo / San Antonio, Texas / enchiladas y tacos
*En San Antonio, Texas pido enchiladas y tacos.*

**1.** mis amigos y yo / un barrio italiano de Chicago / pizza

_____

**2.** la señora Gámez / el barrio chino de Los Ángeles / chop suey

_____

**3.** el señor Armendáriz y su esposa / Tokio / sushi

_____

**4.** mi abuela / Buenos Aires / un bistec delicioso

_____

**5.** tú / tu ciudad / ¿qué?

_____

UNIDAD 4 Lección 2    Gramática A

Unidad 4, Lección 2
Gramática A
**178**

¡Avancemos! 1
Cuaderno para hispanohablantes

# Gramática B *Stem-changing verbs: e → i*

> **¡AVANZA!**  **Goal:**  Use stem-changing verbs: e → i to order and serve food.

**1** El dueño de un restaurante da instrucciones a su camarero nuevo. Elige la forma correcta del verbo **servir**.

> Jefe: Señor Trujillo, a la señorita del vestido azul Ud. Le **1.** _(sirve / sirven)_ un plato de arroz con pollo. A la familia de la mesa cinco nosotros le
> **2.** _(sirven / servimos)_ el pastel de chocolate. A los novios de la mesa
> tres Ud. les **3.** _(servís / sirve)_ este pescado empanizado *(breaded)*. Si
> nosotros **4.** _(servimos / sirves)_ los alimentos fríos, los clientes se van a enojar.

**2** Escribe oraciones con el verbo **servir** para describir la bebida que acompaña las comidas.

> **Modelo:**  **nosotros** / pastel / un vaso de leche
>
>   *Servimos el pastel con un vaso de leche.*

**1.** **tú** / pescado frito / un refresco de naranja

_____

**2.** **Uds.** / arroz con pollo / un vaso de agua de jamaica

_____

**3.** **nosotros** / galletas de azúcar / té caliente

_____

**4.** **Yo** / tacos de carne / limonada

_____

**3** Tú y tus amigos están en tu restaurante favorito. Usa las palabras para describir lo que piden tus amigos y luego escribe por qué lo piden.

> **Modelo:**  Lola / pollo
>
>   *Lola pide pollo porque no le gustan las verduras.*

**1.** Matilde / bistec

_____

**2.** Juan José y Adela / hamburguesas

_____

**3.** Tus amigos y tú / enchiladas

_____

**4.** Tú / verduras

_____

# Gramática C  *Stem-changing verbs: e → i*

> **¡AVANZA!**　**Goal:**　Use stem-changing verbs: e → i to order and serve food.

**❶** La comida de los domingos se ha vuelto un problema para la familia Vélez. Conjuga los verbos **servir** o **pedir** apropiadamente para completar los pensamientos de Diego, uno de los hijos.

Los domingos al mediodía se han vuelto rutinarios. Mamá podría
**1.** _____ algo nuevo, como un arroz con bistec a la veracruzana, qué se yo. Pero si yo le **2.** _____ que cambie su típico estofado va a ofenderse y ponerse triste. Quizás si yo pongo de mí parte y la noche anterior bajo de Internet una receta interesante, mamá se anime a cocinar algo nuevo. O si Leticia y yo nos unimos y le **3.** _____ que nos deje cocinar a nosotros. No sé, los domingos podrían ser más interesantes. Porque si mamá **4.** _____ una vez más lo mismo, la familia entera va a acabar **5.** _____ que cambie el menú. Y entonces sí que ella se va poner muy triste.

**❷** Escribe una oración completa para responder a las preguntas sobre las comidas o bebidas típicas que la gente pide o sirve en las siguientes situaciones.

**1.** ¿Qué sirve tu familia en Navidad?

_____

**2.** ¿Qué bebida piden los atletas después de correr en un maratón?

_____

**3.** ¿Qué piden los niños al final de una fiesta de cumpleaños?

_____

**4.** ¿Qué sirven los americanos en una fiesta para celebrar el 4 de julio?

_____

**5.** ¿Qué bebidas calientes pides en una noche de invierno?

_____

**❸** Usa los verbos **pedir** y **servir** para escribir un párrafo que describa los hábitos alimenticios de tu familia en una fecha especial.

_____

_____

_____

_____

_____

# Gramática adicional  *El uso de vosotros*

| ¡AVANZA! | **Goal:** Practice the form and use of vosotros(as) in Spain and its territories. |

En España, se usa el pronombre **vosotros(as)** para hablar a las personas en situaciones informales. En la América Latina, es más común usar **ustedes**. Las formas verbales en el presente de vosotros(as) son:

| | | | |
|---|---|---|---|
| –ar: áis | habláis, estudiáis | ser: | sois |
| –er: éis | coméis, tenéis | ir: | vais |
| –ir: ís | vivís, escribís | | |

**❶** Cambia los verbos en Uds. subrayados a la forma vosotros(as) en el espacio.

Hola nuevos amigos:

Soy Pilar Montero y estudio en Barcelona. ¿<u>Son</u> **1.** _____ de España? ¿Es verdad que sólo <u>comen</u> **2.** _____ hamburguesas? De cualquier modo me encantan las hamburguesasi, <u>pueden</u> **3.** _____ llevarme a comerlas todos los días. ¿Qué <u>hacen</u> **4.** _____ los fines de semana? A mí me encanta nadar. ¿<u>Tienen</u> **5.** _____ piscina? Hasta pronto, Pilar

**❷** Rellena los espacios en blanco con la conjugación apropiada en vosotros(as) de los verbos entre paréntesis. Responde de acuerdo con tu escuela.

**Modelo:**  ¿<u>Tenéis</u> un laboratorio de física? (tener)

*No, pero tenemos un laboratorio de química.*

**1.** ¿ _____ gimnasia todos los días? (hacer)

_____

**2.** ¿ _____ uniforme a la escuela? (llevar)

_____

**3.** ¿ _____ música en español? (escuchar)

_____

**4.** ¿ _____ para las vacaciones? (viajar)

_____

**❸** Escribe cinco preguntas a un grupo de estudiantes españoles. Usa la forma de vosotros(as).

**1.** ¿ _____ ?

**2.** ¿ _____ ?

**3.** ¿ _____ ?

**4.** ¿ _____ ?

**5.** ¿ _____ ?

UNIDAD 4 Lección 2

Gramática adicional

# Integración: Hablar

| ¡AVANZA! | **Goal:** Respond to written and oral passages describing places and events in town. |

Lee la siguiente lista de cosas que hay para hacer en Madrid en el tiempo libre.

## Guía del ocio: Madrid

### Música

Si te gusta la música romántica, este viernes puedes ver a Eros Ramazzotti en el Club Pachá. ¡Apúrate! Quedan pocas entradas.

### Cine

A los que les gusta El señor de los anillos, este fin de semana pueden ver la trilogía en una sola sentada.

### Danza

El grupo Azteca presenta hasta el 24 de abril, música y danzas indígenas tradicionales de México en el Salón Cervantes.

### Arte

El artista madrileño Carlos Marín expone una muestra de retratos de caras fabricadas por la cirugía plástica. Galería de Arte Contemporáneo. Del 12 hasta el 19 de abril.

### Restaurantes

Si te gusta la buena comida, este sábado habrá una muestra de cocina internacional en el Hotel Central. 8:00 P.M.

Escucha el mensaje que dejó Francisco López a su amiga Magali. Toma nota y responde a las preguntas.

## HL CD 1, tracks 29–30

¿Cómo es el primo de Francisco? ¿A dónde les recomiendas ir a Francisco y a Humberto el fin de semana? ¿Por qué?

# Integración: Escribir

Lee el siguiente folleto turístico que habla sobre una fiesta importante en un pueblo de España.

## LA TOMATINA Agenda

Como todos los años, Buñol está de fiesta. ¡Más de 150.000 tomates vuelan por el aire! Esta es una de las fiestas más populares de España.

*Martes*
- 8:00 P.M. Concurso de paellas
- 9:30 P.M. Festival de luces
- 10:00 P.M. Concierto

*Miércoles*
- 11:00 A.M. La Tomatina

Escuchа la descripción que una organizadora de intercambios estudiantiles a España hace de La Tomatina. Toma apuntes y después realiza la actividad.

**HL CD 1, tracks 31–32**

Vas a ir a Buñol con un grupo de estudiantes al festival de La Tomatina. Haz un informe para ellos/ellas sobre este festival y describe qué actividades pueden hacer durante esos días.

_____
_____
_____
_____
_____
_____
_____
_____
_____
_____
_____

# Lectura A

| ¡AVANZA! | **Goal:** Read about places around town. |

**1** Arturo y Rogelio están de viaje en España. Lee el artículo que leyeron sobre la ciudad de Madrid. Responde a las preguntas de comprensión y compara su experiencia con la tuya.

## Turismo por Madrid

La villa de Madrid es la capital de España, con una población de tres millones de habitantes. La ciudad tiene varios sitios interesantes para los turistas de diferentes gustos. Si le gusta del arte y la cultura, no deje de visitar los museos como el Museo del Prado, el Centro de Arte Reina Sofía (que tiene las obras del famoso pintor Pablo Picasso) el Palacio Real, la Puerta del Sol y el Parque del Retiro. A estos lugares los turistas pueden ir con el Madrid Visión, un servicio de buses que los pasea por los lugares de interés de la ciudad.

Madrid también se destaca por su rica comida. En la ciudad, hay varios restaurantes que sirven platos típicos como el jamón serrano y la tortilla española. Muchos turistas piden el asado con papas fritas o los pescados que son sabrosos. Los postres y el café son deliciosos.

Asimismo, Madrid se destaca por los centros comerciales. En la ciudad hay varios de estos centros comerciales repartidos por los diferentes barrios. En estos lugares, se venden productos como discos de música, libros, regalos y artículos para el hogar.

No deje de visitar Madrid. Tendrá una experiencia inolvidable.

**2** **¿Comprendiste?** Responde a las siguientes preguntas con oraciones completas.

1. Según el artículo ¿dónde van los turistas para divertirse?

_____

2. ¿Cómo es la comida en Madrid? Da un ejemplo.

_____

_____

3. ¿Qué venden en los centros comerciales de Madrid?

_____

_____

**3** **¿Qué piensas?** ¿Qué te gusta hacer cuando visitas otra ciudad? ¿A qué sitios te gusta ir?

_____

_____

UNIDAD 4 Lección 2

Lectura A

# Lectura B

| ¡AVANZA! | Goal: Read about places around town. |

**1** Lee lo que Lucía escribió sobre los medios de transporte de su ciudad. Responde a las preguntas de comprensión y compara su experiencia a la tuya.

### Viajar por Madrid

Madrid es una ciudad muy grande y con mucho tráfico, pero es fácil ir de un lugar a otro. Hay un buen sistema de transporte público que funciona durante casi todo el día. El transporte que más uso es el metro, y el que menos uso es el taxi póque un taxi en Madrid es muy caro.

Esta tarde voy a visitar a mis tíos que viven en un barrio que está al otro lado de la ciudad. Para llegar hasta allí voy a tomar el metro. El metro es un tren subterráneo que como todos los trenes, se desplaza sobre un par de rieles. El metro une el centro de Madrid con los barrios y pueblos cercanos y unos barrios con otros. Es una de las formas más baratas y rápidas de recorrer la capital. Funciona de las 6 de la mañana a las 2 de la mañana. El número de trenes aumenta durante las horas en las que hay más personas: por la mañana, cuando las personas van al trabajo y a la escuela, y al mediodía y por las tardes cuando las personas regresan a su casa.

Entre el metro o el autobús, yo siempre elijo el metro, aunque no siempre puedo elegir. Mañana, por ejemplo, mis amigas y yo vamos a un concierto en un pueblo cerca de Madrid. Vamos a viajar en autobús. El autobús llega al pueblo a las cinco de la tarde y el concierto empieza a las siete. En realidad es muy fácil viajar por Madrid.

**2** ¿Comprendiste? Responde a las siguientes preguntas con oraciones completas.

**1.** Según el texto, ¿qué medios de transporte puede usarse para ir de un lugar a otro en Madrid?

_____

**2.** ¿Qué es el metro?

_____

_____

**3.** Escribe algunas ventajas y algunas desventajas de viajar en metro y en taxi.

_____

_____

**3** ¿Qué piensas? ¿Qué medios de transporte hay en tu ciudad? ¿Cómo te desplazas de un sitio a otro? ¿Qué medio de transporte te gusta más? ¿Por qué?

_____

_____

# Lectura C

¡AVANZA!  **Goal:**  Read about places around town.

**1** Lee el siguiente artículo sobre el Museo del Prado. Luego contesta las preguntas de comprensión y escribe sobre los museos que conoces.

## El Museo del Prado

El cuadro *Las meninas*, pintado por Diego Velázquez se encuentra en el Museo del Prado. Este museo es uno de los museos de pintura más importantes de Europa. En la exposición permanente del Museo puedes ver, además de *Las Meninas*, unas 1.500 obras de pintores famosos como los españoles El Greco y Goya, los italianos Tiziano y Tintoretto y, en general, grandes pintores europeos. Muchas de las obras de artistas españoles proceden de colecciones privadas de los reyes de España. El Museo cuenta con más de 9,000 obras, pero muchas de ellas no pueden estar en la exposición permanente por falta de espacio. El museo muestra el resto de las obras en exposiciones temporales a lo largo de todo el año.

El Museo abre de martes a domingo y cierra los lunes. La entrada normal cuesta 6 euros y la entrada reducida, 3 euros. Si eres menor de 18 años, puedes comprar una entrada reducida. También te recordamos que puedes obtener descuentos si tienes un carné de estudiante o un carné joven. Los domingos, el Museo abre de las 9:00 de la mañana a las 7:00 de la tarde y la entrada es gratis para todos; no cuesta nada. Así que si vas a ir a Madrid y quieres visitar el Museo del Prado, tal vez puede ser una buena idea dedicar un domingo a hacer esa visita.

El Museo del Prado está en un edificio del siglo XVIII que se encuentra en una de las zonas más bonitas del centro de Madrid, el Paseo del Prado, una gran avenida adornada con árboles y fuentes monumentales, muy cerca del Parque del Retiro. Si vas a Madrid recuerda visitar el Museo y caminar por el Paseo del Prado. Si quieres descansar puedes ir al Parque y sentarte en una terraza para tomar un refresco, probar un chocolate con churros (masa de harina frita) o almorzar algo ligero. Y si todavía te quedan energías puedes dar un paseo en bote en el lago del Retiro.

Unidad 4, Lección 2
Lectura C
**186**

UNIDAD 4 Lección 2
Lectura C

¡Avancemos! 1
Cuaderno para hispanohablantes

❷ **¿Comprendiste?** Responde a las siguientes preguntas.

1. ¿Qué tipos de obras de arte puedes ver en el Museo del Prado? ¿Cuáles son algunos artistas cuyas obras se muestran en el Museo?

   _____

   _____

   _____

2. ¿Cuánto cuesta la entrada al Museo del Prado?

   _____

   _____

3. ¿Dónde está el Museo del Prado?

   _____

   _____

4. Imagínate que vas a ir al Museo del Prado. Escribe tres cosas que vas a hacer en el museo y en los alrededores.

   _____

   _____

❸ **¿Qué piensas?** ¿Te gustaría visitar el Museo del Prado? ¿Por qué? ¿Qué museos hay en donde vives? ¿Cual es el más interesante? ¿Por qué? Escribe un párrafo corto para responder a las preguntas anteriores.

   _____

   _____

   _____

   _____

   _____

   _____

# Escritura A

¡AVANZA! **Goal:** Write about moving around in town and types of transportation.

**1** El viernes hay un concierto de tu grupo de rock favorito. Vas a ir al concierto con tu amigo(a) y ya tienen las entradas. Antes del concierto van a ir a cenar al restaurante "El Parque". Completa la tablas con los planes que tienen tú y tus amigos.

| | ¿Cómo van a llegar? | ¿Cuándo van a ir? | ¿Qué van a cenar? |
|---|---|---|---|
| **En el restaurante** | | | |

| | ¿Cómo van a llegar? | ¿Cuándo van a ir? | ¿Qué van a hacer después? |
|---|---|---|---|
| **En el concierto** | | | |

**2** Usa las respuestas del ejercicio anterior para escribir un párrafo. Explica lo que tú y tu amigo(a) van a hacer el viernes por la tarde. Asegúrate de que (a) el relato sigue un orden lógico, (b) es fácil de entender, (b) los tiempos verbales son correctos.

_____

_____

_____

_____

_____

_____

_____

_____

**3** Evalúa tu párrafo usando la siguiente tabla.

| | **Crédito máximo** | **Crédito parcial** | **Crédito mínimo** |
|---|---|---|---|
| Contenido | El relato sigue un orden lógico y es fácil de entender. | Tu relato no siempre sigue un orden lógico o no es fácil de entender. | El relato no sigue un orden lógico y es difícil de entender. |
| Uso correcto del lenguaje | Tuviste muy pocos errores o ninguno en el uso de los tiempos verbales. | Tuviste algunos errores en el uso de los tiempos verbales. | Tuviste un gran número de errores en el uso de los tiempos verbales. |

# Escritura B

¡AVANZA!   **Goal:**   Write about moving around in town and types of transportation.

Compara los medios de transporte de tu ciudad, y escribe cuál usas con más frecuencia.

**1** Completa la tabla sobre los diferentes medios de transporte.

| | Transporte 1 _____ | Transporte 2 _____ | Transporte 3 _____ |
|---|---|---|---|
| Es bueno para ir a... | | | |
| Me gusta... | | | |
| No me gusta... | | | |

**2** Usa la información de la tabla para escribir un párrafo sobre los medios de transporte de tu ciudad. Haz una introducción escribiendo una frase sobre cada tipo de transporte y escoge uno. En el desarrollo escribe las razones por las cuáles usas éste transporte con mayor frecuencia. Termina con una conclusión. Asegúrate de que: (a) la información está bien organizada y es fácil de comprender, (b) el párrafo tiene una introducción, un desarrollo y una conclusión, (c) las estructuras gramaticales son correctas y no hay errores de ortografía.

_____

_____

_____

_____

_____

**3** Evalúa tu párrafo usando la siguiente tabla.

| | Crédito máximo | Crédito parcial | Crédito mínimo |
|---|---|---|---|
| Contenido | La información está bien organizada y es fácil de entender. El párrafo tiene introducción, desarrollo y conclusión. | La información está organizada, pero no es clara; o le falta alguna parte (introducción, desarrollo o conclusión). | La información está desorganizada, es difícil de entender y le falta alguna parte (introducción, desarrollo o conclusión). |
| Uso correcto del lenguaje | Hay muy pocos errores de gramática y ortografía. | Hay algunos errores de gramática y ortografía. | Hay un gran número de errores de gramática y ortografía. |

# Escritura C

> **¡AVANZA!** **Goal:** Write about places around town and types of transportation.

Un(a) amigo(a) que vive lejos va a pasar unos días en tu ciudad. Escribe qué vas a hacer con tu amigo(a) durante su visita.

**1** Para planificar bien la visita, las excursiones y las actividades, piensa primero en cuatro lugares a los que llevarías a tu amigo(a) y completa la tabla siguiente.

| Lugar | ¿Cómo van a llegar? | ¿Cuándo van a ir? | ¿Qué van a hacer allí? |
|---|---|---|---|
| 1. | | | |
| 2. | | | |
| 3. | | | |
| 4. | | | |

**2** Escribe un párrafo con la información de la tabla. Usa oraciones que empiecen de la siguiente manera: "Mi amigo(a) y yo vamos a...", "Mi amigo(a) también puede...". Asegúrate de que: (a) incluyes toda la información que se pide para cada lugar, (b) el párrafo resulta interesante y es fácil de entender, (b) los tiempos verbales son correctos.

_____

_____

_____

_____

_____

_____

_____

**3** Evalúa tu respuesta a la Actividad 2 usando la siguiente tabla.

| | Crédito máximo | Crédito parcial | Crédito mínimo |
|---|---|---|---|
| Contenido | La información sobre cada lugar es completa. El párrafo es interesante y fácil de entender. | La información sobre algún lugar es incompleta, resulta poco interesante o no es fácil de entender. | Toda la información es incompleta, poco interesante y difícil de entender. |
| Uso correcto del lenguaje | Tuviste muy pocos errores o ninguno en el uso de los tiempos verbales. | Tuviste algunos errores en el uso de los tiempos verbales. | Tuviste un gran número de errores en el uso de los tiempos verbales. |

# Cultura A

> **¡AVANZA!**  **Goal:** Learn and strengthen cultural information about Spain.

**1** ¿Son ciertas o falsas estas oraciones sobre *El fin de semana en España y Chile*? Encierra en un círculo la respuesta correcta.

1. La Plaza Mayor tiene muchos cafés y restaurantes.            C     F
2. El Parque del Buen Retiro está en Santiago de Chile.          C     F
3. La Plaza de Armas es parte de la zona histórica de Santiago.  C     F
4. El Corte Español es un almacén pequeño en Madrid.            C     F
5. Los santiaguinos son los habitantes de Santiago de Chile.    C     F

**2** ¿A dónde pueden ir los madrileños el fin de semana para hacer las siguientes actividades? Completa la siguiente tabla con la información de tu libro.

| | |
|---|---|
| Comer en un buen restaurante: | |
| Ver animales en el zoológico: | |
| Descansar y pasear: | |
| Alquilar botes: | |
| Comprar ropa: | |

**3** España es un país de grandes artistas. En tu libro aparecen dos pinturas tituladas *Las meninas*. ¿Qué artistas pintaron estas obras? ¿Qué estilo siguió cada uno? Responde a estas preguntas y escribe por lo menos tres oraciones completas para describir estas dos obras maestras.

_____

_____

_____

_____

_____

# Cultura B

| ¡AVANZA! | **Goal:** Learn and strengthen cultural information about Spain. |
|---|---|

**1** Usa la información de tu libro para responder en forma breve a las siguientes preguntas sobre España.

**1.** ¿Dónde pueden comprar ropa y comida los madrileños?

_____

**2.** ¿Cómo se llama el lugar donde los santiaguinos pueden comprar pescado y frutas?

_____

**3.** ¿Qué actividades pueden hacer los madrileños para pasarlo bien en La Plaza Mayor?

_____

**4.** ¿Cuáles son dos cosas en común que tienen los madrileños y los santiaguinos?

_____

**2** Rellena la siguiente tabla con dos oraciones completas que describan cada uno de los siguientes lugares.

| La Plaza Mayor | 1. _____ |
|---|---|
| | 2. _____ |
| El Parque del Buen Retiro | 1. _____ |
| | 2. _____ |
| El Rastro | 1. _____ |
| | 2. _____ |

**3** Los hispanos tenemos muchas costumbres similares. ¿Hay alguna tradición que tú conozcas que se parezca a las costumbres o tradiciones de España? Escribe un párrafo corto para describirla. Si no la hay, describe una de las tradiciones del lugar en el que vives.

_____

_____

_____

_____

# Cultura C

> ¡AVANZA!  **Goal:** Learn and consolidate cultural information about Spain.

**1** Responde las siguientes preguntas sobre el arte y la literatura de España con oraciones completas.

1. ¿Qué artista pintó 58 reproducciones de *Las meninas*?

   _____

2. ¿Qué artista fue el creador original de *Las meninas*?

   _____

3. ¿En qué se inspiró este artista para pintar este cuadro?

   _____

4. ¿En qué se inspiró Picasso principalmente para crear sus obras de arte?

   _____

5. ¿Quién fue el autor de la gran novela *Don Quijote*?

   _____

**2** Usa la información que aprendiste para describir con oraciones completas por qué son importantes los siguientes temas sobre España.

1. El fútbol:

   _____

2. El arte:

   _____

3. Las diversiones el fin de semana:

   _____

4. *Las meninas:*

   _____

5. El Rastro:

   _____

**3** Después de leer *El fin de semana en España y Chile* puedes darte cuenta que la vida en los países hispanos no es muy diferente. ¿Es diferente la vida de los hispanos en Estados Unidos? ¿Por qué? Escribe al menos tres oraciones completas para responder a estas preguntas.

_____

_____

_____

# Comparación cultural: ¿Adónde vamos el sábado?

## Lectura y escritura

Después de leer los párrafos donde Anita, Rodrigo y Armando describen qué hacen para divertirse los sábados, escribe un párrafo describiendo lo que te gusta hacer los sábados. Usa la información del cuadro de actividades para escribir las oraciones y después escribe un párrafo que describa qué haces los sábados para divertirte.

### Paso 1

Completa el cuadro de actividades describiendo sobre el mayor número de datos las actividades que realizas los sábados para divertirte.

| Categoría | Detalles |
|---|---|
| lugares | |
| ropa | |
| actividades | |

### Paso 2

Ahora toma los datos del cuadro de actividades y escribe una oración para cada uno de los temas.

_____
_____
_____
_____
_____
_____
_____

# Comparación cultural: ¿Adónde vamos el sábado?
## Lectura y escritura
(continuación)

## Paso 3

Ahora escribe tu párrafo usando las oraciones que escribiste como guía. Incluye una oración introductoria y utiliza los verbos **ir a + infinitivo y querer + infinitivo** para escribir sobre lo que haces los sábados para divertirte.

_____
_____
_____
_____
_____
_____
_____

### Lista de verificación
Asegúrate de que...

☐ todos los datos que escribiste en el cuadro sobre tus actividades de los sábados estén incluidos en el párrafo;

☐ das detalles para describir lo que haces para divertirte los sábados;

☐ incluyes nuevas palabras de vocabulario las expresiones **ir a + infinitivo** y **querer + infinitivo**.

### Tabla

Evalúa tu trabajo usando la tabla siguiente.

| Criterio de escritura | Excelente | Bueno | Necesita mejorar |
|---|---|---|---|
| **Contenido** | Tu párrafo incluye muchos datos acerca de cómo te diviertes los sábados. | Tu párrafo incluye algunos datos acerca de cómo te diviertes los sábados. | Tu párrafo incluye muy pocos datos acerca de cómo te diviertes los sábados. |
| **Comunicación** | La mayor parte de tu párrafo está organizada y es fácil de entender. | Partes de tu párrafo están organizadas y son fáciles de entender. | Tu párrafo está desorganizado y es difícil de entender. |
| **Precisión** | Tu párrafo tiene pocos errores de gramática y de vocabulario. | Tu párrafo tiene algunos errores de gramática y de vocabulario. | Tu párrafo tiene muchos errores de gramática y de vocabulario. |

# Comparación cultural: ¿Adónde vamos el sábado?

## Compara con tu mundo

Ahora escribe una comparación sobre la forma en que se divierten los sábados los tres estudiantes que aparecen en la página 241 y tú. Organiza tus comparaciones por tema. Primero compara los lugares adonde van, luego la ropa que usan y por último sus actividades favoritas.

### Paso 1

Utiliza el cuadro para organizar las comparaciones por tema. Escribe tus datos y los del (de la) estudiante que escogiste para cada uno de los temas.

| Categoría | Mi descripción | La descripción de _____ |
|-----------|----------------|-------------------------------|
| lugares | | |
| ropa | | |
| actividades | | |

### Paso 2

Ahora usa los datos del cuadro para escribir una comparación. Incluye una oración de introducción y escribe acerca de cada uno de los temas. Utiliza los verbos **ir a + infinitivo**, **querer + infinitivo** para describir la secuencia de tus actividades de los sábados las del (de la) estudiante que escogiste.

_____

_____

_____

_____

_____

_____

_____

_____

UNIDAD 4

Comparación cultural

196

Unidad 4
Comparación cultural

¡Avancemos! 1
Cuaderno para hispanohablantes

# Vocabulario A  *¡Bienvenido a nuestra casa!*

> **¡AVANZA!**  **Goal:** Describe a house or apartment and its contents.

**❶** Julián describe unas cosas que están en su casa. Indica si las oraciones son ciertas (**C**) o falsas (**F**).

1. _____ Los espejos son para escuchar discos compactos.

2. _____ Las lámparas son para ver el cuarto de noche.

3. _____ Las alfombras son para jugar videojuegos.

4. _____ Las camas son para dormir.

5. _____ Las cómodas son para jugar.

**❷** Escribe la palabra correcta para identificar las partes de la casa en el dibujo.

1. _____

2. _____

3. _____

4. _____

5. _____

6. _____

**❸** Contesta con oraciones completas las preguntas sobre tu casa de dos pisos.

1. ¿En qué parte de tu habitación está tu ropa?

_____

2. ¿Cuáles son las dos acciones que haces para usar una escalera?

_____

3. Cuando entras en la casa, ¿en qué piso estás?

_____

4. Si vas al próximo piso, ¿en qué piso estás?

_____

# Vocabulario B  *¡Bienvenido a nuestra casa!*

> **¡AVANZA!**   **Goal:**   Describe a house or apartment and its contents.

**1** Escribe la palabra correcta para identificar las partes de una casa o un apartamento.

1. Encuentras los sillones y el sofá en _____ .

2. Preparas la comida en _____ .

3. Cenas formalmente con la familia en _____ .

4. Comes al aire libre en _____ .

5. Subes y bajas a los otros pisos por _____ .

6. Duermes en _____ .

7. Las plantas, flores y verduras están en _____ .

**2** Escribe oraciones completas para explicar para qué sirven las siguientes cosas.

1. las cortinas / _____

2. la cómoda / _____

3. la cama / _____

4. la alfombra / _____

5. el lector DVD / _____

**3** Haz un dibujo sencillo de tu casa y escribe el nombre de ocho objetos que hay en la casa.

UNIDAD 5 Lección 1
Vocabulario B

# Vocabulario C  ¡Bienvenido a nuestra casa!

> **¡AVANZA!**  **Goal:** Describe a house or apartment and its contents.

**❶** Escribe qué palabras se asocian con las siguientes cosas y objetos.

1. la música / _____
2. las películas / _____
3. la sala / _____
4. la comida / _____
5. las ventanas / _____

**❷** Escribe oraciones completas para describir lo que hace Dámaso con lo que tiene en su apartamento.

**Modelo:**  el sillón /  *Dámaso se sienta en el sillón para descansar.*

1. el armario / _____
2. la cama / _____
3. las cortinas / _____
4. el sofá / _____
5. la escalera / _____
6. el lector DVD / _____

**❸** Tus padres quieren vender la casa. Ayúdalos a escribir un anuncio en el periódico para vender una casa de dos pisos. Describe la casa, incluyendo lo que tiene en los dos pisos y afuera, y cuánto cuesta. Explica por qué es ideal para una familia con tres o cuatro hijos.

_____

_____

_____

_____

_____

# Vocabulario adicional

¡AVANZA!     **Goal:** Expand your vocabulary of household items with compound words.

## Las palabras compuestas

Las palabras compuestas se forman por medio de la unión de dos palabras o más: **toca** + **discos** = **el tocadiscos**, o el aparato para tocar discos. La nueva palabra, en muchos casos, es una palabra masculina. El plural de **tocadiscos** es **los tocadiscos**, o los aparatos para tocar discos.

❶ Une las palabras simples para formar una palabra compuesta. Explica el significado de la palabra.

| Palabra simple | Palabra simple | Palabra compuesta |
|---|---|---|
| **Modelo:** para | aguas | *paraguas: objeto para protegerse de la lluvia.* |
| guarda | ropa | |
| pisa | papeles | |
| saca | puntas | |
| micro | ondas | |
| corta | césped | |

❷ Escribe cinco oraciones completas con las palabras compuestas de la tabla anterior.

1. _____

2. _____

3. _____

4. _____

5. _____

**UNIDAD 5 Lección 1**

**Vocabulario adicional**

**200**

Unidad 5, Lección 1
Vocabulario adicional

**¡Avancemos! 1**
Cuaderno para hispanohablantes

# Gramática A *Ser v. estar*

| ¡AVANZA! | **Goal:** Use correctly *ser* and *estar*. |
| --- | --- |

**1** Lee las oraciones donde Héctor cuenta algunas cosas sobre su amigo David. Subraya el verbo correcto.

> **Modelo:** La casa de David (es / está) cerca del parque.

1. La motocicleta de David (está / es) en el garaje.

2. El perro y el gato de David (son / están) de color blanco.

3. David y su hermana (están / son) muy simpáticos.

4. David y su familia (es / son) de Quito.

5. El padre de David (es / está) jardinero.

6. Ahora, David y su papá (están / son) en el jardín.

**2** Completa el diálogo entre Antonio y Sonia. Escribe la forma correcta del verbo **ser** o **estar**.

**Antonio:** ¡Hola Sonia! ¿Cómo **1.** _____?

**Sonia:** Muy bien. **2.** _____ muy contenta porque tengo un televisor y un tocadiscos compactos nuevos.

**Antonio:** ¡Qué bien! ¿Dónde **3.** _____ el tocadiscos compactos?

**Sonia:** **4.** _____ en mi cuarto encima de la cómoda.

**Antonio:** Y el televisor, ¿ **5.** _____ grande?

**Sonia:** Sí, muy grande. En casa todos **6.** _____ muy contentos.

**3** Escribe cuatro oraciones completas con elementos de cada columna.

> **Modelo:** *Mi cuarto es grande.*

| | | |
| --- | --- | --- |
| Mi cuarto | ser | grande |
| Nosotros | estar | contentos en la casa |
| El comedor | | bonito |
| La alfombra | | en la planta baja |
| La cómoda | | en mi cuarto |

1. _____

2. _____

3. _____

4. _____

UNIDAD 5 Lección 1

Gramática A

## Gramática B *Ser v. estar*

**¡AVANZA!**  **Goal:**  Use correctly *ser* and *estar*.

**❶** Lee el párrafo sobre Luis y sus amigos. Escribe la forma verbal correcta de **ser** o **estar**.

Me llamo Luis y vivo en el edificio de apartamentos que **1.** _____
al lado de la escuela. Mi abuela **2.** _____ maestra en mi escuela.
Mis hermanos también **3.** _____ estudiantes. Lo que más me gusta
**4.** _____ jugar al fútbol con mis amigos. Ahora **5.** _____
cansado de tanto correr. Mis amigos y yo **6.** _____ buenos jugadores.
Ganamos todos los partidos.

**❷** Completa las preguntas con el verbo **ser** o **estar**. Luego responde a las preguntas.

**Modelo:**  ¿Dónde _está_ Ana?  *Ana está en su cuarto.*

**1.**  **2.**  **3.**  **4.**  **5.**

**1.** ¿Cómo _____ Raúl? _____

**2.** ¿Qué _____ ella? _____

**3.** ¿Qué _____ haciendo ellos? _____

**4.** ¿Dónde _____ papá y mamá? _____

**5.** ¿Cómo _____ el abuelo Lolo? _____

# Gramática C  Ser v. estar

> ¡AVANZA!   **Goal:**  Use correctly *ser* and *estar*.

**1** Una estudiante escribió el siguiente párrafo sobre su escuela. Completa las oraciones con los verbos **ser** y **estar**.

Mi escuela **1.** _____ bastante pequeña. En mi clase todos

**2.** _____ buenos amigos. Marta **3.** _____ mi

mejor amiga. Su casa **4.** _____ cerca de la mía. Ella y su familia

**5.** _____ de Ecuador. Ahora Marta **6.** _____ en Quito

visitando a sus abuelos. Mi amigo Sergio y yo **7.** _____ estudiando

mucho para los exámenes finales. Yo **8.** _____ nerviosa, pero

Sergio **9.** _____ muy tranquilo. Él **10.** _____ seguro

de que aprobaremos todas las materias.

**2** Menciona cinco cosas que hay en tu cuarto. Di dónde están situadas y describe con un adjetivo cómo son.

| Cosa(s) | ¿Dónde está(n)? | ¿Cómo es (son)? |
|---|---|---|
| **Modelo:** *televisor* | *Está sobre la mesa.* | *Es grande.* |
|  |  |  |
|  |  |  |
|  |  |  |
|  |  |  |

**3** Escribe un párrafo de cinco oraciones completas para describir el dibujo de Cristina e Isabel. ¿Cómo son? ¿Cómo están? ¿Qué están haciendo?

_____

_____

_____

_____

_____

_____

# Gramática A *Ordinal numbers*

> **¡AVANZA!**  **Goal:** Practice ordinal numbers in different situations.

**❶** Le enseñas a tu hermano pequeño el orden de los días de la semana. Escribe en el espacio el número ordinal que corresponda:

**Modelo:** El lunes es el *primer* día de la semana.

**1.** El martes es el _____ día de la semana.

**2.** El miércoles es el _____ día de la semana.

**3.** El jueves es el _____ día de la semana.

**4.** El viernes es el _____ día de la semana.

**5.** El sábado es el _____ día de la semana.

**6.** El domingo es el _____ día de la semana.

**❷** Carlos tiene quince años y le gusta escribir. Lee lo que Carlos escribe. Completa las oraciones con números ordinales para reemplazar los números cardinales.

**Modelo:** El (4) *cuarto* capítulo tiene veinte páginas.

Mi **1.** (1) _____ novela es muy corta. Tiene diez capítulos y el

**2.** (9) _____ capítulo es el más interesante. Lo tengo en el

**3.** (2) _____ piso de mi casa. Mi novela ganó el **4.** (5) _____

premio en la escuela. Ahora, estoy escribiendo mi **5.** (2) _____ novela.

**❸** Indica en qué orden haces las siguientes cosas, cuando llegas a casa después de la escuela. Escribe oraciones según el modelo.

**Modelo:** En *primer* lugar, *me siento en el sofá* .

**1.** En _____ lugar, _____ .

**2.** En _____ lugar, _____ .

**3.** En _____ lugar, _____ .

**4.** En _____ lugar, _____ .

**5.** En _____ lugar, _____ .

UNIDAD 5 Lección 1

Gramática A

204

Unidad 5, Lección 1
Gramática A

¡Avancemos! 1
Cuaderno para hispanohablantes

# Gramática B *Ordinal numbers*

┌─────────────────────────────────────────────────────────────────────┐
│ **¡AVANZA!**    **Goal:**  Practice ordinal numbers in different situations. │
└─────────────────────────────────────────────────────────────────────┘

**1** Escribe oraciones completas con los números ordinales para decir dónde se encuentran los siguientes artículos.

| CENTRO COMERCIAL MARSAL |
|---|
| 5. ROPA JUVENIL |
| 4. ROPA SEÑORAS Y SEÑORES |
| 3. DECORACIÓN Y HOGAR |
| 2. ZAPATOS |
| 1. LIBROS Y MÚSICA |
| PLANTA BAJA |

**Modelo:**   las toallas / *Las toallas están en el tercer piso.*

1. los discos compactos / _____

2. las sandalias / _____

3. los pantalones para papá / _____

4. un armario para la cocina / _____

**2** Es la fiesta de fin de curso y tu escuela ha organizado un concurso de baile. Escribe en qué lugar quedaron los siguientes estudiantes. Reemplaza los números cardinales con los números ordinales.

**Modelo:**   Sara y Daniel / 8     *Sara y Daniel quedaron en octavo lugar.*

1. Clara y Roberto / 1 _____

2. Mónica y Luis / 3 _____

3. Sandra y Miguel / 6 _____

4. María y Javier / 9 _____

**3** Escribe cinco oraciones explicando lo que haces cada mañana antes de ir a la escuela. Utiliza los números ordinales (en primer lugar, en tercer lugar...) para enumerar tus acciones.

1. _____

2. _____

3. _____

4. _____

5. _____

# Gramática C  *Ordinal numbers*

> ¡AVANZA!  **Goal:** Practice ordinal numbers in different situations.

**1** Observa los buzones de los vecinos de este edificio. Usa números ordinales para decir en qué piso viven.

**Modelo:** Flia. Torroja 3°   *La familia Torroja vive en el tercer piso.*

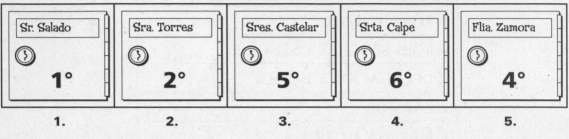

| Sr. Salado | Sra. Torres | Sres. Castelar | Srta. Calpe | Flia. Zamora |
| 1° | 2° | 5° | 6° | 4° |
| 1. | 2. | 3. | 4. | 5. |

1. _____

2. _____

3. _____

4. _____

5. _____

**2** Escribes una nota para la persona que va a ordenar tu casa. Dile el orden en que debe poner las cosas. Usa los números ordinales.

**Modelo:**   *Primero, ponga el espejo en el cuarto de Juan.*

1.      2.      3.      4.      5.

1. _____

2. _____

3. _____

4. _____

5. _____

# Gramática adicional *Los diminutivos*

| ¡AVANZA! | **Goal:** Use diminutives in conversations. |

- Los diminutivos se añaden a sustantivos y adjetivos para expresar ideas de pequeñez o ideas de afecto, cariño, emoción, entusiasmo, miedo, etc. Se forman por la raíz de una palabra y los sufijos **ito/ita**, **ico/ica**, **illo/illa**.

| sustantivo | adjetivo |
|---|---|
| hermana → herman**ita**<br>herman**illa** (expresa afecto) | pequeño → pequeñ**ito**<br>pequeñ**illo** (algo es pequeño) |
| pelota → pelot**illa**<br>pelot**ita**<br>pelot**ica** (la pelota es pequeña) | nervioso → nervios**illo**<br>nervios**ito** (expresa miedo) |
| abuelo → abuel**ito**<br>abuel**illo** (expresa afecto) | baja → baj**ita**<br>baj**illo** (alguien o algo es pequeño) |
| gato → gat**ito**<br>gat**ico** (el gato es pequeño o afecto) | grande → grande**cito**<br>grande**cillo** (alguien o algo es grande) |

❶ Escribe sólo un diminutivo para cada sustantivo. Resalta los diminutivos con otro color. Usa la tabla anterior para responder.

**Modelo:** Casa → Casita

Ana → _____   uvas → _____

bananas → _____   gato → _____

perros → _____   dinero → _____

❷ Lee los siguientes adjetivos. Escribe sólo un diminutivo para cada adjetivo. Resalta los diminutivos con otro color. Usa la tabla anterior para responder.

**Modelo:** Enojado → Enojadillo

rico → _____   contento → _____

ocupado → _____   triste → _____

emocionado → _____   cansado → _____

❸ Lee el siguiente párrafo y completa las oraciones con diminutivos apropiados.

La **1.** _____ (casa) de Carmen es **2.** _____

(pequeña). Su hijo mayor, Tomás, estudia con su **3.** _____

(libro) nuevo. El hijo menor de Carmen bebe mucha **4.** _____

(leche). Carmen quiere mucho a sus **5.** _____ (hijos) y

les da muchos **6.** _____ (besos). Carmen trabaja mucho

y está un **7.** _____ (poco) cansada.

# Integración: Hablar

¡AVANZA!    **Goal:**   Respond to written and oral passages describing a house.

Lee el siguiente anuncio clasificado de un periódico de Ecuador.

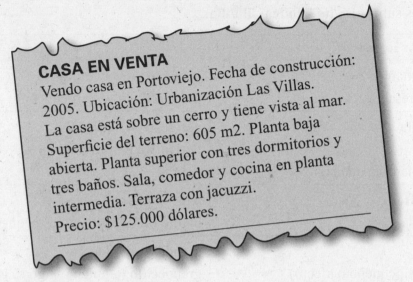

**CASA EN VENTA**
Vendo casa en Portoviejo. Fecha de construcción: 2005. Ubicación: Urbanización Las Villas. La casa está sobre un cerro y tiene vista al mar. Superficie del terreno: 605 m2. Planta baja abierta. Planta superior con tres dormitorios y tres baños. Sala, comedor y cocina en planta intermedia. Terraza con jacuzzi.
Precio: $125.000 dólares.

Escucha el mensaje que le dejó el señor Aguilar a su nieto Mario. Toma notas mientras escuchas y luego responde a las preguntas.

### HL CD2, tracks 1–2

Si tú fueras Mario, ¿qué les recomendarías a los abuelos? ¿Cómo le dirías la noticia a la mamá de Mario para que ella no se preocupe?

**UNIDAD 5 Lección 1**

Integración: Hablar

**208**

Unidad 5, Lección 1
Integración: Hablar

¡**Avancemos!** 1
Cuaderno para hispanohablantes

# Integración: Escribir

┌─────────────────────────────────────────────────────────────────────┐
│  **¡AVANZA!**    **Goal:**  Respond to written and oral passages describing a house.  │
└─────────────────────────────────────────────────────────────────────┘

Lee con atención el siguiente artículo de una revista.

¿Está usted cansado de los suburbios? La vida en el centro de la ciudad lo espera. El edificio Continental está totalmente renovado. Los residentes de estos apartamentos pueden disfrutar de la vida de la ciudad. Los restaurantes, cines y teatros están muy cerca de usted. Aunque los apartamentos son pequeños (apenas 500 pies cuadrados), el edificio Continental cuenta con varios pisos dedicados a la comodidad de sus residentes. En la planta baja usted encontrará varias tiendas de ropa, farmacia y algunos restaurantes. El segundo piso tiene un buen gimnasio. Fn los cuatro niveles del subterráneo hay espacio para trescientos carros…

Vida Céntrica                                                    *61*

Escucha el anuncio de radio de una compañía constructora de casas. Toma notas mientras escuchas y luego completa la actividad.

## HL CD2, tracks 3–4

Escribe un párrafo para comparar los estilos de vida que se describen en el párrafo y en el anuncio de radio.

_____

_____

_____

_____

_____

_____

_____

_____

# Lectura A

¡AVANZA!  **Goal:** Read descriptions about people and places.

❶ Lee lo que escribió Antonio, un chico de Florida, sobre él, su hermano y la casa en la que viven. Luego responde a las preguntas de comprensión y compara su experiencia con la tuya.

Hola, yo soy Antonio y vivo con mi familia cerca de la ciudad de *Clearwater* que está en Florida. Nuestra casa es muy bonita y tiene dos pisos. La cocina, el comedor y la sala están en la planta baja. En la sala hay una escalera para subir al primer piso. En el piso de arriba están los cuartos y los baños. Mi cuarto está cerca del de mi hermano Luis. Los dos cuartos son iguales y tienen los mismos muebles pero parecen distintos. Están pintados de diferente color: mi cuarto es verde y el cuarto de Luis es azul. Los muebles están puestos de forma diferente. Mi hermano es más ordenado que yo. En su cuarto todas las cosas están organizadas. Yo no soy desordenado, pero por las tardes casi siempre estoy cansado y no puedo recoger mis cosas. Por las mañanas me levanto tarde, estoy casi dormido y no tengo tiempo de ordenar mi cuarto. Lo peor es cuando mi hermano me presta sus discos compactos y luego me los pide y yo no sé dónde están. El cuarto es grande y los discos pueden estar en muchos sitios: encima de una silla, debajo de un libro. Luis siempre se enoja cuando le pido un disco compacto, dice que lo voy a perder. Yo creo que Luis es demasiado serio, pero yo lo quiero mucho. Él es bueno y yo estoy muy contento de tenerlo como hermano.

❷ **¿Comprendiste?** Responde a las preguntas con oraciones completas.

1. ¿En dónde está la casa de Antonio y su familia?

2. ¿Cómo es la casa de Antonio y su familia?

3. ¿Dónde están la cocina y el comedor en la casa de Antonio?

4. El cuarto de Antonio y el de su hermano, ¿son iguales o son diferentes?

❸ **¿Qué piensas?** ¿Crees que los gustos y la forma de ser de cada uno de los hermanos se notan en sus cuartos? Explica cómo crees que es el cuarto de Antonio.

# Lectura B

> **¡AVANZA!**   **Goal:**   Read descriptions about people and places.

**1** Lee lo que Rosa, una chica ecuatoriana, escribió en su diario. Luego responde a las preguntas de comprensión y compara su experiencia con la tuya.

---

10 de agosto 2007

Querido diario:

Antes de la escuela a mis dos hermanos mayores, muy cómicos, se les ocurrió hacer una carrera desde nuestro apartamento en el tercer piso hasta la parada de autobuses. Ninguno llegó, pues mi papá, que salía para su trabajo de administrador, los paró. Finalmente, los dos perdieron el autobús y tuvieron que caminar hasta la universidad. Mis dos hermanas menores y yo nos reímos al ver las caras tristes de nuestros hermanos. También noté que mamá se reía un poco mientras alistaba su bolsa de doctora.

El verano es mi época favorita porque mi familia y yo vamos al campo por un mes. La casa de campo es de los abuelos, es grande y muy antigua. A mis hermanas y a mí nos gusta explorar cada uno de sus cuartos. Mi abuelo dice que su casa es tradicional: con dos plantas, un patio y un porche. Su casa y la de sus vecinos, están hechas de adobe y están pintadas de color blanco.

Después de la cena nos sentamos en el portal a contemplar cómo llega la noche al campo y a escuchar los cuentos de la abuela. A veces, mi abuelo toca la guitarra y canta antiguos versos ecuatorianos. La música me hace sentir feliz.

---

**2** **¿Comprendiste?** Responde a las siguientes preguntas con oraciones completas:

**1.** ¿Cuántas personas forman la familia de Rosa?

_____

**2.** El padre y la madre de Rosa trabajan fuera de casa. ¿Qué hacen?

_____

**3.** ¿Cómo es la casa de los abuelos?

_____

_____

**3** **¿Qué piensas?** ¿Cómo son las casas tradicionales donde tú vives? ¿Tienen varias plantas? ¿Tienen patio? Escribe cinco oraciones para describirlas.

_____

_____

# Lectura C

¡AVANZA!  **Goal:** Read descriptions about people and places.

**1** Lee el siguiente guión de un programa de televisión sobre el famoso artista ecuatoriano Oswaldo Guayasamín. Luego responde a las preguntas de comprensión y habla sobre artistas que tú conoces.

### Un ecuatoriano universal

—¡Buenas noches amigos! Me encuentro en la bella ciudad de Quito, Ecuador, justo en la mitad del mundo. Nuestro equipo de investigadores les ha preparado un programa acerca de la vida del increíble artista ecuatoriano Oswaldo Guayasamín. ¡No se muevan de sus sillones!

—Oswaldo Guayasamín nació en Quito en 1919. Es el mayor de 10 hijos de una familia indígena muy pobre y desde sus primeros años mostró habilidades artísticas. Estudió pintura y escultura en la Academia de Bellas Artes de la capital. Y aquí hay un dato muy interesante amigos: Oswaldo realizó su primera exposición a los 23 años. ¿No es genial? Pero sigamos con su historia, pues con el tiempo llegó a ser uno de los artistas más importantes de Ecuador y del mundo.

—El joven Guayasamín pintó muchos cuadros y murales. Sus favoritos fueron los murales, que son pinturas de gran tamaño hechos sobre paredes o muros. Muchos de sus murales están en lugares y edificios públicos, como el aeropuerto de Barajas en Madrid, España, el Congreso Ecuatoriano, la sede de la UNESCO en París, Francia, o la sede permanente del Parlamento Latinoamericano en Sao Paulo, Brasil. Así fue como Guayasamín se convirtió en un ecuatoriano universal.

—¿Quieren conocer los temas de su obra? Los temas principales de su obra son la tierra y la cultura de su pueblo. En sus cuadros está representado el mundo indígena de Ecuador, mundo que él conocía muy bien. Las expresiones de las personas que están en sus cuadros son, por lo general, tristes. Como ven, encontramos una clave para ser un artista universal: hablar de las cosas conocidas. Ustedes también pueden ser artistas de fama mundial, sólo trabajen duro y pinten sobre temas que conocen muy bien, como la escuela, la familia o los amigos.

—Bueno, pero sigamos con Guayasamín porque todavía no les he contado sobre su obra más importante: La Capilla del Hombre. Ésta es un complejo cultural que sirve de símbolo y homenaje a las personas de América Latina. Está formada por un edificio de dos pisos con varias salas. En muchas de sus paredes Guayasamín pintó un conjunto de murales sobre las personas de América Latina, desde las primeras culturas como la maya, la azteca e inca, hasta las personas de hoy en día.

—El conjunto está construido con la tecnología más moderna para resistir el paso del tiempo y los terremotos que son frecuentes en la zona. Ésta es su obra más importante porque es un regalo para la humanidad. En 1999 el artista falleció en Baltimore, Estados Unidos, a la edad de 79 años.

—Con esto terminamos nuestro programa de hoy. Espero que lo hayan disfrutado tanto como yo. Nos vemos en la próxima emisión. ¡Hasta entonces!

**2 ¿Comprendiste?** Responde a las siguientes preguntas:

1. ¿Qué son los murales?

_____
_____

2. ¿Por qué llaman a Guayasamín un ecuatoriano universal?

_____
_____

3. ¿Cuáles son los temas principales de la obra de Oswaldo Guayasamín?

_____
_____

4. ¿Qué simboliza la Capilla del Hombre?

_____
_____

**3 ¿Qué piensas?** Si tuvieras que hacer una pintura sobre el lugar en donde vives ¿qué temas representarías? En un párrafo corto escribe tus respuestas.

_____
_____
_____
_____

# Escritura A

| ¡AVANZA! | **Goal:** Describe people and locations. |
|---|---|

Tus padres compran una casa nueva. El día de la mudanza, algunos familiares y amigos les ayudan a llevar las cosas. Escribe en tu diario lo que pasa ese día y lo que hace cada persona.

**1** Escribe en la siguiente tabla: 1) el nombre de seis personas que ayudan a llevar cosas, 2) qué lleva cada persona y 3) en qué parte de la casa las ponen.

| Persona(s) | Cosa(s) que lleva | Los/Las pone en... |
|---|---|---|
|  |  |  |
|  |  |  |
|  |  |  |
|  |  |  |
|  |  |  |
|  |  |  |

**2** Con la información anterior, escribe en tu diario una descripción de lo que pasa el día que tú y tu familia se cambian de casa. Haz tu escrito con detalles. Asegúrate de que: 1) la descripción está desarrollada con oraciones completas y claras; 2) incluye comentarios personales; 3) usa el vocabulario de la lección; 4) usa los verbos y la ortografía de manera correcta.

_____

_____

_____

_____

_____

|  | Crédito máximo | Crédito parcial | Crédito mínimo |
|---|---|---|---|
| Contenido | La descripción de tu diario contiene oraciones completas y claras. | La descripción de tu diario contiene algunas oraciones incompletas o no son claras. | La descripción de tu diario contiene muchas oraciones incompletas y que no son claras. |
| Uso correcto del lenguaje | Usas los verbos y la ortografía de manera correcta. | Tienes algunos errores con el uso de los verbos y algunos errores de ortografía. | Tienes muchos errores con el uso de los verbos y muchos errores de ortografía. |

# Escritura B

| ¡AVANZA! | **Goal:** Describe people and locations. |
|---|---|

Mira el siguiente plano y describe cómo es y dónde está situada la casa.

**❶** Completa la ficha siguiente con todos los posibles datos sobre la casa. Inventa la información para el punto **e**.

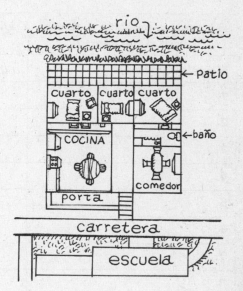

**a.** Lugar en el que se encuentra la casa

_____

**b.** Lugares cercanos

_____

**c.** Partes de la casa

_____

**d.** Ubicación y tamaño de las habitaciones

_____

**e.** Detalles de las habitaciones

_____

**❷** Escribe tu descripción usando los datos de la lista anterior. Asegúrate de: 1) hacer la descripción en orden: la ubicación de la casa, características generales de la casa y detalles, 2) dar mucha información sobre la casa, 3) usar correctamente los verbos **ser** y **estar**.

_____

_____

_____

**❸** Evalúa tu descripción usando la siguiente tabla.

|  | **Crédito máximo** | **Crédito parcial** | **Crédito mínimo** |
|---|---|---|---|
| Contenido | La descripción sigue un orden y da mucha información sobre la casa. | El orden de la descripción no es claro o la información sobre la casa es escasa. | El orden de la descripción no es claro y la información sobre la casa es escasa. |
| Uso correcto del lenguaje | Hay muy pocos errores o ninguno en el uso de los verbos **ser** y **estar**. | Hay algunos errores en el uso de los verbos **ser** y **estar**. | Hay un gran número de errores en el uso de los verbos **ser** y **estar**. |

# Escritura C

| ¡AVANZA! | **Goal:** Describe people and locations. |
|---|---|

Describe tu cuarto o tu cuarto ideal dando toda la información y detalles posibles.

**1** Completa la tabla siguiente con todos los datos del cuarto que tienes o que te gustaría tener. Fíjate en el ejemplo.

| Elementos, muebles y objetos dentro del cuarto | Ubicación dentro del cuarto | Características (material, color, forma, tamaño, etc.) |
|---|---|---|
| **Modelo:** *ventana* | *a la izquierda* | *grande y cuadrada* |
| 1. | | |
| 2. | | |
| 3. | | |
| 4. | | |
| 5. | | |
| 6. | | |
| 7. | | |
| 8. | | |
| 9. | | |

**2** Escribe la descripción del cuarto. Asegúrate de que 1) en tu descripción incluyes al menos ocho elementos, 2) la descripción de cada elemento es clara y detallada, 3) el uso de los verbos **ser** y **estar** es el adecuado.

**3** Evalúa tu descripción usando la siguiente tabla.

| | **Crédito máximo** | **Crédito parcial** | **Crédito mínimo** |
|---|---|---|---|
| Contenido | En tu descripción incluiste ocho ó más elementos u objetos del cuarto e información detallada sobre ellos. | En tu descripción incluiste sies elementos u objetos del cuarto e información detallada sobre ellos. | En tu descripción incluiste cinco ó menos elementos u objetos del cuarto y la información sobre estos objetos no incluye detalles. |
| Uso correcto del lenguaje | Hay muy pocos errores o ninguno en el uso de los verbos **ser** y **estar**. | Hay algunos errores en el uso de los verbos **ser** y **estar**. | Hay un gran número de errores en el uso los verbos **ser** y **estar**. |

Unidad 5, Lección 1
Escritura C

**216**

¡Avancemos! 1
Cuaderno para hispanohablantes

UNIDAD 5 Lección 1

Escritura C

# Cultura A

> **¡AVANZA!** **Goal:** Use and write cultural information about Ecuador.

**1** Lee las descripciones de aspectos culturales sobre Ecuador. Escribe la letra de la oración de la segunda columna que completa la oración de la primera columna.

1. _____ Para ir a Ecuador, no necesitas cambiar dinero porque...

2. _____ El Monumento Mitad del Mundo se llama así porque...

3. _____ Las montañas de los Andes tienen alturas...

4. _____ El Museo Guayasamín se llama así porque...

5. _____ Si vas a Ecuador, vas a poder practicar español porque...

a. es uno de los idiomas que ahí se hablan.

b. marca el lugar exacto del ecuador.

c. ahí vivió y trabajó el artista Oswaldo Guayasamín.

d. su moneda es el dólar estadounidense.

e. de 20,000 pies de alto o más.

**2** Lucía está planeando lo que hará con su primo Marcos cuando él venga de visita a Ecuador. Completa la lista de Lucía con información de la caja.

| Guayaquil | Monumento Mitad del Mundo | Quito | Selección Nacional de fútbol |
|---|---|---|---|
| llapingachos | | Camilo Egas | locro |

Lunes: recoger a Marcos del aeropuerto de **1.** _____ , la capital del país.

Martes: ir a la exposición de **2.** _____ , autor de *Las floristas*.

Miércoles: ir al hemisferio norte y al hemisferio sur en el mismo día. ¡Qué divertido! Ir al **3.** _____ .

Jueves: ir al mercado a comer **4.** _____ y

**5.** _____ .

Viernes: ver el programa especial de los integrantes (*members*) de la

**6.** _____ .

Sábado: ir a un partido de fútbol a la ciudad de **7.** _____ .

Domingo: llevar a Marcos al aeropuerto.

# Cultura B

| ¡AVANZA! | **Goal:** Use and write cultural information about Ecuador. |
|---|---|

**1** Busca la siguiente información sobre Ecuador para completar las oraciones.

| | |
|---|---|
| **1.** La capital de Ecuador es... | |
| **2.** El volcán activo más alto del mundo es... | |
| **3.** Una comida típica ecuatoriana es... | |
| **4.** El autor de la pintura de *Las floristas* es... | |
| **5.** El monumento que marca el lugar exacto de la línea del ecuador se llama... | |
| **6.** La moneda de Ecuador es... | |
| **7.** El deporte favorito de los ecuatorianos es... | |

**2** Contesta las siguientes preguntas con oraciones completas.

**1.** ¿Cómo se llama la cordillera *(mountain range)* que tiene Ecuador?

_____

**2.** ¿Qué país está al sur de Ecuador?

_____

**3.** ¿Cuál es alguna de la ropa tradicional que usan las mujeres indígenas de Ecuador?

_____

_____

**4.** ¿Dónde está la llamada «la ciudad del fin del mundo»?

_____

# Cultura C

> ¡AVANZA!  **Goal:**  Use and write cultural information about Ecuador.

**1** Escribe lo que sabes acerca de los siguientes temas sobre Ecuador.

|  | Ecuador | Estados Unidos |
|---|---|---|
| **1.** La moneda, la ubicación geográfica, la población y el lenguaje | | |
| **2.** Su arquitectura, costumbres y otros apectos culturales | | |
| **3.** Cómo divertirse con la familia y los amigos | | |

**2** Ushuaia, la ciudad argentina que está en el punto más al sur del mundo se le llama «la ciudad del fin del mundo». ¿Qué nombre le darías tú a esa ciudad? ¿Por qué? Explica tu respuesta en un párrafo corto.

_____

_____

_____

_____

_____

**3** Diseña un cartel publicitario invitando a la gente de tu ciudad a visitar Ecuador durante el verano. Escribe al menos cinco oraciones completas para describir los lugares turísticos que hay, las actividades que pueden hacer y la comida típica de Ecuador.

_____

_____

_____

_____

_____

# Vocabulario A *Una fiesta en casa*

> **¡AVANZA!**  **Goal:** Talk about parties and household chores.

**❶** Escribe la letra del objeto que se asocia con cada quehacer doméstico.

| | | | |
|---|---|---|---|
| 1. ____ cortar | | **a.** | los platos |
| 2. ____ lavar | | **b.** | la aspiradora |
| 3. ____ darle de comer | | **c.** | la mesa |
| 4. ____ pasar | | **d.** | el césped |
| 5. ____ poner | | **e.** | el suelo |
| 6. ____ sacar | | **f.** | al perro |
| 7. ____ planchar | | **g.** | la ropa |
| 8. ____ barrer | | **h.** | la basura |

**❷** Hay una fiesta en tu casa. Completa las oraciones con las palabras que faltan.

| los invitados | la fiesta de sorpresa | a cocinar | los regalos | los globos |
|---|---|---|---|---|

1. Hoy es _____ para mi papá.

2. Ana y yo envolvemos _____ .

3. Mi mamá ayuda a mi abuela _____ .

4. Ricardo decora la casa con _____ .

5. A _____ les gusta bailar y cantar.

**❸** Escribe oraciones completas para describir qué hacen la siguientes personas para la fiesta de cumpleaños de Jaime.

**1. Clara**    **2. Ana y Luis**    **3. Paula**    **4. Jaime**    **5. Papá**

1. _____

2. _____

3. _____

4. _____

5. _____

# Vocabulario B  *Una fiesta en casa*

> **¡AVANZA!**   **Goal:**   Talk about parties and household chores.

**1** Elige las palabras de la caja para completar el diálogo entre Juan Carlos y Raquel.

| | | | |
|---|---|---|---|
| **regalos** | **lavar los platos** | **las fiestas** | **el secreto** |
| **celebrar** | **fiestas de sorpresa** | **los invitados** | |

**Juan Carlos:** ¿Te gustan **1.** _____?

**Raquel:** Sí, pero me gustan más **2.** _____ . Los invitados

guardan **3.** _____ y a la hora de la fiesta recibes

muchos **4.** _____ . ¿Y a ti?

**Juan Carlos:** A mí también me gustan, especialmente para **5.** _____

los cumpleaños. ¡Son muy divertidas!

**Raquel:** Sí, muchas veces **6.** _____ cantan y bailan. Algunos

ayudan a **7.** _____ , pero mamá les dice que no

es necesario.

**2** Escribe oraciones completas para describir los quehaceres de cada persona.

**1. Juan**      **2. David**      **3. Elena**      **4. Susana**      **5. Maite**

**1.** _____

**2.** _____

**3.** _____

**4.** _____

**5.** _____

**3** Escribe una lista de los quehaceres que tú tienes que hacer hoy.

**Modelo:**   *Hoy tengo que sacar la basura.*

**1.** _____

**2.** _____

**3.** _____

**4.** _____

# Vocabulario C *Una fiesta en casa*

> **¡AVANZA!**   **Goal:**   Talk about parties and household chores.

**1** Escribe una lista de actividades que Jaime hace antes de, durante y después de una fiesta de cumpleaños.

| Antes de la fiesta | Durante la fiesta | Después de la fiesta |
|---|---|---|
| 1. _____ | 1. _____ | 1. _____ |
| 2. _____ | 2. _____ | 2. _____ |

**2** Vas a dar una fiesta de sorpresa para tu mamá. Escribe oraciones completas para decir lo que haces con la siguiente lista de palabras y frases.

**Modelo:**   los invitados: *Mi hermana y yo hacemos la lista de los invitados.*

1. el papel de regalo: _____

2. pasar la aspiradora: _____

3. las decoraciones: _____

4. traer: _____

5. cortar el césped: _____

**3** Quieres dar una fiesta para celebrar el cumpleaños de tu mejor amigo(a). Escribe la invitación para la fiesta con oraciones completas y usa el vocabulario de la lección.

_____

_____

_____

_____

_____

# Vocabulario adicional

## De verbo a sustantivo

Puedes formar un sustantivo a partir de un verbo al añadir los sufijos **-dor** o **-dora**. Por ejemplo, el sustantivo **el despertador**, o el aparato que sirve para despertar a una persona viene del verbo **despertar**. El sustantivo **la lavadora** o la máquina que lava la ropa viene del verbo **lavar**.

**1** Identifica de qué verbos se derivan los siguientes sustantivos:

**1.** el comedor: _____

**2.** la aspiradora: _____

**3.** la secadora: _____

**4.** el limpiador: _____

**5.** el calentador: _____

**6.** el tostador: _____

**7.** la calculadora: _____

**2** Define cada aparato según su función.

**1.** Una máquina para secar ropa: _____

**2.** Un aparato para calentar un cuarto: _____

**3.** Una máquina para ventilar un cuarto: _____

**4.** Un electrodoméstico para tostar el pan: _____

**5.** Una máquina para calcular números: _____

# Gramática A  *Irregular verbs*

> **¡AVANZA!**  **Goal:**  Practice the use of irregular verbs to speak about parties.

**❶** Mercedes hace una lista de lo que ella y sus amigos hacen para preparar una fiesta de sorpresa. Subraya la forma del verbo irregular correcto para completar cada oración.

1. Ignacio y Álvaro (ponemos / ponen) los regalos sobre la mesa.
2. María (traigo / trae) todos sus discos compactos.
3. Mi mamá (sale / salgo) a comprar los refrescos.
4. Yo (viene / vengo) para ayudar a poner las decoraciones.
5. Todos (dice / decimos) «¡Felicidades!» a Sofía.
6. Ustedes (venimos / vienen) a las cinco en punto.

**❷** Un grupo de estudiantes está preparando una fiesta de cumpleaños. Elige las formas correctas de los siguientes verbos irregulares y completa las oraciones.

| traes | salgo | vienen | venimos | dice | dan |
|-------|-------|--------|---------|------|-----|

1. José nos _____ a qué hora es la fiesta.
2. Nosotros _____ con el pastel.
3. Maria y Ana María _____ los regalos.
4. Yo _____ para comprar el pastel.
5. Tú _____ los globos.
6. Ana y Sonia _____ con sus amigos.

**❸** Utiliza los elementos de cada caja para escribir cuatro oraciones sobre lo que tú haces para dar una fiesta en casa.

**Modelo:**  *Yo doy una fiesta de sorpresa en mi casa.*

**A.**
Yo
Mis amigos
Guillermo
Los invitados
Mis padres

**B.**
– dar una fiesta de sorpresa
– traer la música
– poner el tocadiscos
– venir a la fiesta
– pedir ayuda para limpiar la casa

1. _____
2. _____
3. _____
4. _____

Gramática A    UNIDAD 5 Lección 2

Unidad 5, Lección 2
Gramática A

**224**

**¡Avancemos! 1**
Cuaderno para hispanohablantes

# Gramática B  *Irregular verbs*

| ¡AVANZA! | **Goal:** Practice the use of irregular verbs to speak about parties. |
|---|---|

**❶** Un grupo de amigos está preparando una fiesta de cumpleaños para Mateo. Completa las siguientes oraciones con la forma correcta del verbo en paréntesis.

Matías **1.** _____ (venir) del mercado y **2.** _____ (traer) muchas cosas para la fiesta de sorpresa de Mateo. Mientras Sandra

**3.** _____ (poner) la mesa en el patio, Rosa y Patricia

**4.** _____ (traer) las decoraciones, los platos y los vasos. El perro de Sandra **5.** _____ (salir) al jardín con un globo. Todos ellos están muy contentos y **6.** _____ (decir) que ésta es la mejor fiesta que han preparado para Mateo.

**❷** Contesta las siguientes preguntas sobre la fiesta sorpresa para Teresa con oraciones completas utilizando los sujetos entre paréntesis.

**1.** ¿Quién viene a la fiesta? (Todos los amigos de su clase)

_____

**2.** ¿Quién trae el postre? (Ustedes)

_____

**3.** ¿Quién pone la música? (Yo)

_____

**4.** ¿Quién sale gritando «¡SORPRESA!»? (Nosotros)

_____

**5.** ¿Quién le da los regalos a Teresa? (Tú)

_____

**6.** ¿Quién le dice a Teresa que cierre los ojos? (Sebastián)

_____

**❸** Escribe una lista de cosas que tú y tus amigos tienen que hacer para dar una fiesta a tu mejor amigo(a) en tu casa. Usa los verbos del cuadro y escribe oraciones completas.

| decir | venir | dar | poner | salir | traer |
|---|---|---|---|---|---|

_____

_____

_____

_____

# Gramática C  *Irregular verbs*

> **¡AVANZA!**    **Goal:**    Practice the use of irregular verbs to speak about parties.

**❶** Escribe lo que hace cada persona para preparar una fiesta de cumpleaños en casa.

> **Modelo:**    traer / ellos (los refrescos) / yo (el pastel)
> *Ellos traen los refrescos y yo traigo el pastel.*

**1.** poner / tú (la música) / nosotros (la mesa)

_____

**2.** decir / yo («Feliz cumpleaños») / ustedes («Sorpresa»)

_____

**3.** venir / ustedes (a las ocho) / Juan (a las nueve)

_____

**❷** Escribe oraciones completas para describir la fiesta de Javier.

**1. Ana y Javier**      **2. Ellos**      **3. Nosotros**      **4. Elena**

**1.** _____

**2.** _____

**3.** _____

**4.** _____

**❸** Llamas por teléfono a un(a) amigo(a) para invitarlo(a) a una fiesta de sorpresa. Escribe el diálogo con oraciones completas. Usa verbos irregulares.

_____

_____

_____

_____

_____

# Gramática A  *Affirmative tú commands*

> **¡AVANZA!**  **Goal:** Use affirmative *tú* commands to tell someone what to do.

**1** Completa los mandatos que la Señora Pérez les de a sus hijas. Usa las verbos del cuadro.

**Modelo:**  Juan, *pon* el tocadiscos compactos en el salón.

| limpia | saca | lava | barre | pon | pasa | ve | haz |
|--------|------|------|-------|-----|------|-----|-----|

1. Rosa, _____ los platos.

2. Tú, Sonia, _____ el patio.

3. Juli, _____ la cocina y el comedor.

4. Mateo, _____ la aspiradora por la sala.

5. Sergio, _____ las camas.

6. Osvaldo, _____ la basura.

7. Alicia, _____ al supermercado.

**2** Mira las ilustraciones y escribe un mandato para decirle a Rita lo que tiene que hacer.

**Modelo:**   *Rita, ¡saca la basura!*

  **1.**
  **2.**
  **3.**   **4.**

1. _____

2. _____

3. _____

4. _____

# Gramática B *Affirmative tú commands*

**¡AVANZA!**　　**Goal:**　Use affirmative *tú* commands to tell someone what to do.

**❶** Completa las oraciones con mandatos que la Señora Vázquez le da a su hija María. Elige el verbo correcto del cuadro.

**Modelo:**　María, _toma_ el autobús a las ocho en punto.

| dar | lavar | hacer | limpiar | sacar | desayunar | cerrar | tomar | ir |
|-----|-------|-------|---------|-------|-----------|--------|-------|-----|

María, antes de salir de casa, piensa en los mandatos de su mamá:

**1.** _____ tu cama y **2.** _____ tu cuarto.

**3.** _____ cereales, pan y fruta. Después, **4.** _____

los platos. **5.** _____ de comer a Spot y **6.** _____ al

supermercado. Por último, **7.** _____ la basura y

**8.** _____ la puerta con llave.

**❷** Contesta las siguientes preguntas sobre las actividades en una fiesta con un mandato afirmativo. Usa los pronombres correspondientes según el modelo.

**Modelo:**　¿Traigo las decoraciones?

　　　　　_Sí, tráelas._

**1.** ¿Abro los regalos? _____

**2.** ¿Canto las canciones? _____

**3.** ¿Le digo el secreto? _____

**4.** ¿Pongo los globos en el patio? _____

**5.** ¿Sirvo el pastel? _____

**6.** ¿Hago las invitaciones? _____

**❸** Escribe cinco mandatos explicándole a tu mejor amigo(a) lo que debe hacer para ayudar en casa. Sigue el modelo.

**Modelo:**　*Ernesto, barre el suelo de tu cuarto.*

_____

_____

_____

_____

_____

# Gramática C  *Affirmative tú commands*

> **¡AVANZA!**    **Goal:**   Use affirmative *tú* commands to tell someone what to do.

**❶** Tu amigo te ayuda a organizar una fiesta. Escribe mandatos para tu amigo. Reemplaza los objetos con los pronombres apropiados.

**Modelo:**    Envolver el regalo: *Envuélvelo.*

1. Limpiar el salón: _____

2. Hacer las hamburguesas: _____

3. Lavar los platos: _____

4. Sacar la basura: _____

5. Planchar los pantalones: _____

6. Ayudar a tu hermana: _____

**❷** Miriam le pide a Sergio que haga las siguientes cosas, pero Sergio ya las acaba de hacer. Contesta los siguientes mandatos con **acabo de** + **infinitivo** y el pronombre del objeto directo correspondiente. Sigue el modelo.

**Modelo:**    Sergio, limpia la mesa.

*Acabo de limpiarla.*

1. Sergio, abre las ventanas por favor. _____

2. Ahora saca la basura. _____

3. Por favor, corta el césped. _____

4. Haz tus tareas. _____

5. Sergio, pon la mesa. _____

**❸** Trabajas en un restaurante y tu jefe(a) pide que hagas cosas todo el tiempo. Escribe cinco oraciones completas con mandatos que él/ella te da.

_____

_____

_____

_____

_____

# Gramática adicional *Pero and Sino*

> **¡AVANZA!** **Goal:** Practice the difference between *pero* and *sino*.

- Se utiliza **pero** para establecer una oposición entre dos ideas. Ejemplo: Bebo refrescos **pero** no bebo vino.
- **Sino** separa la idea negativa de la idea afirmativa, con el fin de hacer énfasis sobre algo. Ejemplo: No vivo en casa **sino** en un apartamento.

**1** Completa las siguientes oraciones con *pero* o *sino*.

**Modelo:** Juanito no quiere la muñeca _sino_ el globo.

**1.** Me gusta el bistec _____ no me gusta el pescado.

**2.** No me duele la cabeza _____ la garganta.

**3.** No sólo viajamos a España _____ también a Francia.

**4.** Queremos ir al cine _____ tenemos que estudiar.

**5.** Vamos a pasear _____ no vamos a correr.

**6.** Mi deporte favorito no es el tenis _____ el fútbol.

**7.** No pido arroz con pollo _____ arroz con carne.

**2** Lee las siguientes oraciones. Escribe (**C**) si la oración es correcta. Escribe (**I**) si la oración es incorrecta y vuelve a escribirla correctamente.

**Modelo:** La patata está buena, sino está mejor el brócoli. _I_
_La patata está buena, pero está mejor el brócoli._

**1.** Juan y Mateo no están tristes sino cansados. _____

_____

**2.** Mercedes quiere descansar sino tiene que trabajar. _____

_____

**3.** No estudio matemáticas pero ciencias. _____

_____

**4.** La bicicleta no está en el garaje pero en el patio. _____

_____

**5.** Juego a básquetbol con mis amigos pero no juego muy bien. _____

_____

**6.** No me interesa tocar el piano pero la guitarra. _____

_____

**7.** No me gusta tomar el autobús pero un taxi. _____

_____

UNIDAD 5 Lección 2
Gramática adicional

Unidad 5, Lección 2
Gramática adicional
**230**

¡**Avancemos! 1**
Cuaderno para hispanohablantes

# Integración: Hablar

> **¡AVANZA!**  **Goal:**  Respond to written and oral passages discussing a party.

Dolores Martínez trabaja como coordinadora de eventos en Quito, Ecuador. Lee con atención la página inicial de su sitio de Internet.

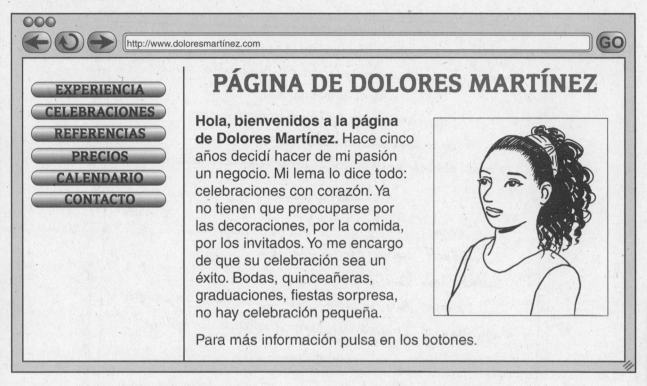

http://www.doloresmartínez.com   GO

**EXPERIENCIA**
**CELEBRACIONES**
**REFERENCIAS**
**PRECIOS**
**CALENDARIO**
**CONTACTO**

## PÁGINA DE DOLORES MARTÍNEZ

**Hola, bienvenidos a la página de Dolores Martínez.** Hace cinco años decidí hacer de mi pasión un negocio. Mi lema lo dice todo: celebraciones con corazón. Ya no tienen que preocuparse por las decoraciones, por la comida, por los invitados. Yo me encargo de que su celebración sea un éxito. Bodas, quinceañeras, graduaciones, fiestas sorpresa, no hay celebración pequeña.

Para más información pulsa en los botones.

Escucha el mensaje que le dejó Ana Marta a Teresa. Toma apuntes y realiza la actividad.

### HL CD2, tracks 5–6

¿Cuál es el problema de Ana Marta? ¿Qué puede hacer Teresa para ayudarle a resolver el problema?

# Integración: Escribir

> **¡AVANZA!**   **Goal:** Respond to written and oral passages discussing a party.

Lee con atención la siguiente invitación para celebrar una tradición popular en los países hispanos.

> Los señores Delia y Armando Humala
> tienen el honor de invitarle a celebrar el cumpleaños número XV
> de su hija Amanda.
> La celebración tendrá lugar este 8 de marzo
> en el salón Candiles de la Quinta Solórzano.
> Rogamos el honor de su presencia a partir de las 8 de la noche.
>
> ~~~∽୨୧∽~~~
>
> **Cena:**   9:30 Parrillada de mariscos
> **Padrinos:**   Isabel y Marcos Quezada
> **Chambelán:**   Yusef Trejo
> **Damas:**   Patricia Lerma, Elsa Téllez, Alma Villanueva
> **Chambelanes:**   Efraín Prieto, Carlos Arredondo, Evo Souza
>
> ~~~∽୨୧∽~~~
>
> No se admiten regalos. Sólo donaciones al Fondo Ecuatoriano de
> Protección a los Derechos de los Animales. FEPDA

Escucha el mensaje que le deja Ana a su mamá. Toma notas y después completa la actividad.

## HL CD2, tracks 7–8

Escribe un párrafo para comparar las personalidades de estas quinceañeras y describe cómo serán sus fiestas.

_____

_____

_____

_____

_____

UNIDAD 5 Lección 2

Integración: Escribir

Unidad 5, Lección 2
Integración: Escribir

**232**

**¡Avancemos! 1**
Cuaderno para hispanohablantes

# Lectura A

> **¡AVANZA!**    **Goal:**  Reading about activities with friends and family.

**1** Lee la siguiente invitación que Amelia escribió para toda su familia. Luego, contesta las preguntas de comprensión y compara su experiencia con la tuya.

---

### INVITACIÓN PARA LA FAMILIA BURBANO
### CELEBRACIÓN DE LA FIESTA DEL 50 ANIVERSARIO DE LOS ABUELOS

¡Querida familia:

Esta invitación es para la fiesta de sorpresa de los abuelos por su 50 aniversario. La fiesta es el segundo domingo del mes de agosto a las 5:00 p.m. en la casa de campo del tío Raúl. Los invitados son todos los miembros de la familia Burbano y algunos amigos cercanos a los abuelos. La tía Alicia y el primo Javier van a cocinar el plato principal y la ensalada. Mi mamá va a preparar el postre y las bebidas. Los primos Mario, Juan y Camila van a poner las decoraciones y van a inflar los globos. También son los encargados de la música. Mis hermanos y yo recibimos los regalos y los ponemos en la sala. También vamos a poner la mesa. Al final de la fiesta todos estamos encargados de limpiar la casa: barrer el suelo, lavar los platos, sacar la basura. Así todos ayudamos al tío Raúl.

¡No se olviden de traer el regalo y llevar ropa elegante!

Cariñosamente,
*Amelia*

---

**2** **¿Comprendiste?** Responde a las preguntas con una oración completa.

**1.** ¿Qué va a celebrar la familia de Amelia?

_____

**2.** ¿Cuándo va a celebrar la familia Burbano la fiesta de sorpresa?

_____

**3.** ¿Quiénes son los encargados de las decoraciones y quiénes van a poner la mesa?

_____
_____

**4.** ¿Qué va a hacer la familia de Amelia para ayudar al tío Raúl?

_____

**3** **¿Qué piensas?** Explica qué puedes hacer tú para que la fiesta de cumpleaños de uno de tus amigos(as) sea un éxito.

_____
_____

# Lectura B

¡AVANZA! **Goal:** Reading about activities with friends and family.

**1** Lee lo que escribe Pilar sobre un fin de semana en familia. Luego, contesta las preguntas de comprensión y compara su experiencia con la tuya.

### Un fin de semana en familia

A mi padre le gusta mucho cocinar. Todos los sábados prepara un plato diferente para la familia. Yo le ayudo a cocinar. Mientras mi papá cocina, mi mamá trabaja en el jardín; ella corta el césped y le da de comer al perro. Alejandro y Elvira, mis hermanos mayores, hacen las camas y pasan la aspiradora. Luego Alejandro ayuda a mamá a limpiar el patio y a sacar la basura y Elvira plancha la ropa. A mediodía un delicioso olor a carne asada sale de la cocina. Papá limpia la cocina y yo pongo la mesa.

Antes de traer el asado a la mesa salgo al patio para decirles a mamá y a Alejandro que la comida ya está lista.

Alejandro pide un poco de carne y yo le doy un pedazo grande de carne asada. La comida está deliciosa pero después hay que limpiar el comedor y lavar los platos y ¡nadie quiere lavarlos! Entonces mamá propone hacer un juego y quien pierda tiene que lavar los platos, pero yo le contesto que tienen que perder dos personas, así pueden lavar los platos más rápidamente —digo yo.

**2** **¿Comprendiste?** Responde a las siguientes preguntas con oraciones completas:

**1.** ¿Qué hace el padre de Pilar los fines de semana?

_____

**2.** ¿Cuáles son los quehaceres que hace Elvira el sábado?

_____

**3.** ¿Que hace Pilar cuando la comida ya está lista?

_____

_____

**4.** Después de la comida ¿Por qué hacen un juego pilar y su familia?

**3** **¿Qué piensas?** En tu casa, ¿cuál es la tarea que más te gusta hacer? ¿Cuál te gusta menos?

_____

_____

_____

_____

Unidad 5, Lección 2
Lectura B
**234**

**¡Avancemos! 1**
Cuaderno para hispanohablantes

UNIDAD 5 Lección 2

Lectura B

# Lectura C

> **¡AVANZA!**   **Goal:**   Reading about activities with friends and family.

**1** Lee el siguiente anuncio de una asociación ecuatoriana de la zona de Los Ángeles
para invitar a las personas a asistir a una feria.

---

### Gran feria ecuatoriana

### La asociación ecuatoriana «Quiteños» cumple 10 años.

Para celebrar su décimo aniversario, nuestra asociación te invita a visitar la gran feria de
artesanía en el parque *Old Town* del 12 al 18 de marzo.

En nuestra feria hay productos artesanos de todo Ecuador: tejidos, joyas, alfombras,
objetos de cuero, de madera y figuritas de miga de pan.

También tenemos comida típica ecuatoriana.

¡Ven a pasar un día inolvidable y trae a tus amigos para disfrutar de este gran evento!

Este año, nuestros invitados especiales son un grupo de artesanos de Otavalo,
un hermoso pueblo de las montañas cercanas a Quito. En este pueblo de increíbles
paisajes tiene lugar un mercado de artesanía maravilloso. Si no conoces este rincón de
Ecuador, ahora, en nuestra feria, puedes conocer a sus artesanos. Las artesanías más
importantes de los otavalos son los tejidos. Los tejidos de Otavalo se venden en todo
el mundo, todos admiran su técnica, su calidad y sus hermosos diseños de paisajes,
animales y motivos geométricos de vivos colores. Los indígenas de Otavalo traen todo
tipo de tejidos y artesanías a nuestra feria y además participan en talleres para enseñar
la técnica del tejido y otras técnicas tradicionales a las personas que nos visitan.

¡Aprende a tejer mantas! ¡Haz un collar!

¡Decora tu ropa con bordados de colores!

¡Sorprende a tus amigos con regalos originales!

¡Prepara dulces ecuatorianos!

¡Baila, canta y diviértete con nuestra música tradicional!

¡Comparte un poquito de Ecuador con nosotros!

Y cuando termine la feria, ¡recibe un estupendo regalo de recuerdo!

¡Te esperamos en el parque!

---

**UNIDAD 5 Lección 2   Lectura C**

**2** **¿Comprendiste?** Responde a las siguientes preguntas:

1. ¿Por qué organiza una feria la asociación "Quiteños"?

   _____

2. ¿Cuáles son las atracciones principales de la feria?

   _____

   _____

3. ¿Por qué compran tejidos de Otavalo las personas de todo el mundo?

   _____

   _____

4. En la feria, además de admirar y comprar artesanía puedes participar en talleres, ¿qué puedes hacer en esos talleres?

   _____

   _____

**3** **¿Qué piensas?** ¿Crees que sea importante celebrar las costumbres de otros paises? ¿Por qué?

_____

_____

_____

_____

UNIDAD 5 Lección 2

Lectura C

Unidad 5, Lección 2
Lectura C

**236**

**¡Avancemos! 1**
Cuaderno para hispanohablantes

# Escritura A

| ¡AVANZA! | **Goal:** Write about chores and preparations for a party |
|---|---|

Hoy es el cumpleaños de tu padre. Tú y tu hermano(a) quieren organizar una pequeña fiesta familiar. Escríbele una nota a tu hermano y dile qué tiene que hacer para ayudarte a preparar la fiesta.

**1** Primero haz una lista de cinco cosas que tu hermano(a) puede hacer para ayudarte.

**Modelo:** *Limpiar la cocina.*

a. _____

b. _____

c. _____

d. _____

e. _____

**2** Escribe la nota para tu hermano(a) pidiéndole que haga las cinco cosas de la lista. Asegúrate de que escribes cinco mandatos claros y fáciles de entender y que el uso de las formas verbales es correcto.

Querid__ _____:

_____

_____

_____

_____

_____

**3** Evalúa tu nota usando la siguiente tabla.

| | **Crédito máximo** | **Crédito parcial** | **Crédito mínimo** |
|---|---|---|---|
| Contenido | Todos los mandatos son claros y fáciles de entender; la nota incluye 5 tareas para tu hermano(a) y 2 para ti. | Algunos mandatos no son claros o no son fáciles de entender; la nota incluye 4 tareas para tu hermano(a) y 1 o 2 para ti. | Los mandatos no son claros ni fáciles de entender; la nota incluye 3 o menos tareas para tu hermano(a) y 1 o ninguna para ti. |
| Uso correcto del lenguaje | Hay muy pocos errores o ninguno en el uso de los verbos. | Hay algunos errores en el uso de los verbos. | Hay un gran número de errores en el uso de los verbos. |

# Escritura B

¡AVANZA!  **Goal:**  Write about chores and preparations for a party.

Estás tú solo(a) preparando una fiesta de sorpresa para el cumpleaños de tu amigo(a)
¡Es mucho trabajo! Explica todas las cosas que haces para que la fiesta sea un éxito.

**1** Para organizar todo el trabajo, escribe una lista de las cosas más importantes que
tienes que hacer antes, durante y después de la fiesta.

1. _____

2. _____

3. _____

4. _____

5. _____

6. _____

**2** Escribe un párrafo para contar todo lo que hay que hacer. Asegúrate de que (1)
tu narración sigue un orden lógico, (2) incluyes cosas que haces antes, después y
durante la fiesta, (3) el uso de los verbos es correcto.

_____

_____

_____

_____

_____

_____

**3** Evalúa tu narración usando la siguiente tabla.

| | **Crédito máximo** | **Crédito parcial** | **Crédito mínimo** |
|---|---|---|---|
| Contenido | La narración sigue un orden lógico e incluye tres momentos: antes, después y durante la fiesta | La narración a veces no sigue un orden lógico y falta uno de estos tres momentos: antes, después o durante la fiesta. | La narración no sigue un orden lógico y faltan dos de estos tres momentos: antes, después o durante la fiesta. |
| Uso correcto del lenguaje | Hay muy pocos errores o ninguno en el uso de los verbos. | Hay algunos errores en el uso de los verbos. | Hay un gran número de errores en el uso de los verbos. |

# Escritura C

| ¡AVANZA! | **Goal:** Write about chores and preparations for a party. |
|---|---|

¿Cómo se reparten los quehaceres en tu casa? Escribe un párrafo sobre las cosas que cada persona hace en tu casa.

**1** Haz una lista de quehaceres y escribe al lado el nombre de las personas que los hacen.

| Quehaceres | Persona(s) que los hacen |
|---|---|
| a. | |
| b. | |
| c. | |
| d. | |
| e. | |

**2** Escribe un párrafo usando la información de la tabla. Asegúrate de que (1) incluyes al menos cinco quehaceres, (2) incluyes algunos quehaceres que haces tú y otros que hacen dos o más personas, (3) el uso del lenguaje y la ortografía son correctos.

_____

_____

_____

_____

**3** Evalúa tu párrafo usando la siguiente tabla.

|  | **Crédito máximo** | **Crédito parcial** | **Crédito mínimo** |
|---|---|---|---|
| Contenido | Incluyes cinco quehaceres en total; incluyes los que haces tú y los que hacen dos o más personas. | Incluyes sólo tres quehaceres; no incluyes los que haces tú o no incluyes los que hacen dos o más personas. | Incluyes dos o menos quehaceres; no incluyes los que haces tú ni los que hacen dos o más personas. |
| Uso correcto del lenguaje | Tuviste muy pocos errores o ninguno en el uso del lenguaje y la ortografía. | Tuviste algunos errores en el uso del lenguaje y la ortografía. | Tuviste un gran número de errores en el uso del lenguaje y la ortografía. |

# Cultura A

> **¡AVANZA!**  **Goal:**  Use and write cultural information about Ecuador y Panama.

**1** Lee acerca de los *Bailes folklóricos de Ecuador y Panamá* y marca la columna con la respuesta correcta.

| | Sí | No |
|---|---|---|
| **1.** Las personas de Ecuador y Panamá sólo bailan en fiestas y festivales de la ciudad. | | |
| **2.** «Sanjuanito» es un baile popular de Panamá. | | |
| **3.** El baile nacional de los panameños es el «tamborito». | | |
| **4.** En Panamá celebran Carnaval. | | |
| **5.** Los bailes de Panamá y Ecuador tienen orígenes indígenas y españoles. | | |

**2** Mirna se prepara para su examen sobre cultura ecuatoriana. Ayúdala a seleccionar la respuesta correcta.

1. _____ es un pueblo de Ecuador conocido por su mercado de los sábados.
   **a.** San Juan      **b.** Otavalo      **c.** Quito

2. A los habitantes de Quito les llaman _____ .
   **a.** quiteños      **b.** quitanos      **c.** quitos

3. En las Fiestas de Quito hay una competencia de _____ .
   **a.** bailes folclóricos      **b.** textiles      **c.** carritos de madera

4. Los tejidos *(weaving)* de los _____ son famosos en todo el mundo.
   **a.** panameños      **b.** sanjuanicos      **c.** otavalos

**3** Los bailes folklóricos son típicos de muchos países de Latinoamérica. Escribe tres bailes folklóricos que conozcas.

| Baile folklórico | Ejemplo 1 | Ejemplo 2 | Ejemplo 3 |
|---|---|---|---|
| **Modelo:** *El jarabe tapatío es un baile típico mexicano.* | | | |

# Cultura B

| ¡AVANZA! | **Goal:** Use and write cultural information about Ecuador y Panama. |

**1** Completa la conversación de Rocío y Miguel con la información cultural de la página 278 de tu libro.

**Rocío:** ¡Hola Miguel! ¿Quieres ir al cine el sábado?

**Miguel:** No puedo. El sábado es 6 de diciembre y voy a participar en

**1.** _____ . ¿Quieres venir?

**Rocío:** ¡Claro! ¿Qué se celebra?

**Miguel:** Es el aniversario de la fundación de la ciudad de **2.** _____ .

**Rocío:** ¿Qué eventos hay?

**Miguel:** Hay desfiles, conciertos y bailes. Algunas personas dan

**3.** _____ , que son tributos musicales para su ciudad.

**Rocío:** ¡Qué interesante! ¿Puedo participar yo?

**Miguel:** ¡Sí! Podemos decorar un **4.** _____ para las carreras.

**2** ¿Cómo son las alfombras que se usan en el lugar en donde vives? Compáralas con los tejidos de los indígenas otavalos de Ecuador. Escribe al menos tres oraciones completas.

| Similitudes | Diferencias |
|---|---|
| 1. | 1. |
| 2. | 2. |
| 3. | 3. |

**3** ¿En qué ocasiones podemos ver bailes folklóricos en Ecuador y Panamá? ¿Qué tipos de bailes se presentan en las celebraciones en Estados Unidos? Escribe un párrafo corto para describir estos eventos.

_____

_____

_____

_____

# Cultura C

¡AVANZA!   **Goal:**   Use and strengthen cultural information about Mexico.

**1** Los diseños más comunes de los textiles otavalos son los paisajes, los animales y los patrones geométricos. Piensa en los suéteres, alfombras y toallas que venden en los centros comerciales de tu ciudad. Compáralos y completa el siguiente esquema.

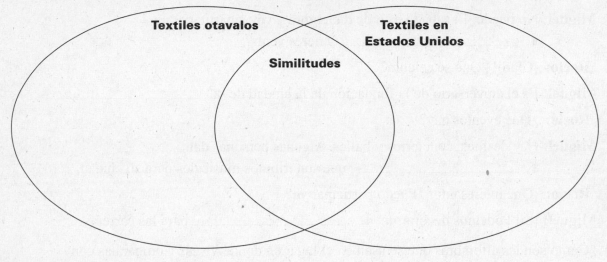

Textiles otavalos          Textiles en Estados Unidos

Similitudes

**2** Contesta las siguientes preguntas.

**1.** ¿Crees que los bailes son una parte importante en todas las culturas? ¿Por qué?

_____

_____

**2.** ¿Qué es el tamborito? ¿Cómo se baila?

_____

_____

**3.** ¿Cómo se baila el sanjuanito? ¿Alguna vez has bailado en círculo con otros chicos y chicas? Describe cómo bailaste. Si no lo has hecho, escribe si te gustaría hacerlo y por qué.

_____

_____

**4.** ¿Qué tipo de festividades se celebran en la ciudad donde vives? ¿Te gustaría participar? ¿Por qué?

_____

_____

UNIDAD 5 Lección 2

Cultura C

Unidad 5, Lección 2
Cultura C

**242**

**¡Avancemos! 1**
Cuaderno para hispanohablantes

# Comparación cultural: ¡Así celebramos!

## Lectura y escritura

Después de leer los párrafos sobre cómo María Elena, Carla y Daniel disfrutan de las fiestas y de las celebraciónes, escribe un párrafo acerca de tus celebraciónes. Usa la información del cuadro para escribir las oraciones y después escribe un párrafo que describa tu fiesta o celebración.

### Paso 1

Completa el cuadro describiendo tus celebración dando el mayor número de datos.

```
                    ┌─────────────────────┐
                    │    tipo de fiesta   │
                    └─────────────────────┘
┌──────────┐  ┌──────────────┐  ┌──────────┐  ┌──────────────┐
│  lugar   │  │  invitados   │  │  comida  │  │ actividades  │
└──────────┘  └──────────────┘  └──────────┘  └──────────────┘
```

### Paso 2

Ahora toma los datos del cuadro y escribe una oración para cada uno de los temas.

_____

_____

_____

_____

_____

_____

_____

# Comparación cultural: ¡Así celebramos!

## Lectura y escritura
*(continuación)*

### Paso 3

Ahora escribe tu párrafo usando las oraciones que escribiste como guía. Incluye una oración introductoria y utiliza los verbos **celebrar**, **venir**, **traer**, **poner** para escribir acerca de tu celebración.

_____

_____

_____

_____

_____

_____

_____

### Lista de verificación

Asegúrate de que...

☐ todos los datos que escribiste en el cuadro acerca de tu celebración estén incluidos en el párrafo;

☐ das detalles para describir tu celebración, el lugar en donde celebran, así como los invitados, la comida y las actividades;

☐ incluyes nuevas palabras de vocabulario y los verbos **celebrar**, **venir**, **traer**, **poner**.

### Tabla

Evalúa tu trabajo usando la tabla siguiente.

| Criterio de escritura | Excelente | Bueno | Necesita mejorar |
|---|---|---|---|
| **Contenido** | Tu descripción incluye muchos datos acerca de tus celebraciones. | Tu descripción incluye algunos datos acerca de tus celebraciones. | Tu descripción incluye muy pocos datos acerca de tus celebraciones. |
| **Comunicación** | La mayor parte de tu descripción está organizada y es fácil de entender. | Partes de tu descripción están organizadas y son fáciles de entender. | Tu descripción está desorganizada y es difícil de entender. |
| **Precisión** | Tu descripción tiene pocos errores de gramática y de vocabulario. | Tu descripción tiene algunos errores de gramática y de vocabulario. | Tu descripción tiene muchos errores de gramática y de vocabulario. |

# Comparación cultural: ¡Así celebramos!
## Compara con tu mundo

Ahora escribe una comparación sobre tu celebración la de uno de los tres estudiantes que aparecen en la página 295. Organiza tus comparaciones por tema. Primero compara el tipo de celebración, luego el lugar en donde la realizan y los invitados, y por último la comida y las actividades.

### Paso 1

Utiliza el cuadro para organizar las comparaciones por tema. Escribe tus datos y los del estudiante que hayas escogido para cada uno de los temas.

| Categoría | Mis fiestas | Las fiestas de _____ |
| --- | --- | --- |
| tipo de fiesta | | |
| lugar | | |
| invitados | | |
| comida | | |
| actividades | | |

### Paso 2

Ahora usa los datos del cuadro para escribir una comparación sobre cada uno de los temas. Incluye una oración de introducción y utiliza los verbos **celebrar**, **venir**, **traer**, **decir** para describir tu celebración y la del (de la) estudiante que escogiste.

_____
_____
_____
_____
_____
_____
_____

# Vocabulario A ¿Cuál es tu deporte favorito?

| ¡AVANZA! | **Goal:** Talk about sports. |
|---|---|

**1** Escribe la letra de la palabra de la derecha que corresponde al deporte de la izquierda.

1. _____ el tenis
2. _____ la natación
3. _____ el fútbol americano
4. _____ el béisbol
5. _____ el patinar
6. _____ el fútbol

a. los patines
b. el guante
c. la bola
d. la raqueta
e. el casco
f. la piscina

**2** Escribe la palabra correcta para completar las descripciones de los deportes.

| un equipo | gana | un estadio | una pelota | las reglas |
|---|---|---|---|---|

1. Los once jugadores de fútbol americano forman _____.
2. Los jugadores de béisbol profesional juegan en _____.
3. Si quieres jugar bien, necesitas comprender _____ del deporte.
4. Para jugar al tenis, necesitas una raqueta y _____.
5. Si el Club Quito tiene 6 puntos al final y el Club Guayaquil tiene 4, Quito _____ el partido.

**3** Observa los dibujos y luego escribe dónde están y qué hacen estas personas.

1.       2.       3.       4.       5.

1. _____
2. _____
3. _____
4. _____
5. _____

# Vocabulario B  *Mis amigos y yo*

> **¡AVANZA!**   **Goal:**   Talk about sports.

**1** Escribe las palabras correctas para completar las oraciones relacionadas al béisbol.

1. Voy a ver _____ de béisbol entre los Mineros y los Ángeles.

2. Los Ángeles es _____ favorito de todos mis amigos. ¡Es buenísimo!

3. Me gusta coleccionar fotos de _____ de los Ángeles.

4. Pienso que van a ser _____ del mundo este año.

5. Los Mineros no juegan bien y van a _____ el partido hoy.

**2** Contesta las siguientes preguntas sobre los deportes con oraciones completas.

1. ¿Qué deportes se juegan en una cancha?

   _____

2. ¿Qué deportes requieren una pelota?

   _____

   _____

3. ¿Qué deportes son individuales y no se juegan en equipo?

   _____

4. ¿Qué artículos deportivos son necesarios para jugar al béisbol?

   _____

**3** Contesta con oraciones completas las preguntas sobre los deportes.

1. ¿Qué deporte te gusta más mirar? ¿Por qué?

   _____

2. ¿Qué deporte te gusta menos mirar? ¿Por qué?

   _____

3. ¿Participas en algún deporte? ¿Por qué (no)?

   _____

4. ¿Qué haces cuando tu equipo favorito gana? ¿Cuando pierde?

   _____

UNIDAD 6 Lección 1  Vocabulario B

# Vocabulario C *Mis amigos y yo*

*Level 1 Textbook* pp. 300–304

> **¡AVANZA!**    **Goal:**   Talk about sports.

**1** Usa la palabra inicial para hacer oraciones completas.

**Modelo:**    cancha   *El básquetbol se juega en una cancha.*

1. partido _____

2. natación _____

3. tenis _____

4. campeón _____

5. perder _____

**2** Un amigo tuyo quiere participar en muchos deportes y te pide consejos. Contesta sus preguntas sobre los deportes con oraciones completas.

1. ¿Qué necesito para jugar al tenis?

   _____

   _____

2. ¿Qué deportes tienen muchos aficionados?

   _____

3. ¿Qué tiene que hacer el equipo para ser campeón?

   _____

   _____

4. ¿Cuál de los deportes puede ser peligroso?

**3** Escribe un párrafo para hablar de dos de tus deportes favoritos. Escribe cuáles son los artículos deportivos necesarios para practicar estos deportes, cuántos integrantes se necesitan o si se puede jugar solo(a) y dónde se juegan.

_____

_____

_____

_____

_____

UNIDAD 6 Lección 1

Vocabulario C

Unidad 6, Lección 1
Vocabulario C

**248**

**¡Avancemos! 1**
Cuaderno para hispanohablantes

# Vocabulario adicional

| ¡AVANZA! | **Goal:** Broaden your vocabulary with names of other sports. |
|---|---|

## Otros deportes

Tu libro de texto menciona los deportes principales, pero hay muchos otros. Hay por ejemplo:

**1. el ciclismo**

**2. la lucha libre**

**3. el boxeo**

**4. la navegación**

**5. el golf**

**6. el piragüismo**

**7. el esquí**

**8. el bádminton**

**1** Escribe el verbo que asocias con cada nombre de deporte.

1. el boxeo: _____

2. la navegación: _____

3. el esquí: _____

4. la lucha libre: _____

**2** Escoge uno de los deportes de la lista de arriba y escribe un párrafo con oraciones completas para hacer una descripción de ese deporte. Por ejemplo, si se juega solo o con otras personas, qué equipo se usa, etc.

_____
_____
_____
_____
_____
_____
_____
_____

# Gramática A *The verb* jugar

> **¡AVANZA!**  **Goal:**  Talk about sports you like and play.

**1** Relaciona cada sujeto con la forma del verbo **jugar** que le corresponde.

_____ Nosotros                           **a.** juego

_____ Astrid y Olivia                    **b.** juegas

_____ Yo                                 **c.** juega

_____ Juan                               **d.** jugamos

_____ Tú                                 **e.** juegan

**2** Completa el diálogo entre Silvia y Sandra con la forma correcta del verbo **jugar**.

**Silvia:** ¿Contra quién **1.** _____ Tomás?

**Sandra:** Contra Marcos, y él está ganando.

**Silvia:** Normalmente Tomás **2.** _____ muy bien.

**Sandra:** Sí, pero hoy está cansado.

**Silvia:** ¿Tú **3.** _____ al tenis?

**Sandra:** No, no **4.** _____, pero me gustaría aprender.

**Silvia:** Las canchas están abiertas todos los días. Si tienes una raqueta puedes empezar las clases mañana.

**3** Observa los deportes que practican estas personas para mantenerse en forma. Escribe oraciones completas para identificar los deportes que juegan.

**1. Elisa y Martina**   **2. Nosotros**   **3. Ellos**   **4. Ellas**   **5. Ustedes**

1. _____

2. _____

3. _____

4. _____

5. _____

UNIDAD 6 Lección 1

Gramática A

# Gramática B  *The verb* jugar

| ¡AVANZA! | **Goal:** Talk about sports you like and play. |

**1** Lee el siguiente párrafo sobre los deportes de Miguel y su familia. Escribe la forma correcta del verbo **jugar** en los espacios.

En casa todos tenemos un deporte favorito. A mamá le gusta **1.** _____ al tenis. Ella **2.** _____ con sus amigas los martes. A papá y a mí nos gusta el béisbol y **3.** _____ cada jueves. A mis hermanas Rita y Paola les gusta el voleibol playa y **4.** _____ los sábados por la mañana. Además, a mí también me gusta el básquetbol y **5.** _____ los domingos con mis vecinos.

**2** Mira las listas de los deportes favoritos de los estudiantes en tu escuela. Luego contesta las preguntas con oraciones completas.

| **Voleibol:** Juan, Tú, Carlos, Pedro |
| **Fútbol americano:** Eduardo, Mateo, Ricardo, Carlos |
| **Tenis:** Pilar, Tú, Pedro, Cristina |

**1.** ¿A qué deportes juegas tú?

_____

**2.** ¿A qué deporte juega Eduardo?

_____

**3.** ¿A qué deporte jugan Carlos y tú juntos?

_____

**4.** ¿A qué deporte juegan Ricardo y Mateo juntos?

_____

**5.** ¿A qué deporte jugan tú y Pilar juntas?

**3** Escribe cinco oraciones sobre los deportes que tú y tus amigos(as) practican. Utiliza por lo menos cuatro de las palabras de la siguiente lista.

| jugar | tenis | favorito(a) | voleibol | pelota |
| ganar | béisbol | equipo | casco | guante |

**1.** _____

**2.** _____

**3.** _____

**4.** _____

**5.** _____

UNIDAD 6 Lección 1  Gramática B

# Gramática C  *The verb* jugar

| ¡AVANZA! | **Goal:** Talk about sports you like and play. |
|---|---|

**1** Escribe lo que hacen Francisco y sus amigos(as) después de la escuela. Después explica si tú y tus amigos(as) hacen lo mismo.

> **Modelo:**
> **Francisco: fútbol americano**
>
> *Francisco juega al fútbol americano.*
> *Yo no juego al fútbol.*
> *Mis amigos y yo jugamos al béisbol.*

**1.** María e Irene: fútbol _____
_____

**2.** Alberto: voleibol _____
_____

**3.** Sarita: básquetbol _____
_____

**4.** Luisa: béisbol _____
_____

**2** Completa el diálogo entre Rosa y Emilio sobre los deportes.

**Rosa:** Este fin de semana vamos a jugar al voleibol.

**Emilio:** ¿ _____ ?

**Rosa:** Normalmente jugamos en el parque. ¿Te animas a venir?

**Emilio:** _____

**Rosa:** No te preocupes es fácil. Vas a aprender muy rápido. ¿No juegas a ningún otro deporte?

**Emilio:** _____

**Rosa:** ¿Qué deporte te gusta jugar más?

**Emilio:** _____

**3** Escribe una propuesta al director de tu escuela para pedirle nuevas clases de deportes. Explica qué deportes nuevos quieres jugar y qué equipo deportivo necesitas. Escribe por lo menos cinco oraciones.

_____
_____
_____

# Gramática A  *The verbs* saber *and* conocer

**¡AVANZA!**  **Goal:** Use **saber** and **conocer** to express what and whom you know.

**1** Lee el diálogo entre Vanesa y Jorge y encierra con un círculo el verbo correcto.

**Vanesa:**  ¡Hola Jorge! ¿(Conoces / Sabes) a mi amigo Víctor Campos?

**Jorge:**  Sí, (conozco / sé) a Víctor, es un chico muy simpático.

**Vanesa:**  Él (conoce / sabe) patinar en línea como nosotros.

**Jorge:**  ¡Qué bien! ¿(Conoces / Sabes) dónde vive?

**Vanesa:**  Sí, somos vecinos. ¿(Conoces / Sabes) bien la calle Pecos?

**Jorge:**  Sí, la (sé / conozco), está cerca de la piscina pública.

**2** Sonia y Adela charlan después de un partido en el club de tenis. Escribe la forma correcta de los verbos **saber** o **conocer** según el contexto. Usa las palabras de la caja.

| sé | conocen | conoce | saben | conozco | conoces |
|----|---------|--------|-------|---------|---------|

**Modelo:**  **Sonia:** ¿ _Conoces_ a Diego y a Nico? Son los dos nuevos instructores de tenis.

**Adela:**  No, no los **1.** _____ . Deben ser muy buenos.

**Sonia:**  Sí, los dos **2.** _____ jugar muy bien.

**Adela:**  Yo voy a tomar una clase con Maya. Ella es campeona regional.

**Sonia:**  **3.** _____ que Maya es muy popular.

**Adela:**  Sí, porque **4.** _____ a muchos alumnos.

**3** Observa las siguientes ilustraciones y escribe oraciones con **saber** o **conocer** según corresponda. Utiliza los sujetos que se muestran bajo cada dibujo.

| 1. Oscar y Lila | 2. Belén | 3. Carlos y Pedro | 4. Mario y el Sr. Romero |

**1.** _____

**2.** _____

**3.** _____

**4.** _____

# Gramática B  *The verbs* saber *and* conocer

> **¡AVANZA!**   **Goal:**   Use **saber** and **conocer** to express what and whom you know.

**1** Belén, una estudiante de intercambio, habla con sus nuevos amigos. Rellena los espacios en blanco con la forma correcta de los verbos **saber** o **conocer**.

Me llamo Belén y soy la nueva estudiante. En esta escuela **1.** _____

a alguien nuevo todos los días. Todos los estudiantes son muy amables y

**2.** _____ que pronto los voy a **3.** _____ a todos. Mi

hermana Claudia es muy extrovertida y **4.** _____ hacer amigos más

fácilmente que yo. Ella es muy buena futbolista y **5.** _____ a Mia Ham. Es

su atleta favorita. Yo soy más artística. Me gusta tocar la guitarra y cantar.

**2** Pregunta a tu amigo Juan si **conoce** o **sabe** las siguientes cosas.

**Modelo:**   llover mañana   *Juan, ¿sabes si va a llover mañana?*

**1.**  un restaurante de comida china _____

**2.**  la nueva compañera de clase _____

**3.**  la fecha del partido de fútbol _____

**4.**  el centro de la ciudad _____

**5.**  jugar al golf _____

**3** Combina las pistas en las cajas para formar oraciones completas sobre lo que los amigos de Felipe tienen en común.

| | | |
|---|---|---|
| Ana | | la obra de Frida Kahlo |
| Guillermo | | hablar japonés |
| Las gemelas Ortíz | saber | preparar pasteles |
| Marisa y Carlos | conocer | una persona famosa |
| Elena y yo | | jugar al rugby |
| Alberto y Ramiro | | patinar en hielo |

**Modelo:**   *Las gemelas Ortiz saben hablar japonés.*

**1.** _____

**2.** _____

**3.** _____

**4.** _____

**5.** _____

UNIDAD 6 Lección 1
Gramática B

Unidad 6, Lección 1
Gramática B
**254**

**¡Avancemos! 1**
Cuaderno para hispanohablantes

# Gramática C  *The verbs* saber *and* conocer

| | |
|---|---|
| ¡AVANZA! | **Goal:** Use **saber** and **conocer** to express what and whom you know. |

**1** Miguel escribió la siguiente nota para su amigo Mark. Rellena los espacios en blanco con la forma correcta de **saber** o **conocer**.

Hola Mark:

¿ **1.** _____ al exjugador de fútbol americano Jerry Rice?

¿ **2.** _____ que viene a mi escuela este martes? Todavía yo no

**3.** _____ si viene por la mañana o por la tarde pero te aviso desde ahora

porque debes buscar la manera de venir. Tú y yo ya **4.** _____ que es mi

jugador favorito. Todos en la escuela estamos emocionados porque vamos a

**5.** _____ a Jerry personalmente. Jerry tiene muchos trofeos y es un jugador

excelente. ¿Vas a venir?

Miguel

**2** Tu escuela tiene un nuevo profesor. Usa las pistas para escribir una entrevista de cinco preguntas con **saber** o **conocer**.

**Modelo:**   usted / jugar fútbol americano

  *¿Sabe usted jugar fútbol americano?*

**1.** usted / un atleta famoso

_____

**2.** sus estudiantes / usted / hablar francés

_____

**3.** usted / tocar algún instrumento

_____

**4.** usted y su esposa / al jefe de distrito

_____

**5.** sus viejos alumnos / usted ir a ganar el premio "El maestro del año"?

_____

**3** Usa **saber** o **conocer** para hacer un resumen de las cosas interesantes de que tú te has enterado de tus amigos. Escribe un párrafo con cinco o más oraciones completas.

_____

_____

_____

_____

_____

# Gramática adicional *Diptongos*

> **¡AVANZA!**  **Goal:**  Practice the use of diphthongs.

Un diptongo es la unión de dos vocales diferentes que se pronuncian en una misma sílaba. Ejemplo: f**ie**sta, pat**io**, b**ai**le

Hay tres tipos de diptongos:
1) Los diptongos **crecientes** son los que se forman con una vocal cerrada (i, u) y una vocal abierta (a, e, o). Ejemplo: v**ie**jo, sab**io**, c**ue**nta.

2) Los diptongos **decrecientes** son los que se forman con una vocal abierta (a, e, o) y una vocal cerrada (i, u). Ejemplo: h**oy**, **au**tobús, b**ai**le.

3) Hay un tercer tipo de diptongos (sin un nombre específico) que se forma con dos vocales cerradas (i, u). Ejemplo: c**iu**dad, c**ui**dado, L**ui**s.

**❶** Patricia escribió varios versos en la clase de escritura creativa. Encierra en un círculo las palabras con diptongos.

**1.** El cielo llora sobre el océano azul.

**2.** La brisa se queja del aire cansado que la empuja.

**3.** Veinte veleros viajan valientes por las estrellas.

**4.** Hay una fiesta entre la arena y la espuma.

**5.** Cierra la puerta, Griselda, que se escapa el sueño.

**❷** Lee las siguientes palabras y escribe si tienen diptongos crecientes o decrecientes.

**Modelo:**  peine  *decreciente*

**1.** cielo _____

**2.** fuerza _____

**3.** causa _____

**4.** fiesta _____

**5.** aire _____

**6.** hoy _____

**7.** limpio _____

**8.** veinte _____

**9.** nuevo _____

**10.** aurora _____

UNIDAD 6 Lección 1

Gramática adicional

Unidad 6, Lección 1
Gramática adicional

**256**

**¡Avancemos! 1**
Cuaderno para hispanohablantes

# Integración: Hablar

> **¡AVANZA!** **Goal:** Respond to written and oral passages discussing sports.

Lee con atención una página del catálogo de un almacén de artículos deportivos.

**PARA SUS CAMPEONES**     *Venta de liquidación*

**Equipo de béisbol**

A. Bate de madera . . . **$15.99**
B. Pelotas . . . . . . . . . . **$3.95**
C. Guante de piel . . . . **$43.95**

**Equipo de fútbol**

D. Pelota Mundial . . . **$25.99**
E. Tacos . . . . . . . . . . **$35.99**
   Juego . . . . . . . . . . **$49.95**

**Equipo de voleibol**

F. Pelota . . . . . . . . . . **$15.89**
G. Red . . . . . . . . . . . **$35.85**
   Juego . . . . . . . . . **$40.00**

**Equipo de tenis**

H. Raqueta . . . . . . . . **$19.95**

**Equipo de patinaje en línea**

I. Patines . . . . . . . . . **$87.99**

73

Escucha el mensaje que le dejó el profesor de educación física Rolando Puentes a su esposa Magali. Toma notas mientras escuchas y luego responde a las preguntas.

## HL CD2, tracks 9–10

¿Qué artículos puede comprar la señora Puentes con el dinero que tiene? ¿Crees que le faltará dinero para comprar algún arículo? ¿Cuál?

# Integración: Escribir

El siguiente artículo es de un diario digital de la República Dominicana. Léelo con atención.

**DIGITAL NEWS**

## Muchos dominicanos en el béisbol de las grandes ligas

23 enero

Es una realidad muy conocida que los equipos estadounidenses de béisbol contratan a muchos jugadores en los países del Caribe, especialmente de la República Dominicana. Este año son más de 75 los beisbolistas dominicanos que participan en las Grandes Ligas. Los Rangers de Texas y los Dodgers de Los Ángeles son los equipos con más peloteros dominicanos. Según los estudios más recientes, la economía de la República Dominicana recibe más de 75 millones de dólares al año gracias a esta situación.

Escucha lo que dice Fernando Hernández, un joven dominicano que sueña con llegar al béisbol de las ligas mayores. Toma notas y después completa la actividad.

### HL CD2, tracks 11–12

Escribe un párrafo que responda a la siguiente pregunta: ¿Crees que es posible que Fernando Hernández realice sus sueños? Explica tu respuesta.

_____
_____
_____
_____
_____
_____
_____
_____

# Lectura A

| ¡AVANZA! | **Goal:** Read about sports. |

**1** Lee lo que escribió Antonio en su diario sobre el primer día del curso escolar. Luego responde a las preguntas de comprensión y da tu opinión sobre el tema.

---

28 de agosto

Hoy es el primer día de escuela. Estoy muy contento porque Alfonso y Ernesto están en la misma clase que yo. Ellos son muy buenos amigos, yo los conozco desde hace cinco años. Los tres jugamos en el equipo de voleibol de la escuela. Ernesto y yo estamos un poco nerviosos porque tenemos un entrenador nuevo, el Sr. Romero. Alfonso lo conoce y dice que es un buen entrenador pero Ernesto y yo no lo conocemos. Sé que este año va a ser un año especial para nuestro equipo. Alfonso y su padre conocen a algunos jugadores de voleibol famosos y van a invitarlos a visitar la escuela. Estoy seguro de que pueden decirnos cosas muy interesantes. Este año nuestro equipo va a ser el mejor y va a ganar todos los partidos. Y si perdemos, bueno, nosotros también sabemos perder; lo importante es jugar. Me gusta mucho jugar al voleibol. Es el deporte más divertido y además, cuando juego paso un buen rato con Alfonso y Ernesto y todos conocemos nuevos amigos.

---

**2** **¿Comprendiste?** Responde a las siguientes preguntas con oraciones completas:

**1.** Del grupo de amigos ¿quién conoce al nuevo entrenador y quiénes no lo conocen?

_____

**2.** ¿A quiénes va a invitar el padre de Alfonso a visitar la escuela?

_____

**3.** Alfonso no se enoja si su equipo pierde, ¿por qué?

_____

_____

**3** **¿Qué piensas?** ¿Crees que practicar un deporte de equipo es una buena manera de hacer amigos? ¿Por qué?

_____

_____

_____

_____

# Lectura B

> **¡AVANZA!**  **Goal:** Read about sports.

**1** Lee sobre dos amigas que practican deportes. Luego responde a las preguntas de comprensión y compara su experiencia con la tuya.

### Dos amigas deportistas

Luisa y Aurora juegan al tenis. Todas las tardes, de lunes a viernes, Luisa y Aurora van a la cancha de tenis para practicar. Las dos son buenas jugadoras y ya participaron en algunas competencias.

A Luisa, además de jugar al tenis, también le gusta nadar y va a la piscina dos veces por semana. Los hermanos de Luisa no practican deportes pero ellos siempre van a la cancha a animar a Luisa y a Aurora.

En la familia de Aurora todos son muy deportistas: la hermana juega al básquetbol en un equipo que gana casi todos los partidos, la madre practica natación y el padre juega al fútbol. Toda la familia va a la cancha de tenis cuando Aurora o Luisa juegan un partido. Ellos son los mejores aficionados. Cuando no juega al tenis Aurora patina en línea. Dentro de dos semanas es el cumpleaños de Aurora y su madre no sabe qué regalarle. Ella sabe que Aurora quiere unos patines en línea nuevos pero también necesita una raqueta de tenis nueva. La madre va a la tienda de deportes y al final le compra una raqueta. ¡En primavera Aurora va a participar en una competencia! Ella conoce a su hija y sabe que la competencia es muy importante para ella. Sí, la raqueta es un regalo estupendo para Aurora.

**2** **¿Comprendiste?** Responde a las preguntas siguientes con oraciones completas.

**1.** Además del tenis, ¿qué deportes practican Luisa y Aurora?

_____

**2.** ¿Qué deportes practican los hermanos y hermanas de Luisa y de Aurora?

_____

**3.** ¿Qué le va a regalar la madre de Aurora a su hija por su cumpleaños? ¿Por qué le va a dar ese regalo?

_____

_____

**3** **¿Qué piensas?** ¿Practicas algún deporte? ¿Participaste o quieres participar en una competencia deportiva? ¿Por qué?

_____

_____

_____

_____

UNIDAD 6 Lección 1

Lectura B

260

Unidad 6, Lección 1
Lectura B

¡Avancemos! 1
Cuaderno para hispanohablantes

# Lectura C

> **¡AVANZA!**   **Goal:**   Read about sports.

**1** Lee la conversación entre Rosa y Ester, luego responde a las preguntas de comprensión y compara su experiencia con la tuya.

**ROSA:** ¡Hola Ester! ¿Sabes una cosa? ¡Acabo de entrar en el equipo!

**ESTER:** ¡Genial! ¡Es estupendo! Tú sabes jugar muy bien.

**ROSA:** ¿Conoces a Paula y a Amelia? Ellas también juegan.

**ESTER:** Sí, las conozco. Son unas buenas jugadoras. Saben jugar estupendamente. Con todas ustedes el equipo de la escuela va a ser el mejor.

**ROSA:** No sé, hace un mes que perdemos todos los partidos. El equipo favorito es el de la escuela secundaria de North Glades y vamos a jugar contra ellos.

**ESTER:** ¿Ya sabes la fecha del partido?

**ROSA:** Sí, el partido es el 12 de mayo. Vas a venir a animarnos, ¿verdad?

**ESTER:** Sí, claro. ¡Y ustedes van a ganar! Pero hay un problema. No sé dónde está el campo.

**ROSA:** El campo está detrás del parque. Mañana, después de las clases vamos a jugar un partido de entrenamiento allí. Si quieres puedes esperar en la puerta de la escuela y vienes con nosotras.

**ESTER:** Sí, claro. ¡Es una buena idea! Y después del partido podemos ir a dar un paseo.

**ROSA:** Paula y yo tenemos que ir a la tienda de artículos deportivos. Yo voy a comprar un guante nuevo y Paula va a comprar un bate. Tenemos que estar bien preparadas para el partido contra ese equipo.

**ESTER:** Yo tampoco sé donde está la tienda de artículos deportivos. Voy con ustedes y así conozco mejor el barrio.

**ROSA:** Me parece muy bien. También puedes venir a entrenar con nosotras, si quieres.

**ESTER:** No, no me gustan los deportes de pelota. Bueno, me gusta verlos, pero no me gusta practicarlos. Prefiero otro tipo de deportes, como la natación o el tenis.

**ROSA:** ¿Te gusta la natación? ¿Sabes dónde hay una piscina muy cerca?

**ESTER:** Sí, en la quinta avenida. Yo practico allí tres días por semana con el equipo de natación del barrio.

**ROSA:** ¿Y por qué no dices nada?

**ESTER:** Pues no sé, sólo practico desde la semana pasada y tampoco soy una campeona como ustedes.

**ROSA:** ¡Nada de eso! Tienes que decirme cuándo son los campeonatos de natación. ¡Vamos a ir a verte todo el equipo!

**ESTER:** ¡Ay, no! ¡Todo el equipo no, por favor, que me pongo nerviosa!

**2** **¿Comprendiste?** Responde a las siguientes preguntas:

  **1.** ¿Por qué cree Ester que el equipo de la escuela va a ser el mejor?

  _____

  _____

  **2.** ¿Qué va a pasar el 12 de mayo?

  _____

  _____

  **3.** ¿Qué deporte practica Ester y adónde va para practicarlo?

  _____

  _____

  **4.** ¿Qué deporte practican Rosa Paula y Amelia? ¿Por qué lo sabes?

  _____

  _____

**3** **¿Qué piensas?** ¿Qué tipo de deportes te gustan a tí? ¿Hay deportes que te gusta mirar pero que no te gusta practicar? ¿.Por qué? Escribe un párrafo corto para responder a las preguntas anteriores.

  _____

  _____

  _____

  _____

Lectura C    UNIDAD 6 Lección 1

Unidad 6, Lección 1
Lectura C
**262**

**¡Avancemos! 1**
Cuaderno para hispanohablantes

# Escritura A

| ¡AVANZA! | **Goal:** Write about sports. |
|---|---|

Crea un anuncio para animar al público a asistir a dos eventos deportivós en el nuevo gimnasio de tu bamo.

**1** Llena la ficha siguiente con los datos de las dos competencias que van a celebrar.

| a. **Deporte** | |
|---|---|
| Lugar donde se va a jugar y hora | |
| Información sobre los atletas y equipos que van a participar | |
| b. **Deporte** | |
| Lugar donde se va a jugar y hora | |
| Información sobre los atletas y equipos que van a participar | |
| Artículos deportivos que van a regalar a los participantes | |

**2** Crea el anuncio usando la información de la tabla. Incluye: 1) dos deportes diferentes; 2) información completa sobre cada competencia o partido; 3) y asegura que te el lenguaje y la ortografía sean correctos.

_____

_____

_____

_____

**3** Evalúa tu anuncio usando la siguiente tabla.

| | **Crédito máximo** | **Crédito parcial** | **Crédito mínimo** |
|---|---|---|---|
| Contenido | Escribisto información completa sobre cada competencia o y el anuncio es atractivo. | La información sobre una de las competencias o partidos es incompleta o el anuncio no es atractivo. | La información sobre las competencias es incompleta y el anuncio no es atractivo. |
| Uso correcto del lenguaje | Hay muy pocos errores o ninguno en el uso del lenguaje y la ortografía. | Hay algunos errores en el uso del lenguaje y la ortografía. | Hay un gran número de errores en el uso del lenguaje y la ortografía. |

# Escritura B

> **¡AVANZA!** **Goal:** Write about sports.

Eres comentarista de deportes de una estación de radio. Hoy tu equipo favorito juega un partido y tú tienes que comentarlo en directo durante el partido. Escribe tu comentario.

**1** Primero anota los datos de los puntos sobre los que vas a hacer tu comentario.

**a.** Deporte y lugar en el que tiene lugar la competencia o partido _____

**b.** Equipos/Jugadores(as) _____

**c.** Ropa/Uniforme de los/las atletas _____

**d.** Algo que pasa al principio del partido _____

**e.** Algo que pasa a la mitad del partido _____

**f.** Algo que pasa al final del partido _____

**g.** Possible resultado del partido _____

**2** Escribe tu comentario. Recuerda que estás comentando en directo en presente. Usa la información de la Actividad 1 para organizar tu comentario. Asegúrate de que tu comentario tenga: 1) informacion clara y ordenada; 2) uso correcto de los verbos en presente; 3) ortografía correcta.

_____

_____

_____

_____

_____

_____

_____

_____

_____

**3** Evalúa tu comentario usando la siguiente tabla.

|  | **Crédito máximo** | **Crédito parcial** | **Crédito mínimo** |
|---|---|---|---|
| Contenido | Las información de tu comentario es cara y ordenada. | A veces la información de tu comentario no es clara o no es ordenada. | La información de tu comentario resulta confusa y/o desordenada. |
| Uso correcto del lenguaje | Tuviste muy pocos errores o ninguno en el uso de los verbos y la ortografía. | Tuviste algunos errores en el uso de los verbos y la ortografía. | Tuviste un gran número de errores en el uso de los verbos y la ortografía. |

# Escritura C

| ¡AVANZA! | **Goal:** Write about sports. |
|---|---|

Escribe un artículo para el periódico de la escuela sobre tu deporte favorito.

**1** Anota la información principal que vas a incluir en tu artículo.

**a.** Nombre del deporte. _____

**b.** Nombre y descripción del lugar. _____

**c.** Jugadores que participan en un partido. _____

_____

**d.** Ropa y artículos deportivos que se necesitan para practicar ese deporte.

_____

**e.** Descripción básica de cómo se juega.

_____

**f.** Tu opinión particular sobre ese deporte _____

**2** Escribe el artículo basándote en la información que anotaste en la Actividad 1 Incluye:
1) suficiente información para explicar lo básico de ese deporte; 2) oraciones claras y
lógicas; 3) verbos y ortografía correcta.

_____

_____

_____

_____

_____

_____

_____

**3** Evalúa tu artículo usando la siguiente tabla.

| | **Crédito máximo** | **Crédito parcial** | **Crédito mínimo** |
|---|---|---|---|
| Contenido | Escribiste tu artículo con informació suficiente y oraciones claras y lógicas. | A tu artículo le falta información. Algunas oraciones noson claras o no son lógicas. | A tu artículo le falta mucha información. En general las oraciones no son claras ni lógicas. |
| Uso correcto del lenguaje | Tuviste muy pocos errores en el uso de los tiempos y formas verbales. | Tuviste algunos errores en el uso de los tiempos y formas verbales. | Tuviste un gran número de errores en el uso de los tiempos y formas verbales. |

# Cultura A

> **¡AVANZA!**　**Goal:**　Build and practice knowledge of the culture of the Dominicanan Republic.

**1** Determina si la siguiente información sobre República Dominicana es **cierta** o **falsa**. Encierra la respuesta en un círculo.

1. La moneda de República Dominicana es el peso dominicano.　　C　　F
2. Jaime Colson es un escritor venezolano.　　C　　F
3. República Dominicana y Puerto Rico están en la misma isla.　　C　　F
4. República Dominicana tiene más de veinte millones de habitantes.　　C　　F
5. Oscar de la Renta es un diseñador dominicano muy famoso.　　C　　F

**2** Antonia está escribiendo un resumen sobre República Dominicana para su clase de español. Ayúdala usando palabras de la caja para completar las siguientes oraciones.

| Serie del Caribe | Altar de la Patria | Santo Domingo | Juego de pelota |
|---|---|---|---|

República Dominicana es un hermoso país del Caribe. **1.** _____ es su capital. En este país se habla el español. El deporte nacional de los dominicanos es el **2.** _____ . Equipos profesionales de béisbol de República Dominicana, México, Puerto Rico y Venezuela se reúnen en febrero para jugar la **3.** _____ . El **4.** _____ es un monumento dedicado a los héroes de la independencia dominicana...

**3** Tu clase va a tener una fiesta y quieren preparar comida sana. Por eso, sugieres preparar la ensalada de frutas. Haz una lista de los ingredientes. Incluye al menos cuatro frutas tropicales. Después escribe tres o cuatro pasos para la preparación de la ensalada.

**Ingredientes:**　　　　　　　　　　　　　　　**Preparación:**

_____　　　　_____

_____　　　　_____

_____　　　　_____

　　　　　　　　　　　　　　　　_____

　　　　　　　　　　　　　　　　_____

UNIDAD 6 Lección 1　Cultura A

Unidad 6, Lección 1
Cultura A

**266**

**¡Avancemos! 1**
Cuaderno para hispanohablantes

# Cultura B

> **¡AVANZA!**   **Goal:**   Build and practice knowledge of the culture of the Dominicanan Republic.

**1** Completa las siguientes sugerencias sobre lo que Juanita debe llevar en su maleta para visitar a sus primos que viven en República Dominicana.

   **1.** Juanita debe llevar _____

   **2.** También debe llevar _____

   **3.** Para mantenerse en forma, debe llevar _____

**2** Completa el siguiente diálogo entre Rosario y su amigo Ignacio, quien acaba de llegar de República Dominicana.

**Rosario:**  ¡Es la primera vez que conozco a alguien de República Dominicana! ¿Dónde se encuentra tu país?

**Ignacio:**  Está en el mar Caribe. República Dominicana comparte la isla de la Española con  **1.** _____ .

**Rosario:**  ¿Y cuál es el deporte más popular en tu país?

**Ignacio:**  El juego nacional de República Dominicana es el

   **2.** _____ . Todos lo jugamos desde pequeños.

**Rosario:**  Ahora recuerdo... Yo vi un programa de televisión sobre las playas de República Dominicana.

**Ignacio:**  ¡No me sorprende! Las aguas y arrecifes de coral (*coral reef*) del Mar Caribe son excelentes para  **3.** _____ .

**Rosario:**  En el mismo programa también vi un monumento muy hermoso.

**Ignacio:**  Seguramente era el  **4.** _____ es un monumento dedicado a nuetros héroes la independencia

**3** La familia Sánchez está de vacaciones en República Dominicana. Cada persona quiere hacer algo distinto. Lee sus preferencias y escribe con oraciones completas tus sugerencias para lo que pueden hacer.

| Miembros de la familia Sánchez | Actividad o lugar |
| --- | --- |
| **1.** El Sr. Sánchez es fanático de los deportes. | |
| **2.** A la Sra. Sánchez le gusta nadar. | |
| **3.** Lupita, la hija menor, quiere conocer monumentos históricos. | |
| **4.** Ofelia, la hija mayor, quiere comer comida típica. | |

# Cultura C

> **¡AVANZA!**   **Goal:**   Build and practice knowledge of the culture of the Dominicanan Republic.

**1** Jorge Arévalo acaba de llegar a vivir a Santo Domingo. En el lugar donde vivía no se jugaba al béisbol. Escribe cinco consejos para integrarse a su nuevo país y llegar a ser un buen jugador de béisbol.

**Modelo:** Consejo # 1:  *Correr en la playa por las mañanas.*

Consejo # 2: _____

Consejo # 3: _____

Consejo # 4: _____

Consejo # 5: _____

Consejo # 6: _____

**2** Eres un turista en República Dominicana y quieres conocer más ese hermoso país. Completa el diálogo entre un dominicano y tú.

**Turista:** _____

**Tú:** _____

**Turista:** _____

**Tú:** _____

**Turista:** _____

**Tú:** _____

**3** ¿Qué pintó Jaime Colson en su obra *Muchacho con cachucha*? Piensa acerca en un deporte que caracterice a los Estados Unidos. Escribe un párrafo con cinco oraciones que lo describa y explica porqué crees que es importante.

_____

_____

_____

_____

_____

UNIDAD 6 Lección 1

Cultura C

# Vocabulario A  *La salud*

> **¡AVANZA!**   **Goal:**   Talk about health.

**❶** Indica si las siguientes partes del cuerpo corresponden a la cabeza (C), el brazo (B) o la pierna (P).

1. ____ la boca
2. ____ el pie
3. ____ el ojo
4. ____ el tobillo

5. ____ la mano
6. ____ la nariz
7. ____ la oreja
8. ____ la rodilla

**❷** Completa las oraciones sobre las partes del cuerpo humano con las palabras correctas.

1. Veo con _____.

2. Escribo con _____.

3. Como con _____.

4. Levanto pesas con _____.

5. Llevo un sombrero en _____.

6. _____ es parte del aparato digestivo.

**❸** Observa los dibujos. Escribe qué hacen las personas y qué parte del cuerpo están usando.

1. **Tonia, Jaime y Carmen**   2. **Roberto**   3. **Miguel y Tina**   4. **Lisa**   5. **David**

1. Tonia, Jaime, y Carmen se broncean _____ cuando _____.

2. Roberto usa _____ cuando _____.

3. Miguel y Tina usan _____ cuando _____ en la playa.

4. Lisa usa _____ cuando _____ .

5. David usa _____ cuando _____ .

# Vocabulario B *La salud*

> **¡AVANZA!**　**Goal:** Talk about health.

**1** A tus amigos les duelen partes del cuerpo y no pueden hacer ciertas actividades. Escribe el nombre de la parte del cuerpo que les duele.

**1.** María no puede tomar el sol porque le duele

_____ .

**2.** Tomás y Celeste no pueden caminar porque les duelen

_____ .

**3.** Tú no puedes levantar pesas porque te duelen

_____ .

**4.** Teresa no puede bucear porque le duelen

_____ .

**5.** José no puede hacer esquí acuático porque le duelen

_____ .

**2** Escribe qué actividades puede hacer Jaime para mantener la salud en cada situación.

**Modelo:**　En la playa:　*Jaime puede caminar en la playa para mantener la salud.*

**1.** En el gimnasio: _____

**2.** En el mar: _____

**3.** En el parque: _____

**4.** Al aire libre: _____

**5.** En el sol _____

**3** Escribe cinco oraciones para un folleto de salud para indicar qué partes del cuerpo se usan en diferentes actividades saludables. Usa las partes del cuerpo del cuadro.

**los brazos**　　**los piesel ocio**　　**las rodillas**　　**las manos**　　**la boca**

_____

_____

_____

_____

_____

# Vocabulario C *La salud*

---

> **¡AVANZA!** **Goal:** Talk about health.

---

**1** Escoge la respuesta para las siguientes adivinanzas:

| **el corazón** | **la mano** | **el estómago** | **la cabeza** |
| --- | --- | --- | --- |

**1.** Si estoy despierta, estoy pensando,
si estoy durmiendo, estoy soñando,
Así que siempre estoy trabajando.

Soy _____

**2.** Es un señor muy enamorado,
pero si no lo aman se rompe en
mil pedazos.

Es _____

**3.** Dicen que cuando estoy lleno, el
corazón se pone contento.

Soy _____

**4.** Somos una herramienta muy
especial, pero nuestros dueños nos
usan para todo.

Somos _____

**2** Describe lo que dice cada una de las personas en los dibujos cuando visitan un consultorio médico.

**1. Carmen**    **2. Pedro**    **3. Ana**    **4. Víctor**    **5. Lina**

1. _____

2. _____

3. _____

4. _____

5. _____

**3** Vas a la playa por una semana. Escribe cinco oraciones completas, en orden cronológico, para decir cómo estás y qué haces allí desde tu llegada hasta que te marchas.

_____

_____

_____

_____

_____

# Vocabulario adicional

¡AVANZA!  **Goal:**  Expand your vocabulary with common medical symptoms.

## Síntomas médicos comunes

Ya sabes cómo expresar tu estado general de salud física: **Estoy bien**. **Estoy mal**. **Estoy sano(a)**. **Estoy enfermo(a)**. También sabes cómo expresar tu dolor físico con relación a las partes del cuerpo: **Me duele (la cabeza)** y **Me duelen (las piernas)**. Con el vocabulario adicional de esta lección, vas a explicar tu condición física con más detalle.

| el aumento del apetito | el desmayo | la disminución del apetito | el escalofrío | el estornudo |
|---|---|---|---|---|
| la fatiga | la fiebre | la náusea | el sudor | la sed excesiva | la tos |

❶ Estás enfermo(a) y vas a un consultorio médico. Escribe la conversación entre tú y la doctora y descríbele tus síntomas.

**Tú:** _____

**La doctora:** _____

**Tú:** _____

**La doctora:** _____

**Tú:** _____

**La doctora:** _____

**Tú:** _____

**La doctora:** _____

❷ Encuentra el nombre en español de una enfermedad común y luego di los síntomas que asocias con la enfermedad. Escribe un párrafo con oraciones completas para hacer tu descripción.

_____

_____

_____

_____

_____

**UNIDAD 6 Lección 2**

Vocabulario adicional

Unidad 6, Lección 2
Vocabulario adicional

**272**

**¡Avancemos! 1**
Cuaderno para hispanohablantes

# Gramática A  *Preterite of -ar verbs*

> **¡AVANZA!** **Goal:** Use the preterite of *-ar* verbs to speak about past events.

**❶** Une la frase de la derecha con la palabra de la izquierda para formar oraciones.

1. Yo                      tomamos el autobús de la escuela.

2. Nosotros             dio su chaqueta a Mimi.

3. Tú                       patinaron sobre hielo.

4. Pablo                  buscaste las llaves por toda la casa.

5. Belén y Ana        nadé en la piscina.

**❷** Completa las oraciones sobre la excursión de Roberta y sus amigos a la playa.

**Modelo:** Ayer mis amigos y yo ___*caminamos*___ por la playa.

1. Después, _____ (nadar) en el mar.

2. Joel y Daniel nos _____ (enseñar) cómo funciona el equipo para bucear.

3. Todos nosotros _____ (bucear) un rato.

4. Después, Patricia _____ (llegar) con unos sándwiches de jamón y queso.

5. Martina y Juan _____ (almorzar) en seguida.

6. Yo _____ (tomar) el sol un rato.

**❸** Escribe oraciones completas sobre la excursión a la playa de la familia Montero.

**1. Alberto y Carlos**   **2. Eva**   **3. los señores Montero**   **4. Felipe y Carmen**   **5. Emilia**

1. _____

2. _____

3. _____

4. _____

5. _____

# Gramática B  Preterite of –ar verbs

| ¡AVANZA! | **Goal:**  Use the preterite of –ar verbs to speak about past events. |
|---|---|

**❶** Completa el diálogo entre Nico y Clara con el pretérito de los verbos de la caja.

| usar | llamar | mirar | empezar | terminar | sacar |
|---|---|---|---|---|---|

**CLARA:** ¡Hola Nico! ¿Qué hiciste anoche?

**NICO:** 1. _____ la computadora y 2. _____ mi correo electrónico. Luego Pili me (llamar) 3. _____ por teléfono.

**CLARA:** Sonia y yo 4. _____ el proyecto de ciencias.

**NICO:** Y qué tal, ¿es difícil?

**CLARA:** No, pero 5. _____ mucho tiempo buscando información. ¿Y Álvaro y tú ya 6. _____ el proyecto?

**NICO:** Sí. Álvaro y yo 7. _____ buena nota en el proyecto anterior.

**❷** Escribe la pregunta que corresponde a cada respuesta sobre los deportes que practicaron las siguientes personas ayer.

**Modelo:**    *Ana y Carlos, ¿jugaron ustedes al tenis ayer?*

Ana y Carlos:  Sí, nosotros jugamos al tenis ayer.

**1.** _____

Miguelito: No, yo no patiné en el parque ayer.

**2.** _____

El Sr. Rodríguez: Sí, caminé en la playa ayer.

**3.** _____

Mamá: No, Susi y Carmen no montaron en bicicleta ayer.

**4.** _____

María y Belén: Sí, nosotras nadamos en la piscina ayer.

**❸** Escribe un párrafo para explicar lo que hicieron tú y tu familia el fin de semana pasado. Usa las siguientes expresiones: **mirar la televisión**, **almorzar tarde**, **comprar ropa**, **descansar**, **pasear**, **estudiar**, **patinar**, **jugar a**, **hablar por teléfono**.

_____

_____

_____

_____

_____

# Gramática C  *Preterite of –ar verbs*

| ¡AVANZA! | **Goal:** Use the preterite of *–ar* verbs to speak about past events. |
|---|---|

**1** Jonathan le cuenta a sus padres de su excursión a la playa. Completa el párrafo con la forma correcta de los verbos del cuadro.

| dejar | olvidarse | lastimarse | llegar | pasar |
|---|---|---|---|---|

Nosotros **1.** _____ un día terrible en la playa. Martín
**2.** _____ el balón de fútbol en casa. Pedro y Sebastián
**3.** _____ del bloqueador de sol. Yo **4.** _____ muy tarde
por culpa del autobús y Néstor **5.** _____ el tobillo jugando al voleibol.

**2** Contesta las siguientes preguntas sobre tus últimas vacaciones. Escribe oraciones completas.

**1.** ¿Cuándo fue la última vez que viajaste con tu familia?

_____

**2.** ¿Dónde pasaron tú y tu familia las vacaciones?

_____

**3.** ¿Qué hicieron durante las vacaciones?

_____

_____

**4.** ¿Qué te gustó y qué no te gustó del viaje?

_____

_____

**3** Usa el pretérito para escribir un resumen sobre lo que pasó en un programa de televisión que viste recientemente.

_____

_____

_____

_____

_____

# Gramática A *Preterite of -car -gar, -zar verbs*

> **¡AVANZA!**   **Goal:**   Use the preterite of *-car -gar -zar* verbs to speak about past events.

**1** Lee las oraciones sobre las actividades de las siguientes personas. Elige la forma correcta de los verbos.

**Modelo:**   Tú (empezaste / empecé) a correr detrás de él.

1. Para llegar a casa de Nelly yo (cruzó / crucé) la avenida principal.

2. Ayer nosotros dos (comenzamos / comenzaron) a estudiar para el examen.

3. Isidoro y su hermano (pagamos / pagaron) las entradas del cine.

4. Yo (almorcé / almorzaste) con mi familia en el restaurante.

**2** Observa los siguientes dibujos sobre las actividades de **ayer** y escribe una oración completa para describirlos.

**Modelo:**

*Ayer yo saqué la basura.*

yo

1. nosotros      2. tú y Laura      3. él      4. ellos

1. _____

2. _____

3. _____

4. _____

UNIDAD 6 Lección 2   Gramática A

# Gramática B  *Preterite of -car -gar, -zar verbs*

> **¡AVANZA!**  **Goal:**  Use the preterite of *-car -gar -zar* verbs to speak about past events.

**1** Lee las oraciones que Gabi escribió y complétalas con la forma correcta de los verbos del cuadro.

**Modelo:**  Ayer yo _*empecé*_ el día mal.

| empezar | buscar | almorzar | jugar | sacar |
|---|---|---|---|---|

**1.** Primero perdí mi tarea y la _____ por toda la casa.

**2.** Yo no _____ porque olvidé mi almuerzo en casa.

**3.** Por la tarde, Nina y yo _____ al básquetbol y perdimos.

**4.** Allí yo _____ algunas fotos del espectáculo.

**2** Escribe seis oraciones lógicas en pretérito con una palabra o frase de cada columna.

**Modelo:**  *Ustedes buscaron el bloqueador de sol.*

| Yo | pagar | mis deudas | Nosotros | jugar | en la playa |
|---|---|---|---|---|---|
| Tú | sacar | la basura cada día | Julián y Pepe | cruzar | la calle con cuidado |
| Alex | empezar | las clases a las ocho | Ustedes Vosotros | buscar | el bloqueador de sol |

**1.** _____

**2.** _____

**3.** _____

**4.** _____

**5.** _____

**6.** _____

**3** Escribe cinco preguntas sobre lo que hicieron cinco personas la semana pasada. Usa el pretérito de los verbos que terminan en *-car*, *-gar* y *-zar*.

**Modelo:**  *Señora Juárez, ¿almorzó usted con sus amigas el lunes?*

**1.** _____

**2.** _____

**3.** _____

**4.** _____

**5.** _____

# Gramática C  Preterite of -car -gar, -zar verbs

---

**¡AVANZA!**  **Goal:** Use the preterite of *-car -gar -zar* verbs to speak about past events.

---

**❶** El primer día de trabajo de Elizabeth no fue muy bueno. Usa el pretérito de los verbos que terminan en **-car**, **-gar** y **-zar** para completar el párrafo.

| sacar | cruzar | empezar | cargar | almorzar |
|-------|--------|---------|--------|----------|

Las cosas **1.** _____ desde muy temprano. Primero,

**2.** _____ la calle para ir a tomar el metro y casi me atropella

un coche. Estando en la estación del metro **3.** _____ a

todos los pasajeros porque el metro se descompuso. A la hora de la comida,

**4.** _____ con Pati, una chica que no paró de hablar ni un

minuto. A las cinco, mi jefe me **5.** _____ con mil obligaciones

nuevas.

**❷** Contesta cada pregunta sobre tus actividades. Escribe oraciones completas.

**1.** ¿Cuándo fue la última vez que jugaste al fútbol?

_____

**2.** ¿Quién pagó la cuenta la última vez que comiste en un restaurante?

_____

**3.** ¿Qué almorzaron tú y tus amigos ayer?

_____

**4.** ¿Quién sacó la basura de tu casa la última vez?

_____

**5.** ¿A qué hora llegaste a la escuela hoy?

_____

**❸** Escribe una postal a tu mejor amigo(a) explicándole lo que hiciste durante tus vacaciones ideales.

_____

_____

_____

_____

_____

_____

UNIDAD 6 Lección 2    Gramática C

Unidad 6, Lección 2
Gramática C

**278**

**¡Avancemos! 1**
Cuaderno para hispanohablantes

# Gramática adicional  *Los acentos y las palabras de una sílaba*

> **¡AVANZA!**   **Goal:**  Practice one-syllable words.

En español las palabras de una sílaba (o monosilábicas) no llevan acento gráfico en general. Ejemplo: gris, pie, bien. Sin embargo, se utiliza el acento gráfico para distinguir entre las palabras que se escriben y se pronuncian igual pero tienen un significado diferente.

| | |
|---|---|
| **el** (artículo masculino): **El** niño es Tomás. | **él** (pronombre): Me fui con **él**. |
| **de** (preposición): El libro es **de** mi hermana. | **dé** (verbo dar): No le **dé** mucha comida al gato. |
| **tu** (posesivo): Este es **tu** armario. | **tú** (pronombre): **Tú** estás aquí. |
| **mi** (adjetivo posesivo): Ven a **mi** casa. | **mí** (pronombre): Esto es para **mí** |
| **te** (pronombre): **Te** doy mi disco. | **té** (bebida): Me gusta el **té**. |
| **mas** (conjunción): Quiero ir **mas** no puedo. | **más** (adverbio): Corre **más** deprisa. |
| **si** (conjunción): **Si** llueve, no iremos. | **sí** (adverbio): Ella dijo que **sí**. |
| **se** (pronombre): **Se** comió la galleta. | **sé** (verbo saber): Yo lo **sé** todo. |

**1** Lee las siguientes oraciones e indica si la palabra monosilábica subrayada requiere un acento gráfico según su significado.

   **Modelo:**   No se a qué hora viene Marga.  *sé*

   1. Antonio bebió el te. _____
   2. ¿Dónde está tu abrigo marrón? _____
   3. El perro se comió la sopa en un segundo. _____
   4. Ya sabes que el regalo es para mi. _____
   5. El es el culpable de todos tus problemas. _____
   6. Me gusta el pastel, mas no puedo comerlo. _____
   7. No se la respuesta. _____
   8. Si, yo quiero ir al parque. _____

**2** Ahora, escribe cinco oraciones utilizando los monosílabos del cuadro.

   **Modelo:**   No le  *dé*  la mano al señor Gómez.

| el | tú | más | sí | mí | te | dé |
|---|---|---|---|---|---|---|

   _____

   _____

   _____

   _____

## Integración: Hablar

**Goal:** Respond to written and oral passages talking about staying healthy.

La tabla a continuación es parte de un programa de ejercicios para personas que pasan mucho tiempo sentadas. Léelo con atención.

# ¡Ejercicio!

La siguiente rutina puede ayudarte a relajar el cuerpo sin levantarte del escritorio. ¡Pruébala y verás que tu cuerpo se llena de energía!

No te preocupes si tus compañeros de trabajo se ríen de tí. Cuando vean los resultados, harán lo mismo. Convierte las horas de trabajo en una clase de aeróbicos. ¡Adelante!

|  | Ejercicio | Repeticiones |
| --- | --- | --- |
| **Boca** | Abrir y cerrar | 15 a 20 |
| **Brazos** | Levantar y bajar | 10 |
| **Cabeza** | Rotaciones lentas | 5 |
| **Manos** | Abrir y cerrar | 15 a 20 |
| **Piernas** | Estirar y encoger | 5 |

Health Today  **55**

Escucha el mensaje que dejó Alberto, un programador de computadoras, a su entrenadora Mireya. Puedes tomar notas mientras escuchas y después prepárate para completar la actividad.

### HL CD2, tracks 13–14

¿Qué problema tiene Alberto? Con la información de la tabla hazle sugerencias para ayudar le a mejorar su situación.

# Integración: Escribir

> **¡AVANZA!** **Goal:** Respond to written and oral passages talking about staying healthy.

Lee el siguiente anuncio de un periodico sobre la importancia del ejercicio.

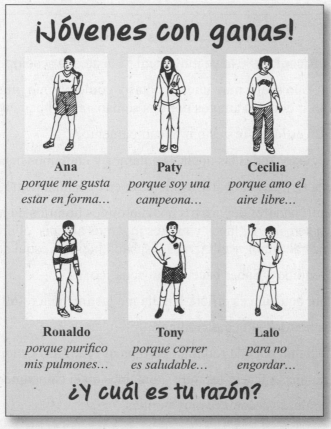

¡Jóvenes con ganas!

**Ana**
*porque me gusta estar en forma…*

**Paty**
*porque soy una campeona…*

**Cecilia**
*porque amo el aire libre…*

**Ronaldo**
*porque purifico mis pulmones…*

**Tony**
*porque correr es saludable…*

**Lalo**
*para no engordar…*

¿Y cuál es tu razón?

Escucha una parte del programa de radio «Salud para vivir» de la doctora Betina Cortés. Toma notas mientras escuchas y luego completa la actividad.

### HL CD2, tracks 15–16

Escribe un párrafo que responda a las siguientes preguntas: De acuerdo a lo que leíste y escuchaste, ¿cuáles son algunas de las razones por las que los jóvenes deben hacer ejercicio? ¿Cuáles son tus razones?

_____

_____

_____

_____

_____

_____

_____

# Lectura A

 **Goal:** Read about past events.

**1** Lee la conversación entre Ricardo y José, responde a las preguntas.

## Unas vacaciones saludables

**JOSÉ:** ¡Hola Ricardo! ¡Se te ve muy bien! ¿Fuiste de vacaciones?

**RICARDO:** Sí, este año saqué muy buenas notas y como premio, mis padres me dejaron ir con mis amigos por una semana al campamento deportivo.

**JOSÉ:** ¡Qué divertido! ¿Te gustó ir al campamento?

**RICARDO:** Sí me gustó. Todas las noches cantamos y contamos historias.

**JOSÉ:** ¿Qué actividades deportivas hicieron en el campamento?

**RICARDO:** Los entrenadores deportivos nos dieron los horarios de las actividades para la semana. El lunes y martes jugamos al tenis, el miércoles y jueves jugamos al fútbol, y el viernes y sábado hicimos esquí acuático.

**JOSÉ:** (sorprendido) ¿Sabes hacer esquí acuático?

**RICARDO:** El esquí acuático es difícil. Un día me lastimé una rodilla.

**JOSÉ:** ¿Estás herido? ¿Puedes caminar?

**RICARDO:** Me duele un poco la rodilla... pero puedo caminar y montar en bicicleta.

**JOSÉ:** Tuviste unas vacaciones muy saludables en el campamento deportivo.

**RICARDO:** Fueron unas vacaciones muy bonitas.

**2** **¿Comprendiste?** Responde a las siguientes preguntas con oraciones completas:

**1.** ¿Cómo se divirtieron Ricardo y sus amigos durante las noches?

_____

**2.** ¿Qué actividades deportivas realizó Ricardo durante la semana?

_____

**3.** ¿Qué le pasó a Ricardo cuando hizo esquí acuático?

_____

**3** **¿Qué piensas?** ¿Estuviste alguna vez en un campamento o quieres ir a uno? ¿Qué actividades deportivas realizarías en un campamento? ¿Por qué?

_____

_____

# Lectura B

| ¡AVANZA! | **Goal:** Read about past events. |
| --- | --- |

**1** Lee el artículo que publicó una revista sobre el turismo en las playas. Responde a las preguntas de comprensión y compara el artículo con tu experiencia.

## El turismo en las playas

El verano pasado miles de turistas de los Estados Unidos estuvieron de vacaciones y viajaron a las playas del Caribe donde pasaron dos semanas maravillosas. La República Dominicana, por ser una isla en el mar Caribe, fue el lugar perfecto para muchos de los turistas estadounidenses. Las hermosas playas y la ciudad colonial de Santo Domingo fueron los atractivos principales para los visitantes.

Entre las diversas actividades que hicieron los turistas, se sabe que los aventureros tomaron y gozaron del sol, nadaron en el mar y bucearon e hicieron esquí acuático. Otros turistas, con menos espíritu de aventura, jugaron a la pelota, buscaron caracoles en la arena o caminaron hasta la montaña. Muchos de ellos escucharon música merengue y se animaron a bailar en la playa.

La oficina de turismo nos dio datos interesantes. Los turistas comieron en los restaurantes típicos que vendían la comida deliciosa de República Dominicana. Los helados y jugos de fruta natural fueron los favoritos para calmar la sed. A los turistas les gustó la comida saludable y se olvidaron de las hamburguesas y los sándwiches de jamón y queso.

**2** **¿Comprendiste?** Responde a las siguientes preguntas:

**1.** ¿Cuáles fueron los atractivos principales en la República Dominicana?

_____

_____

**2.** ¿Qué actividades disfrutaron los turistas aventureros y menos aventureros?

_____

_____

**3.** ¿Qué tipo de comida comieron los turistas en la República Dominicana?

_____

_____

**3** **¿Qué piensas?** ¿Qué prefieres hacer en las vacaciones: descansar o realizar actividades? ¿Por qué?

_____

_____

UNIDAD 6 Lección 2

Lectura B

# Lectura C

| ¡AVANZA! | **Goal:** Read about past events. |

**1** Lee la noticia que se publicó en los periódicos. Responde a las preguntas de comprensión y compara su experiencia con la tuya.

## Noticia de último minuto

Ayer a las cinco de la tarde, una joven de 15 años sufrió un accidente cuando la bicicleta en la que viajaba chocó con un taxi en el cruce de la avenida Caribeña. El accidente se produjo a pocos metros de la playa Punta Cana.

Según informó Radio Nacional, la joven identificada como Marta García de 15 años de edad se lastimó algunas partes del cuerpo cuando regresaba de la playa de Punta Cana donde había pasado el día nadando y tomando el sol.

El accidente ocurrió cuando la señorita García chocó con el taxi al cruzar la calle. La señorita García se rompió un brazo, se torció el tobillo y se lastimó la nariz. Por su parte, el taxista, Carlos Martínez, se lastimó el cuello y la pierna. El pasajero que iba en el taxi no sufrió daño alguno. A los dos heridos los llevaron en una ambulancia de la Cruz Roja al Hospital Central donde los médicos los atendieron de inmediato. Leamos a continuación algunas declaraciones de los heridos.

**PERIODISTA:** Señorita García, ¿cómo se encuentra después del accidente?

**MARTA GARCÍA:** Estoy muy bien. Me duele un poco el brazo.

**PERIODISTA:** ¿Usó el casco para montar la bicicleta?

**MARTA GARCÍA:** Sí, usé el casco, por eso no me lastimé la cabeza pero sí me lastimé el tobillo.

**PERIODISTA:** ¿Puede caminar?

**MARTA GARCÍA:** Me duele un poco el tobillo, pero sí, puedo caminar.

**PERIODISTA:** Señor Martínez, ¿cómo se encuentra después del accidente?

**TAXISTA:** Bien, gracias. Me duele la pierna izquierda.

**PERIODISTA:** ¿Está muy herido?

**TAXISTA:** No estoy muy herido, soy viejo pero fuerte.

**PERIODISTA:** ¿Y el cuello? ¿Le duele mucho?

**TAXISTA:** Me duele un poco el cuello.

Después de leer estas declaraciones, esperamos que no se vuelvan a producir más accidentes en la playa, para que todos disfruten de sus vacaciones y tomen el sol en Punta Cana.

Lectura C  UNIDAD 6 Lección 2

❷ **¿Comprendiste?** Responde a las siguientes preguntas con oraciones completas.

1. Según la noticia, ¿qué ocurrió ayer?

    _____

    _____

2. ¿Cuándo ocurrió el accidente?

    _____

3. ¿Qué se lastimó Marta García?

    _____

4. ¿Qué se lastimó el taxista?

    _____

❸ **¿Qué piensas?** Piensa en algún accidente que conozcas. Imagina que ocurrió recientemente. Escribe sobre qué pasó, cómo ocurrió el accidente, cuándo pasó, dónde, quiénes estuvieron involucrados en el accidente y qué les ocurrió.

_____

_____

_____

_____

# Escritura A

| ¡AVANZA! | **Goal:** Write about past activities. |

**1** Para tu clase de Nutrición y Salud, mantienes un diario de tus actividades saludables. Escribe lo que hiciste el fin de semana pasado. Usa los verbos en paréntesis en pasado.

**1.** Viernes después de clases: (montar)

_____

**2.** Sábado: (nadar, bucear)

_____

**3.** Domingo: (estudiar, almorzar, descansar)

_____

_____

**2** Escribe un párrafo en tu diario para expresar las cosas buenas que hiciste por tu salud. Usa la información de la Actividad 1 y asegúrate de: 1) organizar tus ideas con oraciones completas y claras, y 2) usar los verbos correctamente.

*Querido diario:*

_____

_____

_____

_____

_____

_____

**3** Evalúa tu párrafo usando la siguiente tabla.

| | **Crédito máximo** | **Crédito parcial** | **Crédito mínimo** |
|---|---|---|---|
| Contenido | Escribiste el párrafo con oraciones completas y claras. | Algunas oraciones de tu párrafo no son completas o claras. | Las oraciones de tu párrafo no son completas ni claras. |
| Uso correcto del lenguaje | Tuviste muy pocos errores en el uso de los verbos. | Hay algunos errores en el uso de los verbos. | Hay un gran número de errores en el uso de los verbos. |

# Escritura B

| ¡AVANZA! | **Goal:** Write about past activities. |

**1** Escríbele un correo electrónico a un(a) amigo(a) sobre las cosas más interesantes que hiciste durante tus vacaciones a la playa. Primero escribe una lista de cosas que hiciste en cada uno de estos momentos.

**a.** el día que llegaste a la playa

por la mañana _____

por la tarde _____

**b.** ayer

por la mañana _____

por la tarde _____

**2** Escribe el correo electrónico. Escribe seis oraciones formadas por elementos de la lista anterior. Incluye en tu correo un saludo, un desarrollo y una despedida.

_____

_____

_____

_____

_____

_____

_____

_____

_____

**3** Evalúa tu correo electrónico usando la siguiente tabla:

| | **Crédito máximo** | **Crédito parcial** | **Crédito mínimo** |
|---|---|---|---|
| Contenido | El mensaje tiene un saludo, un desarrollo y una despedida; es claro y fácil de entender. | El mensaje tiene un saludo, un desarrollo y una despedida. Algunas veces el mensaje no es claro ni fácil de entender. | El mensaje no tiene saludo, desarrollo o despedida. Muchas veces el mensaje no es claro ni fácil de entender. |
| Uso correcto del lenguaje | Tuviste muy pocos errores o ninguno en el uso de los verbos. | Tuviste muy pocos errores o ninguno en el uso de los verbos. | Tuviste muy pocos errores o ninguno en el uso de los verbos. |

# Escritura C

¡AVANZA!  **Goal:** Write about past activities.

Escribe un perfil biográfico de un atleta famoso del siglo pasado, según una entrevista que inventas.

**1** Identifica al atleta y escribe cinco preguntas que te gustaría hacerle. Después escribe las respuestas que crees que te daría a tus preguntas. Asegúrate de escribir los verbos en pasado.

| Atleta: | |
| --- | --- |
| **Preguntas** | **Respuestas** |
| 1. Una pregunta sobre actividades para mantener su salud antes de las Olimpíadas: | |
| 2. Una pregunta sobre las partes del cuerpo que ejercita en las actividades: | |
| 3. Una pregunta sobre su rutina diaria durante las Olimpíadas: | |
| 4. Una pregunta de lo que hizo cuando ganó las Olimpíadas: | |

**2** Escribe el perfil biográfico del/de la atleta. Escribe 8 oraciones completas y utiliza la información de la Actividad 1 para organizar tus ideas. Tu perfil debe incluir: 1) las ideas de la actividad 1; 2) oraciones claras y completas y 3) los verbos en su tiempo correcto.

_____
_____
_____
_____

**3** Evalúa tu entrevista usando la siguiente tabla.

| | **Crédito máximo** | **Crédito parcial** | **Crédito mínimo** |
| --- | --- | --- | --- |
| Contenido | Escribiste al menos ocho oraciones y el perfil tiene una introducción, un desarrollo y una conclusión. | Escribiste cinco oraciones. La introducción el desarrollo y la conclusión no son claros. | Escribiste tres oraciones o menos. No hay introducción, desarrollo, ni conclusión. |
| Uso correcto del lenguaje | Tuviste muy pocos errores o ninguno en el uso de los verbos. | Tuviste muy pocos errores o ninguno en el uso de los verbos. | Tuviste muy pocos errores o ninguno en el uso de los verbos. |

UNIDAD 6 Lección 2 · Escritura C

Unidad 6, Lección 2
Escritura C
288

¡Avancemos! 1
Cuaderno para hispanohablantes

# Cultura A

> ¡AVANZA!  **Goal:**  Use and write cultural information about República Dominicana.

**1** Margarita está en una entrevista con el atleta Félix Sánchez. Usa la lectura *Dos atletas de alta velocidad* para completar la entrevista.

**Margarita:**  Félix, sabemos que eres uno de los mejores corredores del mundo. ¿Cuál es tu especialidad?

**Félix:**  Mi especialidad son **1.** _____ .

**Margarita:**  ¿Naciste en República Dominicana?

**Félix:**  No, nací en **2.** _____ .

**Margarita:**  ¿Qué lugar ganaste en los Juegos Olímpicos del 2000, en Sydney?

**Félix:**  Obtuve el **3.** _____ .

**Margarita:**  ¿Has ganado alguna medalla de oro?

**Félix:**  Sí. Gané una medalla de oro en **4.** _____ .

**Margarita:**  Gracias por tu tiempo. ¡Suerte!

**2** Indica a quién o qué describe la siguiente información. Escribe la respuesta junto a cada oración.

**1.**  Es una ciclista venezolana que ha ganado los Juegos Bolivarianos:

_____ .

**2.**  Es una pintora que en sus cuadros describe la gente y lugares de República

Dominicana: _____ .

**3.**  Es un símbolo musical de República Dominicana: _____ .

**4.**  Se realiza cada verano en Santo Domingo y dura diez días:

_____ .

**3** En la clase de música estás estudiando los ritmos musicales hispanos. Compara el merengue con otro tipo de música que conozcas. Encuentra dos diferencias y dos similitudes.

**Modelo:**  *El merengue y la cumbia se parecen en que se bailan en pareja. Son diferentes porque el merengue es de República Dominicana y la cumbia es de Colombia.*

_____

_____

_____

_____

# Cultura B

> ¡AVANZA! **Goal:** Use and write cultural information about República Dominicana.

**1** Usa la información de la lectura *Dos atletas de alta velocidad* para completar este cuadro comparativo de los atletas Félix Sánchez y Daniela Larreal.

|  | **Félix Sánchez** | **Daniela Larreal** |
|---|---|---|
| Nacionalidad: |  |  |
| Deporte que practica profesionalmente: |  |  |
| País que representa: |  |  |
| Medallas de oro ganadas: |  |  |
| Algunas competencias en las que ha participado: |  |  |

**2** Explica algunas de las cosas o actividades que puedes ver en el Festival del Merengue y menciona algunos de los instrumentos que se usan. Escribe al menos tres oraciones completas.

**Modelo:** *En el Festival del Merengue canta Kinito Méndez.*

_____

_____

_____

**3** Mira la pintura de la artista dominicana Clara Ledesma en la página 332 de tu libro. ¿Por qué crees que pintó plantas y aves tropicales? ¿Te gusta esta obra de arte? ¿Por qué? Escribe tu opinión en un párrafo.

_____

_____

_____

_____

UNIDAD 6 Lección 2

Cultura B

# Cultura C

> **¡AVANZA!**  **Goal:** Use and write cultural information about República Dominicana.

**1** Contesta las siguientes preguntas con información de *Dos atletas de alta velocidad*.

**1.** ¿Por qué Félix Sánchez, ciudadano americano, representa a la República Dominicana en competiciones internaciones?

_____

_____

**2.** Un brazalete motivó a Félix a ganar los Juegos Olímpicos del 2004. ¿Qué te motiva a ti a realizar algo?

_____

_____

**3.** Daniela Larrea es un ejemplo para la juventud venezolana. ¿Admiras a algún héroe o heroína deportivo(a) de los Estados Unidos? Escribe qué deporte practica y por qué lo(la) admiras.

_____

_____

**4.** ¿Por qué crees que los atletas se esfuerzan por participar en los Juegos Olímpicos? ¿Qué opinas de un país que gana muchas medallas en las competencias internacionales?

_____

_____

**5.** ¿Qué tipo de temas incluye Clara Ledesma en sus obras?

_____

_____

**2** Asistes al Festival del Merengue que aparece en la página 338. Escribe un párrafo breve en tu diario personal que hiciste, las actividades que hubo y qué comidas típicas probaste. Usa la información del libro para añadir detalles interesantes.

_____

_____

_____

_____

UNIDAD 6 Lección 2 Cultura C

## Comparación cultural: Deportes favoritos

### Lectura y escritura

Después de leer los párrafos sobre los deportes favoritos de Felipe, Gloria y Agustín, escribe un párrafo sobre tu deporte favorito. Usa la información del cuadro de deportes para escribir las oraciones y después escribe un párrafo que describa tu deporte favorito.

### Paso 1

Completa el cuadro de deportes describiendo tu deporte favorito y dando el mayor número de datos.

| Categoría | Detalles |
|---|---|
| nombre del deporte | |
| lugar | |
| participantes | |
| equipo necesario | |
| ropa apropiada | |

### Paso 2

Ahora toma los datos del cuadro de deportes y escribe una oración para cada uno de los temas.

_____

_____

_____

_____

_____

_____

_____

_____

UNIDAD 6

Comparación cultural

292

Unidad 6
Comparación cultural

¡Avancemos! 1
Cuaderno para hispanohablantes

# Comparación cultural: Deportes favoritos
## Lectura y escritura
*(continuación)*

### Paso 3

Ahora escribe tu párrafo usando las oraciones que escribiste como guía. Incluye una oración de introducción y utiliza los verbos **jugar** y **saber** para escribir sobre tu deporte favorito.

_____

_____

_____

_____

_____

_____

**Lista de verificación**

Asegúrate de que...

☐ todos los datos sobre tu deporte favorito que escribiste en el cuadro de deportes estén incluidos en el párrafo;

☐ das detalles para describir el deporte, dónde se juega, y los participantes, equipo én y ropa necesarios;

☐ incluyes nuevas palabras de vocabulario y los verbos **jugar** y **saber**.

**Tabla**

Evalúa tu trabajo usando la tabla siguiente.

| Criterio de escritura | Excelente | Bueno | Necesita mejorar |
|---|---|---|---|
| **Contenido** | Tu descripción incluye muchos datos acerca de tu deporte favorito. | Tu descripción incluye algunos datos acerca de tu deporte favorito. | Tu descripción incluye muy pocos datos acerca de tu deporte favorito. |
| **Comunicación** | La mayor parte de tu descripción está organizada y es fácil de entender. | Partes de tu descripción están organizadas y son fáciles de entender. | Tu descripción está desorganizada y es difícil de entender. |
| **Precisión** | Tu descripción tiene pocos errores de gramática y de vocabulario. | Tu descripción tiene algunos errores de gramática y de vocabulario. | Tu descripción tiene muchos errores de gramática y de vocabulario. |

# Comparación cultural: Deportes favoritos
## Compara con tu mundo

Ahora escribe una comparación de tu deporte favorito y el de uno de los tres estudiantes que aparecen en la página 349. Organiza tus comparaciones por tema. Primero escribe el nombre del deporte, dónde se juega, los participantes y por último la ropa y el equipo necesarios para jugarlo.

### Paso 1

Utiliza el cuadro para organizar las comparaciones por tema. Escribe tus datos y los del (de la) estudiante que escogiste para cada uno de los temas.

| Categoría | Mi deporte | El deporte de _____ |
|---|---|---|
| **nombre del deporte** | | |
| **lugar** | | |
| **participantes** | | |
| **equipo necesario** | | |
| **ropa apropiada** | | |

### Paso 2

Ahora usa los datos del cuadro para escribir una comparación. Incluye una oración de introducción y escribe acerca de cada una de las categorías. Utiliza los verbos **jugar** y **saber** para describir tu deporte favorito y el del (de la) estudiante que escogiste.

_____

_____

_____

_____

_____

_____

_____

_____

**UNIDAD 6**

**Comparación cultural**

**294**

Unidad 6
Comparación cultural

**¡Avancemos! 1**
Cuaderno para hispanohablantes

# Vocabulario A   *¡Una semana fenomenal!*

> **¡AVANZA!**   **Goal:**   Talk about series of events.

**1** Escribe el número del dibujo de la izquierda que corresponde al objeto de la derecha.

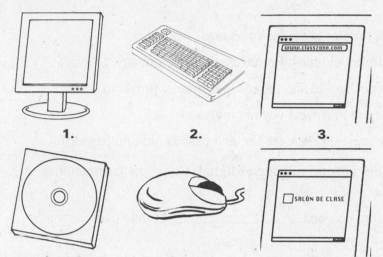

1.
2.
3.
4.
5.
6.

**a.** la dirección electrónica _____
**b.** el icono _____
**c.** el ratón _____
**d.** el teclado _____
**e.** la pantalla _____
**f.** el disco compacto _____

**2** Completa las siguientes oraciones sobre las expresiones de tiempo con la palabra correcta del vocabulario.

1. El día antes de ayer es _____

2. Si terminas un proyecto difícil de computación puedes decir: _____

3. En tu calendario es enero. El mes anterior, diciembre, es parte _____

4. Si voy a ver el sitio Web después, digo que voy a navegar _____

5. Si hoy es el 14 de abril en la pantalla, el 6 de abril es parte de _____

**3** ¿Te gusta usar la computadora? Escribe oraciones completas con la siguiente información.

**Modelo:**   Me / conectar / en línea / más tarde
*Me conectaré para estar en línea más tarde.*

1. la información / estar / el sitio web / Por fin

_____

2. María / hacer / fotos bellas / la semana pasada

_____

3. Nosotras / navegar / Internet / anteayer

_____

4. el disco compacto / Caridad y Marcos quemar / hoy

_____

# Vocabulario B ¡Una semana fenomenal!

> ¡AVANZA!  **Goal:** Talk about series of events.

**1** Lee lo que hace Carlos. Encierra en un círculo la palabra o frase que completa las oraciones correctamente.

1. Estoy cansado ahora; voy a limpiar la cocina (más tarde / por fin).
2. Hoy es miércoles y jugué fútbol el lunes. Entonces yo jugué (anteayer / ayer).
3. Trabajé muchísimo hoy y (por fin / el año pasado) terminé el proyecto.
4. Primero voy a comer y (luego / anteayer) voy al cine.
5. Visité Argentina hace doce meses. O sea, (la semana pasada / el año pasado).

**2** Alejo quiere comunicarse por Internet con su amigo Miguel. Completa las oraciones con la palabra que falta.

1. Tiene una nueva computadora con una _____ grande para ver mejor.
2. Usa el _____ para escribir correos electrónicos.
3. Primero necesita _____ a Internet.
4. Usa el _____ para hacer clic en el icono de Internet.
5. Escribe la _____ electrónica de su amigo Miguel.
6. Luego va a hablar con Miguel por _____ instantáneo.

**3** Contesta la encuesta que Mateo hace en la clase de computadoras. Responde a las preguntas con oraciones completas.

1. ¿Para qué es una cámara digital?

_____

2. ¿Por qué te gusta conectarte a Internet?

_____

3. ¿Para qué es el mensajero instantáneo?

_____

4. ¿Por qué mandas correos electrónicos?

_____

# Vocabulario C  *¡Una semana fenomenal!*

> **¡AVANZA!**  **Goal:**  Talk about series of events.

**1** Completa las oraciones para decir lo que hacen tú y tus amigos cuando usan las computadoras en la biblioteca.

**1.** Me conecto a Internet porque _____

**2.** Carlos trae su cámara digital porque _____

**3.** Quieres abrir un sitio Web; entonces _____

**4.** Queremos escuchar esta música más tarde en la casa, por eso _____

_____

**2** Escribe en tu diario acerca de un viaje que hiciste durante unas vacaciones. Usa las palabras de la caja en tu narración.

| anteayer | la semana pasada | por fin | el año pasado | entonces | luego | más tarde |
|---|---|---|---|---|---|---|

_____

_____

_____

_____

_____

_____

**3** Tu abuela no sabe usar la computadora. Escríbele cinco pasos para mandar un correo electrónico.

_____

_____

_____

_____

_____

UNIDAD 7 Lección 1  Vocabulario C

# Vocabulario adicional

| ¡AVANZA! | **Goal:** Use anglicisms in computer-related vocabulary. |
| --- | --- |

## Los anglicismos en el vocabulario de la informática (*computer technology*)

Muchos términos en el vocabulario de la informática vienen del inglés. Muchos hispano-hablantes usan anglicismos para referirse a ellos. Sin embargo, existen equivalentes propios en español:

| Término del inglés | Término en español |
| --- | --- |
| el attachment | el anexo |
| el browser | el buscador |
| chatear | charlar |
| el cyberspace | el ciberespacio |
| el hard drive | el disco duro |
| el e-mail | el correo electrónico |
| el scanner | escáner |
| el forwardeo | reenviar |

**❶** Para explicar lo que significan algunas de las anteriores palabras, empareja cada palabra con su respectivo significado.

1. un documento que se agrega al correo electrónico      **a.** el correo electrónico

2. entrar a un sitio Web y conocer a personas de otros países      **b.** el anexo

3. pasar una imagen de papel a señales eléctricas      **c.** charlar

4. una persona se conecta a Internet y navega por este medio artificial      **d.** escanear

5. forma de comunicarte con tus amigos      **e.** el ciberespacio

**❷** Lee las siguientes oraciones y sustituye el anglicismo indicado por el término informático en español.

1. ¿Recibiste un _____ (**e-mail**) de Carla?

2. Sí, pero no puedo abrir el _____ (**attachment**).

3. Me gusta _____ (**chatear**) en línea con mis amigos.

4. ¿Me puedes ayudar con el _____ (**scanner**)?

5. Cuando quiero encontrar algo por Internet, uso el _____ (**browser**).

Unidad 7, Lección 1
Vocabulario adicional
**298**

¡Avancemos! 1
Cuaderno para hispanohablantes

UNIDAD 7 Lección 1
Vocabulario adicional

# Gramática A  *Preterite of -er and -ir verbs*

**Level 1 Textbook** pp. 361–365

> ▶ **¡AVANZA!**  **Goal:** Use the preterite of **-er** and **-ir** verbs to speak about the past.

**①** Elige la forma correcta de los verbos para completar lo que escribió Elena.

Anteayer yo le (escribí / escribió) un correo electrónico a mi amigo José. José no (recibiste / recibió) mi correo sino hasta hoy porque él y sus amigos (salieron / saliste) al cine anoche. Yo no (salimos / salí) hoy porque mi familia y yo (comimos / comí) juntos en casa. Después de la cena, yo (subiste / subí) a mi cuarto y (abrí / abrieron) mi correo electrónico. ¡Mi amigo me (escribieron / escribió)!

**②** Cambia lo que dice Edgardo al pasado. Completa las oraciones con los verbos entre paréntesis.

**Modelo:**  ¿ _Recibiste_ (recibir) mi mensaje?

1. ¿Quiénes _____ (escribir) los correos electrónicos?

2. Ellos _____ (recibir) el correo electrónico de la profesora.

3. Tú _____ (aprender) a usar la computadora.

4. Yo _____ (vender) mi cámara digital por Internet.

**③** Escribe oraciones completas para describir lo que hicieron las siguientes personas.

**Modelo:**      *Elisa escribió un correo electrónico.*

**Elisa**

**1. Rodolfo**     **2. Daniel y Maribel**     **3. Mamá**     **4. Papá**

1. _____

2. _____

3. _____

4. _____

UNIDAD 7 Lección 1   Gramática A

# Gramática B *Preterite of -er and -ir verbs*

> **¡AVANZA!** **Goal:** Use the preterite of **-er** and **-ir** verbs to speak about the past.

**❶** Elige el verbo y escribe su forma correcta para describir lo que hicieron las siguientes personas.

| escribir | vender | recibir | volvert | salir |
|---|---|---|---|---|

**Modelo:** ¿A qué hora *volviste* anoche a tu casa?

1. Tomás _____ su cámara digital por Internet.

2. Yo le _____ un correo electrónico al profesor de español.

3. Nosotros _____ de casa a las 8:30 para ir al cine.

4. ¿_____ ustedes mi mensaje?

**❷** Responde a las siguientes preguntas sobre tus actividades del pasado. Escribe oraciones completas.

**Modelo:** ¿Qué comiste y bebiste ayer?
*Ayer comí frijoles y bebí un refresco.*

1. ¿Cuándo fue la última vez que escribiste un correo electrónico?
_____

2. ¿Cuánto tiempo hace que tú y tu familia salieron al cine?
_____

3. ¿A qué hora volviste a casa ayer?
_____

4. ¿Quién te vendió tu computadora?
_____

**❸** Recibiste este mensaje de tu amiga Diana. Responde su mensaje con oraciones completas.

> ¡Hola! ¿Recibiste mi mensaje ayer? No sé si me escribiste porque salí con mi familia un rato. Pues, ¿qué hiciste ayer? ¿Escribiste muchos correos electronicos? ¿Salieron tú y tus amigos a comer? ¿Qué comieron ustedes en el restaurante? ¿A qué hora volvieron a casa? Por favor, escríbeme pronto. ¡Cuídate! Diana. ☺

_____
_____
_____

# Gramática C  *Preterite of -er and -ir verbs*

> **¡AVANZA!**   **Goal:** Use the preterite of **-er** and **-ir** verbs to speak about the past.

**1** La tecnología cambia nuestras vidas todos los días. Usa el pronombre y el pretérito del verbo entre paréntesis para hacer preguntas.

1. (tú / escribir / correo electrónico)

   _____

2. (él / recibir / llamadas)

   _____

3. (ellos / aprender / Internet)

   _____

4. (nosotros / tener / tecnología)

   _____

**2** Responde a las preguntas con el pretérito de los verbos terminados en **-er** o **-ir** para contar cosas especiales de tus familiares.

**Modelo:**   ¿Qué hizo tu tío Juan con tantas computadoras? (abrir)
   *Mi tío Juan abrió una tienda de computadoras.*

1. ¿Qué hizo tu abuelo para ayudar a una asociación de caridad? (vender)

   _____

2. ¿Qué hizo tu padre para el presidente? (escribir)

   _____

3. ¿Qué acontecimiento tuvo tu madre en la universidad? (recibir)

   _____

4. ¿Qué hizo tu hermano en la playa? (construir)

   _____

**3** ¿Crees que se perdió «el arte de escribir» a causa del Internet y la comunicación por correo electrónico? Escribe un párrafo de cinco oraciones e incluye los siguientes verbos: **perder**, **escribir**, **compartir**, **recibir** y **aprender**.

_____

_____

_____

_____

_____

# Gramática A  Affirmative and Negative Words

> ¡AVANZA!  **Goal:** Use affirmative and negative words to talk about indefinite or negative situations.

**1** Escoge la palabra correcta que completa cada oración.

1. Martín dijo que _____ quiere montarse en una montaña rusa.

   **a.** algo          **b.** nunca          **c.** nada

2. Pedro y Juan _____ van a jugar fútbol porque están enfermos.

   **a.** ninguna       **b.** siempre        **c.** tampoco

3. Nosotros _____ queremos navegar por Internet.

   **a.** algo          **b.** también        **c.** ningún

4. El profesor no quiere _____ que hablemos en clase [wol] que escuchemos música.

   **a.** o... o        **b.** ninguno        **c.** ni... ni

5. ¿ _____ de ellos tiene cámara digital?

   **a.** Ninguno       **b.** Nunca          **c.** Ningún

**2** Elige la palabra afirmativa o negativa correcta según la situación de cada oración.

   **Modelo:**  No quiero (o / ni) el jugo de naranja (o / ni) el refresco.

1. No hay (nadie / alguien) en la playa.

2. Voy al parque (siempre / nunca) .

3. A Juan no le gusta correr. A Carlos no le gusta (también / tampoco).

4. Quiero comprar (nada / algo) para Silvia.

5. No tenemos (alguna / ninguna) idea de cómo usar la cámara digital.

**3** Responde las preguntas con oraciones completas. Usa la palabra afirmativa o negativa correspondiente.

1. ¿Comió algo Carmen en el desayuno?

   _____

2. ¿Hay alguien en la cocina del restaurante?

   _____

3. ¿Recibieron algún correo electrónico?

   _____

4. ¿Bebieron algo después del examen?

   _____

5. ¿Alguien te está llamando por el teléfono celular?

   _____

# Gramática B  *Affirmative and Negative Words*

| ¡AVANZA! | Goal: | Use affirmative and negative words to talk about indefinite or negative situations. |
|---|---|---|

**1** Pablo y Enrique quieren ir al cine. Completa el siguiente diálogo con la palabra afirmativa o negativa del cuadro.

| algo | también | ninguna | nunca | nadie | alguna |
|---|---|---|---|---|---|

**ENRIQUE:** Bien. ¿Tienes **1.** _____ idea de a qué hora empieza la película?

**PABLO:** No, no tengo **2.** _____ idea.

**ENRIQUE:** ¿Te gusta ir al cine?

**PABLO:** Sí, me encanta ir al cine y **3.** _____ me gusta alquilar DVDs.

**ENRIQUE:** Pues yo no voy **4.** _____ al cine porque prefiero ver las películas en casa.

**PABLO:** Pero no hay **5.** _____ en el cine a esta hora. ¿Vamos?

**ENRIQUE:** Vale. Pero tengo que comer **6.** _____ antes.

**2** Mira los siguientes dibujos y contesta las siguientes preguntas. Escribe oraciones completas y usa la palabra afirmativa o negativa correspondiente.

**Modelo:**

¿Juega Manuel al fútbol? ¿Y Marta?

*No, Manuel no juega al fútbol. Marta tampoco juega al fútbol.*

**Marta y Manuel**

**1.** Alfredo    **2.** Amanda y Teresa    **3.** José    **4.** la Sra. Álvarez    **5.** el Sr. Hernández

**1.** ¿Tiene Alfredo algún dinero? _____

**2.** ¿Habla Amanda con alguien? _____

**3.** ¿Habla José con alguien? _____

**4.** ¿Compra algo la señora Álvarez? _____

**5.** ¿Compra algo el señor Hernández? _____

# Gramática C  *Affirmative and Negative Words*

| ¡AVANZA! | **Goal:** | Use affirmative and negative words to talk about indefinite or negative situations. |
|---|---|---|

**❶** Lee las siguientes oraciones. Si una oración es afirmativa, escribe la oración negativa correspondiente. Si una oración es negativa, escribe la oración afirmativa.

**Modelo:**   Carlos recibió algo por correo.

*Carlos no recibió nada por correo.*

**1.** Juan no tiene ningún mensaje nuevo.

_____

**2.** No quiero vender nada por Internet.

_____

**3.** Tú siempre estás en línea.

_____

**4.** Recibimos algunos correos electrónicos ayer.

_____

**❷** Responde a las siguientes preguntas sobre tus actividades pasadas. Escribe oraciones completas y usa la palabra afirmativa o negativa apropiada.

**1.** ¿Comiste alguna verdura ayer?

_____

**2.** ¿Estudiaste con alguien la semana pasada?

_____

**3.** ¿Practicaste algún deporte anteayer?

_____

**4.** ¿Celebraste algo especial el año pasado?

_____

**❸** Usa las palabras negativas y afirmativas para describir en un párrafo el acontecimiento más especial que recuerdas del año pasado.

_____

_____

_____

_____

_____

UNIDAD 7 Lección 1

Gramática C

# Gramática adicional  *Trabajar vs. funcionar*

| ¡AVANZA! | **Goal:** Practice the differences between the verbs **trabajar** and **funcionar**. |

En español los dos verbos **trabajar** y **funcionar** son equivalentes al inglés *to work*.

El verbo **trabajar** se aplica a las personas, sus profesiones y cómo se ocupan:

Juan trabaja en la universidad.

Marta trabaja como directora de la escuela.

Trabajo mejor si me como un buen desayuno.

El verbo **funcionar** se aplica a las personas y a las máquinas que están en marcha o llevan a cabo sus funciones:

David tiene las mismas funciones del director.

Mi computadora está rota. No funciona.

El equipo funciona muy bien.

El Internet funciona mejor si tienes una conexión rápida.

**1** Completa las siguientes oraciones con la forma correcta del verbo **trabajar** o **funcionar** según el contexto.

1. ¿En qué _____ tú?

2. Yo _____ en una oficina.

3. Mi Internet no _____ .

4. Mi cámara digital _____ mejor que mi cámara de video.

5. Juan y yo _____ en un café después de la escuela.

6. ¿_____ o estudias?

7. Mi teclado nuevo _____ de maravilla.

8. Las empresas _____ muy bien cuando todos _____ juntos.

**2** Escribe tres oraciones con el verbo **trabajar** y tres oraciones con el verbo **funcionar**.

_____

_____

_____

_____

_____

_____

# Integración: Hablar

 **Goal:** Respond to written and oral passages about sending e-mail.

Lee atentamente el fragmento de un blog electrónico.

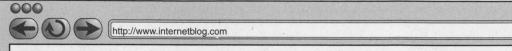

http://www.internetblog.com

## Cómo mandar una carta electrónica sin perderse en el ciberespacio
*por Felicitas O'Connor*

Hace unos días llamé a mi mamá y le dije que le iba a mandar una receta por Internet. Creo que mi mamá se asustó y abrió mucho más sus ojos negros. Me preguntó qué era eso y tuve que explicarle paso por paso lo que debía hacer. También le sugerí a mi mamá que tomara algunas clases de computación.

Ayer la volví a llamar y me dio una gran sorpresa. Me preguntó si ya había visto la página de golf. Yo me reí un poco, pero luego la felicité y le dí la bienvenida al mundo de la tecnología. Hoy ya me ha llamado tres veces para hacerme algunas preguntas. Es muy difícil explicarle por teléfono. Le sugerí que continuara con sus clases de computación. Pensé que como mi mamá, hay muchas personas que pasan por la misma situación.

Escucha un anuncio de radio. Puedes tomar notas mientras escuchas y luego responde a las preguntas oralmente.

### HL CD2, tracks 17–18

¿Crees que las computadoras son importantes para la vida de hoy? ¿Por qué?

**UNIDAD 7 Lección 1**
Integración: Hablar

Unidad 7, Lección 1
Integración: Hablar
**306**

**¡Avancemos! 1**
Cuaderno para hispanohablantes

# Integración: Escribir

| ¡AVANZA! | **Goal:** Respond to written and oral passages about sending e-mail. |

Lee el siguiente cartel que cuelga en el tablero de mensajes de un café Internet en Buenos Aires.

## Conéctate sin cables.

Ahora por una tarifa mínima puedes conectarte al Internet mientras disfrutas tu café favorito. Usa tu tarjeta de crédito y navega en la red sin restricciones de tiempo y a alta velocidad.

- **Paquete Mocha**
  **$23.50**/h. 10 horas mínimo.
- **Paquete Latte**
  **$300** mensuales. Uso ilimitado.
- **Paquete Espresso**
  **$30.00**/h. No mínimo.

Ahora vas a escuchar el mensaje que Ítalo Luján dejó en el contestador de su familia. Puedes tomar notas mientras escuchas y luego realiza la actividad.

### HL CD2, tracks 19–20

Escribe un mensaje donde le expliques a Raúl qué puede hacer para ayudar a su hermano en los Estados Unidos. Dale la mayor información posible.

_____
_____
_____
_____
_____
_____
_____
_____
_____

¡Avancemos! 1
Cuaderno para hispanohablantes

UNIDAD 7 Lección 1
Integración: Escribir

Unidad 7, Lección 1
Integración: Escribir  **307**

# Lectura A

| ¡AVANZA! | **Goal:** Practice reading a description of a past event. |

❶ Lee la conversación telefónica entre Samuel y su mejor amiga. Luego responde a las preguntas de comprensión y compara su experiencia con la tuya.

---

### ¿Qué pasó con mi correo electrónico?

**MARÍA:** ¡Hola Samuel! ¿Fueron a Buenos Aires el domingo pasado?

**SAMUEL:** Sí y te escribí un correo electrónico desde el sitio Web de la biblioteca de Buenos Aires. Ahí pudimos conectarnos a Internet.

**MARÍA:** (enojada) Samuel, nunca recibí tus mensajes.

**SAMUEL:** (asombrado) Esto está un poco raro. También le mandé un correo electrónico a Carlos, mi amigo que vive en Miami y nunca le llegó. Después, usé el mensajero instantáneo pero tampoco funcionó.

**MARÍA:** La tecnología no es perfecta.

**SAMUEL:** Mi mamá me dijo que me mandó un mensaje y nunca lo recibí. ¡Mira tu pantalla María! Tienes un correo electrónico.

**MARÍA:** ¡Por fin llegó tu mensaje! Ahora, hago clic en el icono y leo tus aventuras en Buenos Aires.

---

❷ **¿Comprendiste?** Responde a las siguientes preguntas con oraciones completas:

**1.** ¿Qué hizo Samuel para escribir correos electrónicos?

_____

**2.** ¿Qué pasó con el mensaje de la mamá de Samuel?

_____

**3.** ¿Qué otros problemas tuvo Samuel con el Internet?

_____

_____

_____

❸ **¿Qué piensas?** ¿Has tenido problemas al usar Internet? Si respondes «no», escribe qué haces cada vez que te conectas a Internet. Si respondes «sí» escribe cuáles fueron los problemas que tuviste y cómo los solucionaste.

_____

_____

_____

_____

# Lectura B

> **¡AVANZA!** **Goal:** Practice reading a description of a past event.

**❶** Lee la historia de Mario y la sorpresa que le dio su familia. Después responde las preguntas de comprensión.

---

### La sorpresa

El verano pasado Mario trabajó en un restaurante y reunió el dinero suficiente para comprarse una computadora. Está orgulloso porque la pagó él solo y no necesitó pedir dinero ni a sus padres ni a sus abuelos. Los padres de Mario también están orgullosos de su hijo y quisieron darle una sorpresa.

El lunes, cuando Mario volvió a casa de la escuela, abrió la puerta, entró y no encontró a nadie. No estaban en la sala ni en la cocina como los otros días. Llamó a su madre pero no respondió; llamó a su abuela y tampoco recibió respuesta. Entonces subió a su cuarto y vio algo encima de su cama: un paquete pequeño envuelto en papel verde. Alguien lo dejó allí mientras estaba en la escuela. Mario miró el paquete y leyó la tarjetita: «Para el chico más trabajador». Entonces, abrió el paquete y vio una bonita cámara digital. Mario gritó de alegría. Entonces la madre, el padre, la hermana y la abuela de Mario entraron en su cuarto. Todos gritaron «¡Sorpresa!» y lo abrazaron. Mario también los abrazó a todos y les dio las gracias. Ese día tomó muchas fotos de su familia, de la casa, del gato, ¡hasta de su computadora nueva!

Ahora, Mario va al campo algunos sábados por la mañana con su cámara nueva. Ya tiene una gran colección de fotos de plantas, porque él siempre tuvo mucho interés por las plantas. Mario cree que no hay nada más interesante que la naturaleza, aunque también le gusta mucho usar su computadora.

---

**❷** **¿Comprendiste?** Responde a las preguntas con oraciones completas.

1. ¿Cuánto dinero pidió Mario a sus padres para comprar la computadora?

   _____

2. Cuando Mario volvió el lunes de la escuela, ¿encontró a alguien en la sala? ¿Y en la cocina?

   _____

3. ¿Con qué se sintió Mario más contento, con la cámara o con la computadora?

   _____

**❸** **¿Qué piensas?** ¿Qué regalo especial recibiste? ¿Quién te lo dio y por qué?

_____

_____

_____

# Lectura C

> ¡AVANZA!  **Goal:**  Practice reading a description of a past event.

**1** El idioma español cambia de un país a otro, de una región a otra, de un grupo de personas a otro. Lee el siguiente artículo sobre el Lunfardo, una forma de hablar particular de Argentina y algunas zonas de Uruguay.

## Lunfardo

El lunfardo es una variedad de frases, palabras y expresiones que nació en los barrios de los puertos de Buenos Aires, Argentina, a principios del siglo XX. En ese tiempo llegaron a Buenos Aires muchos emigrantes de distintos países europeos. Cada grupo de emigrantes llegó con su idioma o dialecto propio. Algunos grupos de personas empezaron a mezclar algunas de sus palabras con el español. Así surgió el lunfardo. El lunfardo no sólo recogió y modificó algunas palabras de idiomas como el francés y el italiano, sino que también recibió influencias de las lenguas de los nativos de Argentina y añadió nuevas palabras, muchas veces inventadas, al colocar la palabra al revés (como *gomia* por amigo).

Al principio, sólo hablaron lunfardo las personas de los niveles sociales más bajos de Buenos Aires, pero luego se extendió por todas las clases sociales. Muy pronto, muchos compositores de tangos, el estilo de canción más conocido de Argentina, usaron el lunfardo en sus canciones. Después algunos periodistas lo usaron en sus artículos y los autores teatrales en cierto tipo de obras. Más tarde, la radio llevó los tangos, y con ellos el lunfardo, a toda la Argentina e incluso fuera del país. Muchas personas criticaron su uso y finalmente lo prohibieron en la radio. Pero a pesar de todo, se siguió hablando en la calle y unos años después muchas de sus palabras se convirtieron en palabras comunes en el lenguaje popular de Buenos Aires. De esta manera, surgió un español específico del área del Río de la Plata.

Más tarde, la Real Academia de la Lengua Española reconoció algunas de estas palabras, como *morfar* (comer), *laburar* (trabajar), *gurí* (niño, muchacho), *fiaca* (pereza) o *mina* (mujer). También se pueden encontrar estas y otras palabras en diccionarios especializados, así como en diferentes páginas del Internet. Este es un ejemplo de cómo todos los hispanohablantes se mantienen informados y pueden comunicarse mutuamente de manera efectiva.

**2** **¿Comprendiste?** Responde a las siguientes preguntas:

1. ¿Cuándo y dónde se comenzó a utilizar el lunfardo?

   _____

   _____

2. ¿De qué idiomas recibió influencias el lunfardo?

   _____

   _____

3. ¿Qué manifestaciones artísticas y culturales usaron el lunfardo?

   _____

   _____

4. ¿Por qué medio se conoció el lunfardo más ampliamente, incluso fuera de Argentina?

   _____

**3** **¿Qué piensas?** ¿Conoces algunas palabras específicas que usa personas como estudiantes, profesionales, aficionados a los deportes, etc.? ¿Cuáles son? ¿Por qué crees que usan esas palabras? ¿Puedes invertar nuevas palabras con mezcla del inglés y del español? Haz una lista de las palabras que inventaste y escribe su significado.

_____

_____

_____

_____

_____

_____

_____

_____

_____

# Escritura A

| ¡AVANZA! | **Goal:** Write about technology. |
|---|---|

**1** Escribe una lista de cinco actividades en las que usaste la tecnología durante la semana.

**Modelo:** *teclado*        *Escribir un correo electrónico.*

| | Tecnología | Actividad |
|---|---|---|
| **1.** | | |
| **2.** | | |
| **3.** | | |
| **4.** | | |
| **5.** | | |

**2** Escribe un párrafo para decir lo que hiciste durante la semana con la información de la lista anterior. Empieza cada oración con una de las palabras y frases de secuencia de la caja. Asegúrate de que: 1) las oraciones tengan un orden lógico; 2) lleven palabras de sequencia; 3) uses correctamente los verbos y la ortografía.

| entonces | después | luego | más tarde | por fin | primero |
|---|---|---|---|---|---|

_____

_____

_____

_____

_____

**3** Evalúa tus oraciones usando la siguiente tabla.

| | **Crédito máximo** | **Crédito parcial** | **Crédito mínimo** |
|---|---|---|---|
| Contenido | Escribiste tu párrafo con palabras o frases de secuencia, y hay un orden lógico. | No todas las oraciones tienen palabras o frases de secuencia, y no siempre hay un orden lógico. | Tus oraciones no contienen palabras o frases de secuencia, y no hay un orden lógico. |
| Uso correcto del lenguaje | Tuviste muy pocos errores o ninguno en el uso de los verbos y la ortografía. | Hay algunos errores en el uso de los verbos y la ortografía. | Hay un gran número de errores en el uso de los verbos y la ortografía. |

UNIDAD 7 Lección 1

Escritura A

# Escritura B

| ¡AVANZA! | **Goal:** Write about technology. |
|----------|-----------------------------------|

Marcos acaba de recibir una computadora como regalo de cumpleaños. Él no tiene mucha experiencia usando la computadora y te pide consejo.

**1** Escribe información importante sobre cada aspecto de la computadora. Sigue el modelo.

**Modelo:** la computadora

_La computadora te ayuda a hacer la tarea y a escribir correos electrónicos._

1. el ratón _____

2. el mensajero instantáneo _____

3. la pantalla _____

4. los archivos / las carpetas _____

5. el Internet _____

6. el correo electrónico _____

**2** Escribe una nota para Marcos. En tu nota: 1) describe por qué cada elemento es importante y para qué se usa; 2) incluye información de la Actividad 1; 3) haz un uso correcto del lenguaje y de la ortografía.

_____

_____

_____

_____

_____

**3** Evalúa tu comentario usando la siguiente tabla.

|  | **Crédito máximo** | **Crédito parcial** | **Crédito mínimo** |
|---|---|---|---|
| Contenido | En tu nota describes los elementos e incluyes información de la Actividad 1. | No describes todos los elementos y no incluyes mucha información de la Actividad 1. | No describes los elementos y no incluyes información de la Actividad 1. |
| Uso correcto del lenguaje | Tuviste muy pocos errores o ninguno en el uso del lenguaje y la ortografía. | Tuviste algunos errores en el uso del lenguaje y la ortografía. | Tuviste un gran número de errores en el uso del lenguaje y la ortografía. |

# Escritura C

| ¡AVANZA! | **Goal:** Write about technology. |
|---|---|

En una sección del periódico de la escuela se cuenta lo que hacen distintas personas de la comunidad. Por tal motivo, le hiciste una entrevista a Maira, una técnica en computadoras.

**1** Escribe cuatro preguntas que le hiciste a Maira acerca de su profesión y de lo que hace por la comunidad. Escribe lo que ella te respondió.

| Preguntas | Respuestas |
|---|---|
| | |
| | |
| | |
| | |

**2** Escribe un artículo para el periódico con la información anterior. Escríbelo con:
1) oraciones completas y lógicas; 2) detalles de lo que hace Maira por la comunidad;
3) el uso correcto de los verbos en el pretérito; 4) ortografía correcta.

_____

_____

_____

_____

| | **Crédito máximo** | **Crédito parcial** | **Crédito mínimo** |
|---|---|---|---|
| Contenido | Tu artículo está completo y contiene detalles de la entrevista. | Tu artículo no está completo y le faltan detalles de la entrevista. | Tu artículo no está completo y no tiene detalles de la entrevista. |
| Uso correcto del lenguaje | Tuviste muy pocos errores o ninguno en el uso de los verbos en pretérito y la ortografía. | Tuviste algunos errores en el uso de los verbos en pretérito y la ortografía. | Tuviste un gran número de errores en el uso de los verbos en pretérito y la ortografía. |

UNIDAD 7 Lección 1

Escritura C

314

Unidad 7, Lección 1
Escritura C

¡Avancemos! 1
Cuaderno para hispanohablantes

# Cultura A

| ¡AVANZA! | **Goal:** Use and strengthen cultural information about Argentina. |
|---|---|

**1** Usa la información sobre Argentina de tu libro para subrayar la respuesta correcta.

1. En este lugar los visitantes pueden pescar, bucear, hacer *surfing* o descansar al sol.

   **a.** Mar del Plata        **b.** El Obelisco        **c.** Sarmiento

2. Aquí se reúne la gente los domingos a bailar tango, un baile argentino.

   **a.** Plaza de la República    **b.** Las pampas        **c.** Barrio de San Telmo

3. Es un monumento moderno que se localiza en la Plaza de la República.

   **a.** El matambre        **b.** El Obelisco        **c.** La avenida 9 de julio

4. Así se llama a la región donde los gauchos cuidan ganado.

   **a.** Las pampas        **b.** El tango        **c.** Plaza de la República

**2** Ahora Paola tiene estas preguntas acerca de la cultura argentina. Ayúdala a contestarlas con oraciones completas.

1. ¿Cuáles son algunas de las comidas típicas de Argentina?

   _____

   _____

2. ¿Cómo se llama la avenida más ancha del mundo?

   _____

3. ¿Cuál es el baile más popular en Argentina?

   _____

4. ¿Cuál es la mejor temporada para visitar Mar del Plata?

   _____

   _____

**3** Los gauchos argentinos son muy parecidos a los vaqueros estadounidenses. Encuentra tres similitudes entre los gauchos y los vaqueros.

   **Modelo:**    Los vaqueros y los gauchos montan a caballo.

1. _____

2. _____

3. _____

# Cultura B

> **¡AVANZA!**    **Goal:**    Use and strengthen cultural information about Argentina.

**1** En la clase de Geografía te han pedido que escribas acerca de Argentina. Usa el mapa de abajo para completar la tabla que describe su locación geográfica.

**Argentina**

| Argentina |
|---|
| Países que lo rodean: |
| _____ |
| _____ |
| _____ |
| _____ |
| _____ |
| Al este, limita con el océano: |
| _____ |

**América del Sur**

**2** Paola quiere conocer Argentina. Ayúdala a seleccionar los lugares que debe visitar de acuerdo con lo que quiere hacer.

| Paola quiere... | Entonces debe visitar... |
|---|---|
| **1.** aprender a bailar tango. | |
| **2.** descansar en la playa. | |
| **3.** ver edificios culturales. | |
| **4.** conocer a un gaucho. | |

**3** El **lunfardo** es un tipo de *slang* que aún se usa en Argentina. *Spanglish* es un *slang* que surge de la combinación de inglés y español. Piensa en estos dos idiomas informales e incluye 2 palabras de cada uno.

| lunfardo |
|---|
| |
| |

| Spanglish |
|---|
| |
| |

# Cultura C

| ¡AVANZA! | **Goal:** Use and strengthen cultural information about Argentina. |
|---|---|

**1** Escribe una oración completa que describa los siguientes aspectos de la cultura argentina.

**Modelo:** La arquitectura de Buenos Aires

*La arquitectura de Buenos Aires mezcla el estilo europeo con elementos modernos.*

1. Los cartones de Mafalda

_____

_____

2. El tango

_____

_____

3. El lunfardo

_____

_____

4. Los gauchos

_____

_____

**2** Tu familia y tú van a ir de vacaciones a Mar del Plata en diciembre. Toma en cuenta el clima y haz una lista de las actividades que puedes realizar y la ropa que debes llevar.

_____        _____

_____        _____

_____        _____

_____        _____

**3** Si caminas por la Avenida 9 de Julio, en la capital de Argentina, ¿qué ves? Escribe un párrafo sobre tu experiencia.

_____

_____

_____

_____

_____

UNIDAD 7 Lección 1

Cultura C

# Vocabulario A  *Un día en el parque de diversiones*

| ¡AVANZA! | **Goal:** Talk about places to go with friends. |
|---|---|

**❶** Visitas algunos lugares de interés. Indica si las oraciones sobre esos lugares son ciertas (C) o falsas (F).

**1.** En un zoológico puedes ver obras de arte. _____

**2.** En una feria puedes montar en una vuelta al mundo. _____

**3.** En un museo puedes montar en los autitos chocadores. _____

**4.** En un acuario puedes nadar con tus amigos. _____

**❷** Delia y Rosa hablan por teléfono. Escribe las palabras correctas para completar la conversación entre Delia y Rosa.

| mensaje | acompañarme | invito | divertido | me encantaría |
|---|---|---|---|---|

**Delia:** ¡Hola, Rosa! ¿Qué tal? ¿Quieres _____ al parque de diversiones el sábado?

**Rosa:** Sí, ¡_____ ir!

**Delia:** También te _____ al almuerzo. ¡Vamos a celebrar mi cumpleaños!

**Rosa:** ¡Gracias, Delia! ¡Qué _____ va a ser el día!

**Delia:** Bueno, te llamo o te dejo un _____ con más información sobre el sábado. ¡Hasta pronto!

**❸** Es tu cumpleaños este fin de semana y quieres visitar algunos lugares de interés. Escribe cinco oraciones completas con los verbos de la izquierda y las frases de la derecha.

| conducir | el boleto |
|---|---|
| subir a | la montaña rusa |
| ir a | los autitos chocadores |
| comprar | el zoológico |
| tener miedo de | el parque de diversiones |

**1.** _____

**2.** _____

**3.** _____

**4.** _____

**5.** _____

UNIDAD 7 Lección 2

Vocabulario A

# Vocabulario B  *Un día en el parque de diversiones*

**¡AVANZA!**  **Goal:**  Talk about places to go with friends.

**❶** ¿En qué lugares de la ciudad encuentras las siguientes cosas?

**Modelo:**  Objetos muy viejos u obras de arte:  *En el museo.*

1. Atracciones mecánicas como la vuelta al mundo: _____

2. Animales salvajes como el león: _____

3. Focas, tiburones y orcas: _____

4. Vendedores de globos y de comida rápida: _____

**❷** Estas personas están en diferentes lugares. Identifica el lugar de interés en cada dibujo con oraciones completas.

**Modelo:**  *Andrés y Sandra están en lel parque de diversiones.*

**Andrés y Sandra**

**1. Rafael**

**2. Carlos**

**3. Luis y Carlos**

1. _____

2. _____

3. _____

**❸** Diana quiere llamar a un(a) amigo(a) que está de vacaciones en Argentina. Ella no sabe cómo hacer una llamada de larga distancia. Explícale cinco pasos que debe seguir para hacer la llamada.

1. _____

2. _____

3. _____

4. _____

5. _____

## Vocabulario C  *Un día en el parque de diversiones*

| ¡AVANZA! | **Goal:** Talk about places to go with friends. |

**❶** Di qué puedes decir en las siguientes ocasiones.

> **Modelo:**   ¡Qué lástima!
> *Cuando pasa algo malo o triste.*

1. ¡Claro que sí! _____

2. ¡Qué divertido! _____

3. ¡Qué miedo! _____

4. Un momento, por favor. _____

5. ¿Bueno? _____

**❷** Marcos quiere invitar a Anita a hacer algo este fin de semana. Completa el diálogo según la información que se da.

**Marcos:** ¿Aló? ¿ **1.** _____ con Anita?

**Anita:** Hola, Marcos. **2.** _____ , Anita.

**Marcos:** Hola, Anita, ¿Quieres **3.** _____ ?

**Anita:** **4.** _____ , pero no quiero ir. Tengo miedo de las montañas rusas.

**Marcos:** Entonces, ¿ **5.** _____ ?

**Anita:** ¡ **6.** _____ sí! Me encanta el arte.

**❸** Vas a un parque de diversiones con tus amigos. Escribe un párrafo para describir lo que hicieron ese día. Describe los juegos, las actividades y la comida.

_____

_____

_____

_____

_____

_____

_____

# Vocabulario adicional  *Hablando por teléfono: Variaciones regionales*

| ¡AVANZA! | **Goal:** Practice regional variations of telephone etiquette. |
|---|---|

En una llamada telefónica las formas de responder varían de país a país. En España contestas con «¡Diga!», «¡Dígame!» o «¡Sí!». En México contestas con «¡Bueno!». En algunas partes de Latinoamérica dices «¡Aló!». En todos los países puedes usar «¡Hola!» cuando sabes que es una persona conocida.

Si la persona a quien llamas no contesta, puedes decir «Quisiera hablar con...» o «Con..., por favor». Si la persona que contesta te pregunta «¿De parte de quién?» o «¿Quién llama?», tú dices «Soy...». Si es necesario, puedes decir «¿Le puedo dejar un mensaje?» o «¿Le puedo dejar un recado?»

También hay variaciones regionales en las palabras que usas cuando necesitas entender algo. En España preguntas «¿Cómo?» cuando no entiendes lo que dice la otra persona. En México dices «Mande» y en algunos países latinoamericanos usas «Perdón».

**1** Llamas a Andrés a Monterrey, México. Quieres decirle algo importante pero su abuela dice que no está. Completa el diálogo entre tú y la abuela.

**Abuela:** ¡ **1.** _____ !

**Tú: 2.** _____ Andrés, por favor.

**Abuela:** ¿ **3.** _____ de quién?

**Tú: 4.** _____

**Abuela:** Lo siento, pero Andrés no está.

**Tú:** ¿Puedo **5.** _____ ?

**Abuela: 6.** _____

**2** Lee este diálogo y sustituye las palabras subrayadas por otras palabras o expresiones.

**Padre de Jorge:** ¡Bueno! **1.** _____

**Juan:** Con Jorge, por favor. **2.** _____

**Padre de Jorge:** ¿Quién llama? **3.** _____

**Juan:** Soy Juan, su amigo.

**Padre de Jorge:** Lo siento, no está.

**Juan:** ¿Le puedo dejar un recado? **4.** _____

**Padre de Jorge:** ¿Mande? **5.** _____

**Juan:** Le puedo dejar un recado? **6.** _____

**Padre de Jorge:** Sí, por supuesto.

# Gramática A  *Preterite of **ir**, **ser**, and **hacer***

> **¡AVANZA!**  **Goal:**  Use the preterite of *ir*, *ser*, and *hacer* to speak about past events.

**1** Empareja con una línea las formas correctas de los verbos con sus sujetos correspondientes para contar lo que hicieron las siguientes personas.

1. _____ Yo          a. hizo una llamada.
2. _____ Él          b. hicieron el trabajo ayer.
3. _____ Ustedes     c. fui al parque.
4. _____ Ellas       d. fueron al zoológico.

**2** Escribe oraciones completas sobre las actividades pasadas de las siguientes personas.

**Modelo:**  Yo / ir al parque
Yo *fui* al parque.

1. Tú / hacer la tarea _____
2. El día / ser divertido _____
3. Laura y Patricia / ir al acuario _____
4. Darío y yo / ir a la feria _____
5. Manuel y Pilar / hacer una llamada _____

**3** Escribe una oración completa para decir adónde fueron las siguientes personas.

**Modelo:**  *Carlos y Luis fueron al cine.*

**Carlos y Luis**

**1. Felix**

**2. Pepito**

**3. Luis y Rafael**

1. _____
2. _____
3. _____

# Gramática B  *Preterite of **ir**, **ser**, and **hacer***

*Level 1 Textbook* pp. 385–389

> ¡AVANZA!    **Goal:** Use the preterite of *ir*, *ser*, and *hacer* to speak about past events.

**❶** Elige la forma correcta del verbo *ir* para completar el párrafo sobre Silvia y su visita al Museo de Arte Moderno de Buenos Aires.

La semana pasada mis amigos y yo (fueron / fuimos) al Museo de Arte Moderno de Buenos Aires y vimos muchos cuadros importantes. Mis amigos sólo (fuimos / fueron) por poco tiempo. El día (fue / fuiste) muy divertido. Más tarde nos encontramos y todos (fue / fuimos) a comer a mi restaurante favorito.

**❷** Escribe adónde fuiste, qué hiciste y cómo fue la experiencia. Sigue el modelo para responder.

**Modelo:**    La semana pasada  *Fui a la escuela, hice la tarea. Fue fácil.*

1. Anoche_____

2. Anteayer_____

3. Ayer_____

4. El fin de semana pasado _____

**❸** Escribe oraciones completas para describir adónde fueron las siguientes personas y qué hicieron allí. Usa información de cada columna.

**Modelo:**    *Yo fui al restaurante y comí con mis amigos.*

| Yo | el acuario | mirar el arte |
|---|---|---|
| Mi familia y yo | el restaurante | mirar los peces |
| Ellos | el museo | subir a la montaña rusa |
| Mercedes | el parque de diversiones | comer con amigos |
| Tú | el zoológico | aprender sobre los animales |

_____

_____

_____

_____

# Gramática C  *Preterite of ir, ser, and hacer*

> **¡AVANZA!**   **Goal:**   Use the preterite of *ir*, *ser*, and *hacer* to speak about past events.

**①** Escribe oraciones completas sobre las actividades de las siguientes personas. Usa el pretérito.

**Modelo:**   Nosotros / no ir al cine

*Nosotros no fuimos al cine.*

**1.** Yo / no hacer la tarea _____

**2.** Víctor / ir a la playa _____

**3.** Las hermanas Ramos / ir al acuario _____

**4.** Ustedes / ir al parque zoológico _____

**②** Contesta las siguientes preguntas sobre tus actividades con oraciones completas.

**1.** ¿Fuiste alguna vez al museo? _____

¿Con quién fuiste? _____

¿Qué hicieron? _____

¿Cómo fue la visita al museo? _____

**2.** ¿Cuándo fuiste al parque de diversiones? _____

¿Con quién fuiste? _____

¿Qué hicieron? _____

¿Cómo fue el día en el parque de diversiones? _____

**3.** Imagina que fuiste de vacaciones con algunos de tus familiares a la Argentina. Éscribe una postal a un(a) amigo(a) para contarle los lugares que visitaste, los lugares que más te gustaron y por qué, con quién(es) visitaste esos lugares y que hicieron allí.

_____
_____
_____
_____
_____
_____
_____
_____
_____
_____

UNIDAD 7 Lección 2

Gramática C

Unidad 7, Lección 2
Gramática C

**324**

¡Avancemos! 1
Cuaderno para hispanohablantes

## Gramática A  *Pronouns after Prepositions*

**¡AVANZA!**  **Goal:**  Use pronouns after prepositions to talk about interests, possessions, and friends.

**1**  ¿A quién le gusta ir al zoológico? Empareja cada dibujo con la descripción correspondiente.

_d_

**a.** A ellos les gusta ir al zoológico.

**b.** A mí me gusta ir al zoológico.

**c.** A nosotros nos gusta ir al zoológico.

**d.** A ustedes les gusta ir al zoológico.

**e.** A ellas les gusta ir al zoológico.

**f.** A ti te gusta ir al zoológico.

**1.** yo  _____

**2.** _____

**3.** _____

**4.** _____

**5.** _____

**2**  Completa las siguientes oraciones con el pronombre que reemplaza los nombres o los pronombres entre paréntesis.

**Modelo:**  Fui a la playa con _ellos_ (Margarita y Pablo)

**1.** Este regalo es para _____ (yo).

**2.** A _____ te gustaría ir al acuario (tú)?

**3.** Me gustaría ir al zoológico _____ mañana (con tú).

**4.** Joaquín fue con _____ al museo (nosotros).

**5.** A _____ le gusta ir al cine (señora Álvarez).

# Gramática B  *Pronouns after Prepositions*

| ¡AVANZA! | **Goal:** Use pronouns after prepositions to talk about interests, possessions, and friends. |
|---|---|

**1** Elige el pronombre correcto que completa las siguientes oraciones:

**1.** Voy a estudiar a España con (conmigo / ustedes).

**2.** Quiero ir con (él / tú) a la feria.

**3.** ¿Te tocó a (ti / mi) montar en la vuelta al mundo?

**4.** A ( mí / nosotros) nos gustaría ir al parque de diversiones.

**2** Escribe oraciones completas para decir con quién(es) fuiste a los siguientes lugares. Sustituye los nombres por los pronombres apropiados.

**Modelo:** Victoria / a la fiesta  *Fui con ella a la fiesta.*

**1.** José y Franco / al museo _____

**2.** Mis tíos / a la feria _____

**3.** Tú / al acuario _____

**4.** Usted / a la playa _____

**5.** Jorge / al zoológico _____

**3** Haces diferentes actividades. Contesta las siguientes preguntas con oraciones completas y con el pronombre apropiado.

**Modelo:** ¿Vas al cine con Benjamín y Santiago?

*Sí, voy al cine con ellos / No, no voy al cine con ellos.*

**1.** ¿Te gusta ir al museo con tus amigos?

_____

**2.** ¿Compras un regalo para Selena?

_____

**3.** ¿Quieres estudiar para el examen conmigo?

_____

**4.** ¿Puedo ir con ustedes a la feria?

_____

**5.** ¿Podemos is contigo al acuario?

_____

UNIDAD 7 Lección 2

Gramática B

Unidad 7, Lección 2
Gramática B

**326**

¡**Avancemos! 1**
Cuaderno para hispanohablantes

# Gramática C  *Pronouns after Prepositions*

> **¡AVANZA!**  **Goal:**  Use pronouns after prepositions to talk about interests, possessions, and friends.

**1** Lee las siguientes oraciones. Escribe el pronombre que corresponde con el nombre o pronombre entre paréntesis.

**Modelo:** Esta llamada es para _mí_ . (yo)

1. Diana va al cine con _____. (sus compañeros)

2. ¿Son de _____ estos libros? (Clara y tú)

3. Tu familia vive muy cerca de _____. (Miguel y yo)

4. ¿A _____ te gusta subir a la montaña rusa? (tú)

**2** Mira la lista de regalos de Antonio. Escribe oraciones completas para decir a quién(es) les compró cada regalo.

**Modelo:** Linda: un libro de poemas

*Antonio compró un libro de poemas para ella.*

> 1. yo: una entrada al museo
>
> 2. tú: un DVD nuevo
>
> 3. Verónica y Cristina: una foto de la ciudad
>
> 4. David y yo: una caja de chocolates

1. _____

2. _____

3. _____

4. _____

**3** Quieres ir a un parque de diversiones de tu ciudad con tu mejor amigo(a). Escribe un diálogo para invitarlo(a) y usa pronombres después de preposiciones.

**Tú:** _____

**Amigo(a):** _____

**Tú:** _____

**Amigo(a):** _____

**Tú:** _____

**Amigo(a):** _____

**Tú:** _____

**Amigo(a):** _____

# Gramática adicional *Palabras de transición*

> **¡AVANZA!**    **Goal:**    Use transition words to connect ideas to a specific context.

- En español la palabra **porque** expresa causa.

  Ejemplo: No pudo ir a bailar **porque** estaba enfermo.

- Hay otras palabras y frases que también sirven para expresar causa y efecto. Éstas son útiles para mejorar tu escritura y conectar tus pensamientos. Por ejemplo las siguientes oraciones están relacionadas:

  Yo estaba enfermo. No fui a la fiesta de cumpleaños de Ana.

  Una frase de transición conecta las dos oraciones y la relación de causa y efecto está más clara:

  Yo estaba enfermo y **por eso** no fui a la fiesta de cumpleaños de Ana.

- Algunas frases de transición que expresan causa y efecto son: **como, como consecuencia, por eso, como resultado, así que.**

Combina las siguientes oraciones de una manera lógica. Usa las frases de transición.
Sigue el modelo.

**Modelo:**    Cancelaron el partido. Estaba lloviendo.

*Estaba lloviendo así que cancelaron el partido.*

**1.** No podemos ir al concierto. No hay entradas.

_____

**2.** No tengo mi cartera. No compré el regalo.

_____

**3.** No me conecté al Internet ayer. No sé si recibí un correo electrónico.

_____

**4.** No te llamé. Perdí mi teléfono celular.

_____

**5.** No pude hablar con Julia. Julia no está en casa.

_____

**6.** No escribí ningún correo electrónico ayer. Mi computadora no funciona.

_____

**7.** Me duele el estómago. No puedo ir a tomar el sol a la playa.

_____

**328**

UNIDAD 7 Lección 2

Gramática adicional

Unidad 7, Lección 2
Gramática adicional

**¡Avancemos! 1**
Cuaderno para hispanohablantes

# Integración: Hablar

¡AVANZA!   **Goal:** Respond to written and oral passages about a day at the amusement park.

El anuncio a continuación es de un parque de diversiones en Argentina. Léelo
con cuidado.

## Gran parque de diversiones ESCAPE

**¡La montaña rusa con más vueltas!**
**Abierto todo el día. ¡Diversión para toda la familia!**

**✗ TARIFAS**      Pasaporte $20 Pasaporte discapacitados y +60 años $6
                   Niños menores de 2 años gratis. Pasaporte anual juvenil
                   13-18 años $40 Incluye todas las atracciones mecánicas.

**✗ NORMAS**       No se permite la entrada con comida ni animales.
                   No está permitido el reingreso.

**✗ SEGURO**       Nuestras atracciones están totalmente supervisadas por
                   nuestro personal para su seguridad.

**✗ ATRACCIONES**  Carros chocadores. Botes chocadores. Danza de las
                   tazas. Balsas en el pantano. Laberinto encantado. Vuelta
                   al mundo. Delfines voladores y muchas más.

**✗ VÉRTIGO**      Montaña Rusa Éverest. Montaña Rusa El Reto. Montaña
                   Rusa X-tremo.

Escucha el siguiente audio. Puedes tomar notas mientras escuchas y luego responde
oralmente a las preguntas.

### HL CD2, tracks 21–22

¿Que opinas del parque de diversiones Escape? ¿Te gustan los parques de
diversiones? ¿Por qué? ¿Cuáles son tus atracciones favoritas?

## Integración: Escribir

El siguiente cartel es para promover la nueva atracción mecánica en un parque de Buenos Aires. Léelo con cuidado.

## LOS PIRATAS DE ALTA MAR

**Este verano no dejes de visitar la Gruta del Terror ¡Si tienes el valor!**

Los piratas de alta mar han anclado en el Parque Central y esperan tu visita.

En su bote «*La esmeralda*» navegan sin precaución por las aguas oscuras de un océano subterráneo. ¿Te atreves a visitarlos?

El nuevo restaurante «*El Tesoro de Barba Azul*» está a tu disposición a la salida de la gruta.

**Horarios: domingo a jueves hasta las 10:00, viernes y sábado hasta la medianoche**

Escucha el siguiente anuncio de radio. Puedes tomar notas mientras escuchas y luego completa la actividad.

**HL CD2, tracks 23–24**

Escribe un párrafo para explicar qué tienes que hacer para ganar el concurso del audio. Escribe también por qué te gustaría ganar.

_____

_____

_____

_____

_____

_____

_____

**330**   Unidad 7, Lección 2
Integración: Escribir

UNIDAD 7 Lección 2
Integración: Escribir

**¡Avancemos! 1**
Cuaderno para hispanohablantes

# Lectura A

| ¡AVANZA! | **Goal:** Read about past activities. |
|----------|---------------------------------------|

**1** Lee el pasaje sobre el cumpleaños de Rosario. Luego responde a las preguntas de comprensión y compara su experiencia con la tuya.

## Un día especial

Anteayer fue el cumpleaños de Rosario. Por la mañana ella fue al acuario con sus hermanos. Ellos salieron de casa muy temprano y fueron los primeros en llegar al acuario. Primero fueron a ver los delfines. A Rosario le encantan, pero era demasiado temprano para ver la presentación de estos animales. Entonces fue con sus hermanos a ver un video sobre los delfines. El video fue muy entretenido y Rosario y sus hermanos aprendieron muchas cosas nuevas. Lo que más le gustó a Rosario fue escuchar los sonidos que usan los delfines para comunicarse. Luego visitaron otros lugares del acuario y vieron peces de todo tipo. Después regresaron para ver el espectáculo de los delfines. Fue muy divertido. Los delfines saltaron, jugaron e hicieron muchos trucos increíbles. Cuando terminó la presentación, Rosario fue con sus hermanos al restaurante del acuario y comieron hamburguesas y bebieron jugo de naranja. Después volvieron a casa. Cuando Rosario y sus hermanos llegaron a casa, se encontraron con una sorpresa: ¡una fiesta para Rosario! ¡Fue genial! La abuela de Rosario hizo un pastel delicioso. La fiesta fue muy divertida.

**2** **¿Comprendiste?** Responde a las siguientes preguntas con oraciones completas:

**1.** ¿Adónde fueron primero después de llegar al acuario?

_____

**2.** ¿Qué fue lo que más le gustó a Rosario en el acuario?

_____

**3.** ¿Cómo fue el cumpleaños de Rosario?

_____

_____

**3** **¿Qué piensas?** ¿Qué hiciste el día de tu último cumpleaños? ¿Como fue el día? ¿Adónde fuiste?

_____

_____

_____

_____

_____

# Lectura B

> ¡AVANZA! **Goal:** Read about past activities.

**1** Lee la siguiente conversación telefónica. Luego responde a las preguntas de comprensión y habla sobre tu experiencia.

> **JAIME:** ¿Aló?
>
> **RAÚL:** Hola, buenos días, ¿Está Rita?
>
> **JAIME:** No, lo siento, salió con sus amigas. Eres Raúl, ¿verdad? Oye, espera. Rita acaba de llegar.
>
> **RITA:** ¿Aló?
>
> **RAÚL:** Hola Rita, soy Raúl, ¿te gustaría ir mañana al parque de diversiones? Yo te invito.
>
> **RITA:** Sí, me encantaría, pero mañana voy a la feria con Inés, Andrés y Berta. ¿Pero por qué no vienes a la feria con nosotros y la semana que viene vamos todos al parque de diversiones?
>
> **RAÚL:** ¿Todos juntos? ¡Qué divertido! Me parece una idea estupenda.
>
> **RITA:** Jaime fue la semana pasada y me contó que hay muchas cosas interesantes. sabes el número del teléfono celular de Anita? Sé que a ella le gustaría venir con nosotros a la feria.
>
> **RAÚL:** El celular de Anita es el 803-5877.
>
> **RITA:** Gracias Raúl luego voy a llamarla. Mañana nos vemos en la plaza.
>
> **RAÚL:** Sí, hasta mañana.

**2** **¿Comprendiste?** Responde a las preguntas siguientes con oraciones completas.

**1.** Cuando Raúl llama, Rita no está en casa. ¿Quién contesta el teléfono y por qué Rita no está?

_____

**2.** ¿Por qué no le deja Raúl un mensaje para Rita?

_____

**3.** ¿Por qué quiere Rita ir a la feria?

_____

**3** **¿Qué piensas?** ¿Haces planes con tus amigos? ¿Adónde les gusta ir? ¿Crees que es mejor hacer los planes con tus amigos(as) por teléfono o en persona? ¿Por qué?

_____

_____

_____

# Lectura C

| ¡AVANZA! | **Goal:** Read about past activities. |

**1** Luisa está de vacaciones en Buenos Aires con su familia. Su amiga Mónica vive en Buenos Aires y ayer pasaron el día juntas. Lee lo que escribió Luisa sobre ese día. Luego responde a las preguntas de comprensión y compara su experiencia con la tuya.

## Un día agotador

Ayer Mónica me llamó por teléfono y me invitó a visitar el museo de Bellas Artes de la Boca. Fuimos en taxi hasta La Boca. El taxi nos dejó en la puerta del museo que lleva el nombre de "Benito Quinquela Martín". Quinquela fue un gran pintor argentino que vivió en La Boca e hizo muchas pinturas sobre su barrio. Visitamos todas las salas del museo y vimos obras de muchos artistas. Fue una visita muy interesante. Cuando salimos del museo, Mónica llamó por teléfono a su madre y ella vino en su coche a buscarnos.

Luego las tres dimos un paseo por la ciudad, tomamos unas fotos delante del Ayuntamiento y de la Catedral Metropolitana. También visitamos la Catedral por dentro. Después fuimos hasta la calle Florida. Allí la mamá de Mónica fue a una tienda de computadoras y compró algunos CDs. Mónica y yo fuimos a las tiendas de ropa, pero no compramos nada. Después de caminar por la calle Florida volvimos a subir al coche y fuimos a casa de la hermana de Mónica para almorzar.

Marga, la hermana de Mónica hizo una parrillada estupenda con muchas carnes diferentes. Su marido hizo una ensalada y el Sr. Rizzi, el padre del marido de Marga, hizo dos pizzas maravillosas. El Sr. Rizzi es de origen italiano; su abuelo fue uno de los emigrantes que llegaron a Buenos Aires a principios del siglo pasado.

La comida fue muy sabrosa y el Sr. Rizzi contó muchas historias interesantes. Después de comer, Mónica y yo fuimos a la cocina y ayudamos al marido de Marga a lavar los platos. Mónica y mamá hablaron en el jardín un buen rato. Después Mónica y su madre fueron a su casa y yo fui al hotel.

Ayer fue un día agotador, pero fue el día más divertido que pasé desde que llegué a Buenos Aires. ¡Hice un montón de cosas!

**2** **¿Comprendiste?** Responde a las siguientes preguntas:

1. ¿Quién fue Benito Quinquela Martín y qué lugar público tiene su nombre?

   _____

   _____

2. ¿Qué hizo la madre de Mónica cuando las chicas terminaron de visitar el museo?

   _____

   _____

3. ¿Qué hizo la madre de Mónica en la calle Florida? ¿Y las chicas?

   _____

   _____

4. ¿Qué hicieron Mónica y Luisa después de comer?

   _____

   _____

**3** **¿Qué piensas?** ¿Qué hiciste la última vez que visitaste una ciudad distinta de la tuya? ¿Te cansaste? ¿Cómo fue el día? Explica tu respuesta.

   _____

   _____

   _____

   _____

UNIDAD 7 Lección 2

Lectura C

334

Unidad 7, Lección 2
Lectura C

¡Avancemos! 1
Cuaderno para hispanohablantes

# Escritura A

| ¡AVANZA! | **Goal:** Write about where someone went and what he/she did. |
|---|---|

El fin de semana pasado fuiste con tu familia a una ciudad importante de tu región. Escribe un relatoe para explicar qué lugares visitaste y qué hiciste allí.

**❶** Escribe cinco lugares a los que fuiste. Luego indica si fuiste solo(a) o con otra(s) persona(s).

| Lugares a los que fui | Fui con... |
|---|---|
|  |  |
|  |  |
|  |  |
|  |  |
|  |  |

**❷** Escribe tu párrafo usando la información de la tabla para escribir tu relato. Incluye cinco lugares y al menos una actividad para cada lugar. Asegúrate de que: (1) el párrafo es claro y fácil de entender; (2) incluyes cinco lugares y cinco o más actividades; (3) los tiempos y los verbos son correctos; (4) la ortografía es correcta.

_____

_____

_____

_____

_____

**❸** Evalúa tu relato con la siguiente tabla.

|  | **Crédito máximo** | **Crédito parcial** | **Crédito mínimo** |
|---|---|---|---|
| Contenido | Tu relato es claro y fácil de entender; incluyes cinco lugares y cinco o más actividades. | Algunas partes de tu relato son poco clara; incluyes coatro lugares y al menos cuatro actividades. | En general, tu relato resulta poco claro y difícil de entender; incluyes tres o menos lugares y tres o menos actividades. |
| Uso correcto del lenguaje | Hay muy pocos errores o ninguno en el uso de los verbos y la ortografía. | Hay algunos errores en el uso de los verbos y la ortografía. | Hay un gran número de errores en el uso de los verbos y la ortografía. |

# Escritura B

| | |
|---|---|
| ¡AVANZA! | **Goal:** Write about where someone went and what he/she did. |

Tu amigo(a) acaba de regresar de vacaciones. Hablas por teléfono con él y le haces preguntas sobre su viaje.

**1** Escribe una lista de cinco cosas que le vas a preguntar a tu amigo(a).

1. _____

2. _____

3. _____

4. _____

5. _____

**2** Escribe una página de tu diario para contar las experiencias que te contó tu amigo(a). Incluye: 1) detalles del viaje de tu amigo(a) como por ejemplo, qué lugares visitó, cuáles fueron sus comidas favoritas, qué compró, etc.; 2) si le gustó o no le gustó el viaje y por qué; 3) oraciones completas y claras; 4) ortografía correcta.

_____

_____

_____

_____

**3** Evalúa tu narración con la siguiente tabla.

| | **Crédito máximo** | **Crédito parcial** | **Crédito mínimo** |
|---|---|---|---|
| Contenido | Tu narración contiene detalles, comentarios, y oraciones completas y claras. | Tu narración no contiene suficientes detalles y comentarios. Algunos oraciones no son claras. | Tu narración no contiene detalles ni comentarios. Las oraciones no son completas y no son claras. |
| Uso correcto del lenguaje | Tuviste muy pocos errores o ninguno en el uso de los verbos y la ortografía. | Tuviste algunos errores en el uso de los verbos y la ortografía. | Tuviste un gran número de errores en el uso de los verbos y la ortografía. |

UNIDAD 7 Lección 2

Escritura B

**336**

Unidad 7, Lección 2
Escritura B

¡**Avancemos!** 1
Cuaderno para hispanohablantes

# Escritura C

| ¡AVANZA! | **Goal:** Write about where you went and what you did. |
|----------|--------------------------------------------------------|

Durante las vacaciones de verano, tú y tus amigos visitaron lugares de la ciudad en donde viven. Escribe una composición corta para contar lo qué ustedes hicieron.

**1** Completa la tabla siguiente con las actividades tuyas y de tus amigos.

|  | **¿Adónde fueron?** | **¿Qué hicieron?** | **¿Cómo fue?** |
|---|---|---|---|
| Tú solo(a) |  |  |  |
| Tú y un(a) amigo(a) |  |  |  |
| Tú y varios(as) amigos(as) |  |  |  |
| Varios(as) de tus amigos(as) |  |  |  |

**2** Escribe tu composición con la información de la tabla anterior. Asegúrate de que: 1) la información es completa y clara; 2) das opiniones personales sobre cómo fue cada día o cada actividad usando exclamaciones; 3) el uso del lenguaje y la ortografía es correcto.

_____

_____

_____

_____

**3** Evalúa tu composición con la siguiente tabla.

|  | **Crédito máximo** | **Crédito parcial** | **Crédito mínimo** |
|---|---|---|---|
| Contenido | La información es completa y clara e incluyes exclamaciones para expresar cómo fue el dia o la actividad. | La información es un poco escasa. A veces no es clara o no incluyes exclamaciones para expresar cómo fue el dia o la actividad. | La información es muy escasa y poco clara y no incluyes exclamaciones para expresar cómo fue el dia o la actividad. |
| Uso correcto del lenguaje | Tuviste muy pocos errores o ninguno en el uso de los verbos y la ortografía. | Tuviste algunos errores en el uso de los verbos y la ortografía. | Tuviste un gran número de errores en el uso de los verbos y la ortografía. |

# Cultura A

> ¡AVANZA!  **Goal:**  Use and strengthen cultural information about Argentina.

**①** Relaciona la información de la primera columna con la información de la segunda columna. Escribe la letra sobre la línea.

1. _____ Así se les llama a los ranchos en Argentina.

2. _____ En esta sección de Buenos Aires está el Museo al Aire Libre.

3. _____ Ahí se pueden ver obras de arte, tomar café y mirar a personas bailar el tango.

4. _____ Así se llama a los restaurantes de carnes asadas.

5. _____ Es una reunión con amigos y familiares en donde se cocina carne al aire libre.

**a.** asado

**b.** La Boca

**c.** parrillas

**d.** estancias

**e.** en la calle El Caminito

**②** A la gente de Buenos Aires se les llama **porteños** porque viven cerca de un puerto. ¿Cómo les llaman a personas de otros lugares que conozcas, en los Estados Unidos o en otros países hispanos?

| Lugar | Así se llama a sus habitantes |
|---|---|
| **Modelo:** *Quito, Ecuador* | *quiteños* |
| 1. | |
| 2. | |
| 3. | |

**③** Describe con tres oraciones completas qué es un asado argentino. También, menciona al menos dos comidas típicas de Argentina que puedan acompañar el asado.

_____

_____

_____

# Cultura B

| ¡AVANZA! | **Goal:** Use and strengthen cultural information about Argentina. |
|---|---|

**1** Completa las siguientes oraciones con información sobre Argentina.

1. Las _____ son restaurantes de carne asada.

2. Los fines de semana amigos y familiares se reúnen para hacer un _____ .

3. A la gente de Buenos Aires, la capital de Argentina, se les llama _____ que significa «gente del puerto».

4. El artista Benito Quinquela Martín nació en el famoso barrio de _____, en Buenos Aires.

5. Las _____ en Argentina son lo que nosotros llamamos ranchos en los Estados Unidos.

**2** Lee la sección «Museos excepcionales» y haz una comparación entre un museo interactivo y un museo tradicional. Usa oraciones completas con sujeto, predicado y punto final.

| Museo interactivo | Museo tradicional |
|---|---|
| **Modelo:** *En un museo interactivo la gente puede tocar las exhibiciones.* | *En un museo tradicional la gente sólo puede ver las exhibiciones.* |
| 1. | |
| 2. | |
| 3. | |

**3** Claudia quiere ir al barrio de La Boca. Tú ya has estado ahí antes. Escribe qué es lo que Claudia puede ver y hacer en la calle El Caminito y en el Museo al Aire Libre.

_____

_____

_____

_____

# Cultura C

| ¡AVANZA! | **Goal:** Use and strengthen cultural information about Argentina. |
|---|---|

**1** En tu libro aparecen las obras *Colores simples* de Daniel Kaplan y *Mañana del sol* de Benito Quinquela Martín. Las dos obras describen diferentes lugares en Argentina. Escribe una lista de cinco comparaciones o diferencias entre estos dos lugares.

1. _____

2. _____

3. _____

4. _____

5. _____

**2** Mira abajo de la columna «En Argentina». ¿Cómo se les llama a esas cosas en los Estados Unidos? Luego, escribe una oración completa que describa qué es cada cosa.

| En Argentina | En los Estados Unidos | Explicación |
|---|---|---|
| **Modelo:** *gauchos* | *vaqueros* | *Los vaqueros son los hombres que cuidan el ganado.* |
| estancias | | |
| pampas | | |
| asado | | |
| parrillas | | |
| bife | | |

**3** Tú estás a favor de los museos interactivos. Escribe una nota para el director de un museo tradicional en la ciudad en donde vives y explica porqué te gustaría que ese museo fuera interactivo.

**Su opinion es importante**

_____

_____

_____

_____

# Comparación cultural: ¿Conoces un lugar divertido?
## Lectura y escritura

Después de leer los párrafos acerca de los lugares que visitaron Luis, Liliana y Eva, escribe un párrafo sobre un lugar que visitaste recientemente. Usa la información del cronograma para escribir las oraciones y después escribe un párrafo que describa un lugar adonde vas a divertirte.

## Paso 1

Completa el cronograma con las actividades que hiciste primero, segundo, tercero, etc.

Primero          Segundo          Tercero

## Paso 2

Ahora toma los datos del cronograma y escribe una oración para cada uno de los temas.

_____
_____
_____
_____
_____
_____
_____

UNIDAD 7  Comparación cultural

# Comparación cultural: ¿Conoces un lugar divertido?

## Lectura y escritura
*(continuación)*

### Paso 3

Ahora escribe tu párrafo usando las oraciones que escribiste como guía. Incluye una oración de introducción y utiliza las palabras **primero**, **más tarde**, **luego**, **después** y **por fin** para escribir sobre el lugar adonde fuiste y lo que hiciste.

_____

_____

_____

_____

_____

_____

### Lista de verificación
Asegúrate de que...

☐ todos los datos acerca del lugar que visitaste del cronograma estén incluidos en el párrafo;

☐ das detalles para describir claramente la secuencia de tus actividades;

☐ incluyes expresiones de tiempo y nuevas palabras de vocabulario.

### Tabla

Evalúa tu trabajo usando la tabla siguiente.

| Criterio de escritura | Excelente | Bueno | Necesita mejorar |
|---|---|---|---|
| **Contenido** | Tu descripción incluye muchos datos acerca del lugar adonde fuiste. | Tu descripción incluye algunos datos acerca del lugar adonde fuiste. | Tu descripción incluye muy pocos datos acerca del lugar adonde fuiste. |
| **Comunicación** | La mayor parte de tu descripción está organizada y es fácil de entender. | Partes de tu descripción están organizadas y son fáciles de entender. | Tu descripción está desorganizada y es difícil de entender. |
| **Precisión** | Tu descripción tiene pocos errores de gramática y de vocabulario. | Tu descripción tiene algunos errores de gramática y de vocabulario. | Tu descripción tiene muchos errores de gramática y de vocabulario. |

# Comparación cultural: ¿Conoces un lugar divertido?
## Compara con tu mundo

Ahora escribe una comparación sobre tu visita y la de uno de los tres estudiantes que aparecen en la página 403. Organiza tu comparación por orden cronológico. Describe la primera actividad, luego la segunda, y después la última o los lugares que visitaron.

## Paso 1

Utiliza el cuadro para organizar tu comparación por orden cronológico. Escribe tus datos y los del (de la) estudiante que escogiste para cada actividad de tu visita y la del (de la) estudiante que escogiste.

| Categoría | Mis actividades | Las actividades de _____ |
|---|---|---|
| primero | | |
| después | | |
| luego | | |
| porfin | | |

## Paso 2

Ahora usa los datos del cuadro para escribir una comparación. Incluye una oración de introducción y escribe acerca de cada actividad. Utiliza las palabras **primero**, **más tarde**, **luego**, **después**, **por fin** para describir tu visita y la del (de la) estudiante que escogiste.

_____
_____
_____
_____
_____
_____
_____
_____

# Vocabulario A  *Pensando en las vacaciones*

*Level 1 Textbook* pp. 410–414

> **¡AVANZA!**  **Goal:** Talk about daily routines and vacation.

**❶** Escribe en la raya el número del dibujo de la rutina diaria de Natalia.

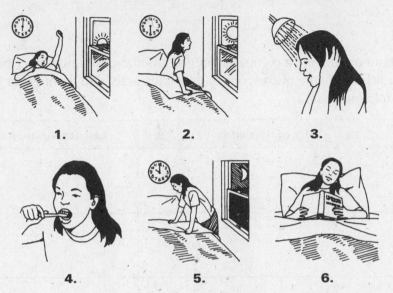

**1.**   **2.**   **3.**

**4.**   **5.**   **6.**

**a.** _____ Ella se acuesta a las diez.

**b.** _____ Ella se cepilla los dientes después.

**c.** _____ Ella se despierta temprano.

**d.** _____ Ella lee y por fin se duerme.

**e.** _____ Ella se levanta a las seis y media.

**f.** _____ Ella se ducha a las siete.

**❷** Describe en orden cronológico tu rutina diaria antes de salir de tu casa temprano en la mañana y menciona la hora. Usa un verbo diferente en cada una de tus oraciones completas.

**ducharse**   **levantarse**   **vestirse**   **maquillarse / afeitarse**   **cepillarse los dientes**

**Modelo:** *Me despierto a las siete de la mañana.*

1. _____

2. _____

3. _____

4. _____

5. _____

**UNIDAD 8 Lección 1**

**Vocabulario A**

Unidad 8, Lección 1
Vocabulario A

**344**

**¡Avancemos! 1**
Cuaderno para hispanohablantes

# Vocabulario B  *Pensando en las vacaciones*

> **¡AVANZA!**   **Goal:**   Talk about daily routines and vacation.

**❶** Escribe la palabra correcta para completar las oraciones sobre la rutina diaria de Adela.

1. Tiene un jabón perfumado para ( lavarse / secarse ) el cuerpo.

2. Usa un peine suave para ( maquillarse / peinarse ).

3. Necesita leer un libro para poder ( dormirse / acostarse ) bien.

4. Tiene una pasta especial para ( afeitarse / cepillarse ) los dientes.

5. Usa un reloj despertador para ( vestirse / despertarse ).

**❷** Escribe la palabra correcta para completar las oraciones sobre la rutina diaria de Pablo, tu hermano menor.

1. Tiene una pasta de menta para _____ los dientes.

2. Usa una toalla pequeña para _____ el cuerpo.

3. Necesita un reloj despertador para _____ cada mañana.

4. Necesita un osito para _____ rápido.

5. Tiene un peine fino para _____ .

**❸** Un(a) amigo(a) quiere saber tus planes para el verano. Contesta sus preguntas con oraciones completas.

1. ¿Vas a hacer un viaje o vas a quedarte en casa?

   _____

2. Si haces un viaje, ¿adónde vas?

   _____

3. Si no te quedas en casa, ¿qué vas a hacer?

   _____

4. ¿Cómo te gusta viajar?

   _____

5. ¿Quieres ir al campo o a la ciudad? ¿Por qué?

   _____

## Vocabulario C  *Pensando en las vacaciones*

> **¡AVANZA!**   **Goal:**   Talk about daily routines and vacation.

**1** Todos se preparan para comenzar el día. Describe con una oración completa lo que hacen las personas.

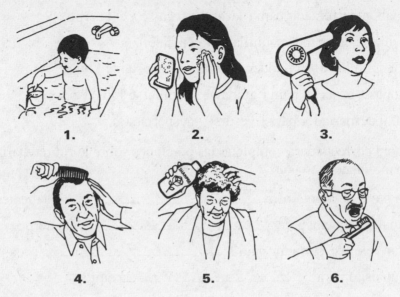

1.     2.     3.

4.     5.     6.

1. _____

2. _____

3. _____

4. _____

5. _____

6. _____

**2** Escribe oraciones completas para describir para qué usan Rodrigo y Luis las cosas siguientes.

> **Modelo:**   el champú
>   *Se lavan el pelo con el champú. / Usan el champú para lavarse el pelo.*

1. la pasta de dientes

_____

2. el secador de pelo

_____

3. el jabón

_____

4. la toalla

_____

# Vocabulario adicional *Los verbos reflexivos para expresar «to become»*

> **¡AVANZA!**  **Goal:** Use reflexive verbs to express change.

En español, se usan los verbos reflexivos con un adjetivo o sustantivo para expresar y describir una variedad de cambios físicos y emocionales.

**Hacerse:** to become *(changes in religion, career or lifestyle)*
Después de muchos años de estudio Daniela **se hizo** doctora.
*After studying for many years, Daniela became a doctor.*

**Ponerse:** to get *(temporary physical or emotional changes)*
Cuando me visitan mis abuelos **me pongo** contento(a).
*I get happy when my grandparents visit me.*

**Convertirse (en):** to turn into *(changes in form)*
Cada primavera las orugas **se convierten** en mariposas.
*Each spring, caterpillars turn into butterflies.*

**Volverse:** to go *(changes in behavior)*
Con tanto trabajo que hacer, Roberto **se vuelve** loco.
*With all the work he has to do, Robert is going crazy.*

**1** Empareja las frases de la columna A con las lógicas de la columna B.

**A**

1. _____ Nosotros ganamos la lotería
2. _____ Mi mejor amigo ya no vive cerca de mi casa.
3. _____ Manuel no era tan agradable cuando era joven.
4. _____ Estas plantitas crecieron muchísimo.
5. _____ Hace mucho frío y baja la temperatura del agua.

**B**

a. se convirtieron en árboles
b. nos hicimos ricos(as)
c. me pongo triste
d. se volvió simpático
e. se convierte en hielo

**2** Completa las oraciones con **ponerse**, **hacerse**, **convertirse (en)**, o **volverse** y un adjetivo o sustantivo lógico.

1. Cuando mi hermanito rompe mis discos compactos _____
_____

2. Cuando hace mucho frío, el agua del lago _____
_____

3. Tengo muchísimos quehaceres pero no mucho tiempo; ¡Ay _____
_____

4. Tú quieres defender los derechos de los ciudadanos, ¿por qué no _____
_____

# Gramática A *Reflexive verbs*

> **¡AVANZA!**  **Goal:** Use reflexive verbs to speak about daily routines.

**1** Elige el verbo reflexivo correcto para cada oración.

**Modelo:**  Cada día mi tía (se cepilla / se cepillan) los dientes.

1. Esta noche yo ( me pongo / te pones) el pijama de estrellitas.

2. Nosotros (me seco / nos secamos) las manos con la toalla.

3. Todas las noches tú (se acuesta / te acuestas) en tu cama.

4. Lola (se seca / se secan) el pelo con el secador.

5. Ustedes (te maquillas / se maquillan) todos los días.

**3** Mira los dibujos y escribe oraciones completas sobre lo que hacen las siguientes personas.

**1. Carolina**

_____

**2. los señores Calatraba**

_____

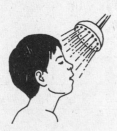

**3. Eduardo**

_____

**4. ellas**

_____

UNIDAD 8 Lección 1

Gramática A

**348**  Unidad 8, Lección 1
Gramática A

**¡Avancemos! 1**
Cuaderno para hispanohablantes

# Gramática B  *Reflexive verbs*

> **¡AVANZA!**   **Goal:**   Use reflexive verbs to speak about daily routines.

**1** Elige el verbo correcto para completar las siguientes oraciones sobre la rutina de Guillermo y sus amigos.

| me lavo | se ducha | nos acostamos | se despierta | se bañan | afeitarte |
|---------|----------|---------------|--------------|----------|-----------|

**Modelo:**   José *se ducha* por la tarde.

1. Guillermo _____ muy temprano.

2. Mis perros _____ en el río todos los días.

3. Tú debes _____ por la mañana.

4. Yo _____ las manos cuando llego a casa.

5. Nosotros _____ tarde escuchando música.

**2** Usa las pistas entre paréntesis para decir lo que estas personas hacen normalmente.

**Modelo:**   Sonia (secarse la cara / toalla)
             *Sonia se seca la cara con la toalla.*

1. Mi familia (despertarse / despertador)

   _____

2. Marcelo (lavarse la cara / jabón)

   _____

3. Nosotros (peinarse / cepillo)

   _____

4. Irene y Odette (secarse el pelo / secador)

   _____

5. Yo (cepillarse los dientes / pasta de dientes)

   _____

**3** Escribe tres oraciones para decir lo que tú y tu familia hacen por las mañanas. Usa los verbos reflexivos del cuadro.

| ducharse | lavarse los dientes | vestirse | secarse el pelo |
|----------|---------------------|----------|-----------------|
| levantarse | maquillarse | peinarse | afeitarse |

_____

_____

_____

# Gramática C  *Reflexive verbs*

> **¡AVANZA!**  **Goal:** Use reflexive verbs to speak about daily routines.

**1** El señor Romo trabaja de noche. Identifica en la descripción de su rutina los verbos reflexivos que utiliza.

«Trabajar de noche cambia toda tu rutina porque tienes que dormir durante el día. Usualmente me despierto **1.** _____ a las 3 de la tarde y me levanto **2.** _____ después de ver la televisión un rato. Después de ducharme **3.** _____ , me visto **4.** _____ y tengo más o menos una hora para ir al banco o a los lugares que cierran a las cinco. La gente se sorprende **5.** _____ de mi rutina pero yo ya estoy acostumbrado. ¿Crees que tú puedes acostumbrarte **6.** _____ a una rutina así?»

**2** Contesta las siguientes preguntas con oraciones completas sobre lo que haces generalmente por las mañanas.

**1.** ¿A qué hora se levantan tú y tu familia los días de escuela?

_____

**2.** ¿Te miras en el espejo cuando te peinas?

_____

**3.** ¿Cuánto tiempo tardas en vestirte?

_____

**4.** ¿Te pones una chaqueta antes de salir de casa?

_____

**3** Verónica y Ramón se preparan para participar en un concurso de salsa. Escribe un párrafo para explicar lo que tienen que hacer antes de salir de casa para arreglarse.

_____

_____

_____

_____

_____

UNIDAD 8 Lección 1

Gramática C

**350** Unidad 8, Lección 1
Gramática C

**¡Avancemos! 1**
Cuaderno para hispanohablantes

## Gramática A  *Present progressive*

> **¡AVANZA!**  **Goal:**  Use the present progressive to tell what you and others are doing right now.

**1** Lee la postal que Lucas le escribe a su amigo Bruno. Complétala con los verbos del cuadro.

| estás haciendo   estoy tomando   está haciendo   estamos disfrutando   están tomando |
| --- |

¡Hola Bruno!

   Costa Rica es una maravilla, mi familia y yo **1.** _____ mucho de las playas, la comida y la gente de este país. No hay nada mejor que las vacaciones. Ahora yo **2.** _____ un refresco con mi primo Sergio. Mi mamá y mi hermana **3.** _____ el sol en la playa y mi papá **4.** _____ esquí acuático. Sergio y yo preparamos una excursión al volcán Arenal, ¡será toda una aventura! Y, ¿qué **5.** _____ tú?

Un abrazo de tu amigo,

Lucas

**2** Usa los dibujos para describir lo que están haciendo las personas.

**1.** Mercedes y
   Carla

**2.** ellos

**3.** Señor Romero

**4.** Marta

1. _____

2. _____

3. _____

4. _____

# Gramática B  *Present Progressive*

> **¡AVANZA!**  **Goal:**  Use the present progressive to tell what you and others are doing right now.

**1** Lee la conversación telefónica entre Julia y David y completa las oraciones con la forma correcta del presente progresivo del verbo entre paréntesis.

> **JULIA:** ¡Hola David! ¿Qué _____ (hacer)?
>
> **DAVID:** _____ (pintar) mi cuarto.
>
> **JULIA:** ¿Qué color _____ (usar)?
>
> **DAVID:** Mi color favorito, el verde lima, pero no _____ (quedar) bien. ¿Puedes venir a ayudarme?
>
> **JULIA:** No, no puedo. Ahora _____ para el examen de historia. ¿Por qué no llamas a Roberto?
>
> **DAVID:** Porque ahora Roberto _____ (jugar) al tenis.
>
> **JULIA:** Pues Lucía y Martina _____ (mirar) la televisión. Ellas te pueden ayudar, llámalas.
>
> **DAVID:** ¡Sí, buena idea!

**2** Escribe oraciones para explicar lo que están haciendo estas personas en el lugar indicado.

**Modelo:** Demetrio y Noel / en la piscina
*Demetrio y Noel están nadando en la piscina.*

**1.** Yo / en la playa

_____

**2.** Mi familia / un viaje en barco

_____

**3.** Ellas / en el hotel

_____

**4.** Tú/ cerca del barco

_____

**3** Vas de vacaciones en un barco con tu familia. Escribe un mensaje a tu amigo(a) para describir lo que están haciendo.

_____

_____

_____

_____

UNIDAD 8 Lección 1

Gramática B

352

Unidad 8, Lección 1
Gramática B

¡Avancemos! 1
Cuaderno para hispanohablantes

# Gramática C *Present progressive*

> **¡AVANZA!** **Goal:** Use the present progressive to tell what you and others are doing right now.

**1** Mira los dibujos de la excursión a la playa de esta familia. Luego, usa el presente progresivo para describir en seis oraciones lo que están haciendo.

1. **Lidia y Antonio**   2. **Rosa**   3. **Josh y Mati**   4. **Patricia y Alonso**   5. **Nico**   6. **Tomás, Bárbara y Julia**

1. _____

2. _____

3. _____

4. _____

5. _____

6. _____

**2** Contesta las siguientes preguntas sobre lo que estás haciendo. Escribe oraciones completas.

1. ¿Qué estás estudiando?

_____

2. ¿Qué libros están leyendo Uds. en las clases?

_____

3. ¿Qué clases están tomando tú y tus amigos?

_____

4. ¿Qué deportes estás practicando este año?

_____

**3** Hoy tú y tu familia están limpiando la casa. Escribe seis oraciones completas para describir lo que cada miembro de tu familia está haciendo.

_____

_____

_____

_____

# Gramática adicional  *Los sufijos* -ante, -ente, -iente

> **¡AVANZA!**    **Goal:**    Practice the use of the suffixes *-ante*, *-ente*, *-iente*.

- Los sufijos *-ante*, *-ente* y *-iente* se agregan a la raíz de algunos verbos para formar adjetivos. Ejemplos:

    dominar - domin**ante**

    sorprender - sorprend**ente**

    depender - depend**iente**

    corresponder - correspond**iente**

- Algunos verbos se convierten en sustantivos. Ejemplos:

    cantar - cant**ante**

    amar - am**ante**

    participar - particip**ante**

    ocupar - ocup**ante**

**1** Forma el adjetivo con los siguientes verbos usando los sufijos *-ante*, *-ente*, *-iente*.

**Modelo:**  brillar  *brillante*

1. cambiar _____

2. variar _____

3. interesar _____

4. arder _____

5. vivir _____

6. diferir _____

7. insistir _____

**2** Ahora usa las terminaciones *-ante*, *-ente*, *-iente* para formar adjetivos de los verbos.

1. Una cosa que desespera es una cosa _____ .

2. Algo que te preocupa es _____ .

3. Un ser que está vivo es un ser _____ .

4. Un material que repele es un material _____ .

5. Una persona que te agobia es una persona _____ .

UNIDAD 8 Lección 1

Gramática adicional

Unidad 8, Lección1
Gramática adicional

**354**

¡Avancemos! 1
Cuaderno para hispanohablantes

## Integración: Hablar

> **¡AVANZA!** **Goal:** Respond to written and oral passages discussing a vacation.

Lee el anuncio de un hotel en Costa Rica.

# VACACIONES TODO INCLUIDO

### 5 días / 4 noches  •  2 adultos / 2 niños

**Itinerario:**

**Día 1.** Salida de los Estados Unidos en nuestro avión Charter. Llegada a San José, Costa Rica. Transferencia al Hotel Rey Sol y desayuno. Día libre en San José.

**Día 2.** Transferencia al Hotel Spa Luna Tropical. PTI (Plan Todo Incluido)

**Días 3 y 4.** Disfrute de su estancia en el Hotel y de sus actividades favoritas. (PTI)

**Día 5.** Regreso a San José para abordar su vuelo a los Estados Unidos.

El Hotel Spa Luna Tropical está en Jaco, a solo dos horas en autobús de San José. Alejado del ruido de la capital y en la zona del Pacífico Central costarricense. Pruebe su suerte en el casino o pase el día atendido como rey en nuestro spa gimnasio, restaurantes y club nocturno.

**Actividades disponibles:** buceo, snorkling, paseo en lancha, canotaje

**Talleres para los chicos:** cerámicas, pintura, circo, teatro Guarderías disponibles 24 horas

Escucha el mensaje del señor Amescua para su esposa. Puedes tomar notas mientras escuchas y luego completa la actividad.

### HL CD2, tracks 25–26

Imagina que eres un(a) agente de viajes. Explícale a los señores Amescua por qué el paquete para el Hotel Spa Luna Tropical es bueno para ellos. Dales todos los detalles necesarios.

## Integración: Escribir

| ¡AVANZA! | **Goal:** Respond to written and oral passages discussing a vacation. |
|---|---|

Lee el siguiente folleto que promueve los servicios del Spa Luna Tropical en Jaco, Costa Rica.

Considerado el mejor spa del Pacífico costarricense, Luna Tropical le ofrece una deliciosa colección de productos y servicios para su relajamiento. Vendemos y utilizamos las mejores marcas europeas. Nuestros profesionistas en belleza y salud están certificados por las mejores escuelas nacionales y extranjeras. Visítenos durante su estancia en Costa Rica y haga de sus vacaciones un verdadero descanso.

### Servicios

**Salud y vida** Reemplace lo que la vida diaria le quita. Este paquete le ofrece tratamiento de pies a cabeza. Masaje, facial y exfoliación con aceites de menta y eucalipto dejarán su cuerpo y mente listos para otro año de trabajo.

**Serie de tres tratamientos:** . . . . . . . . . **$350**
**Un tratamiento:** . . . . . . . **$150**

**Flor de naranja** Empiece su día con un té de naranja en nuestros baños de vapor individuales. Luego reciba un masaje de cuarenta y cinco minutos y una mascarilla exfoliadora basada en productos naturales.

**El tratamiento perfecto para la cara.** . . . . . . . . . . . . **$75**

**Mimos y canela** ¿Sólo cuenta con una hora? Este paquete le ofrece rapidez y calidad.

Mascarilla facial con canela y avena. Un masaje de treinta minutos le devolverá la frescura y serenidad a su piel. . . . . . . **$60**

Para su conveniencia ofrecemos: cepillo y pasta de dientes, champú, toallas, sandalias y batas, peine y secador de pelo, desodorantes y productos para afeitarse.

Escucha el anuncio de radio de un salón spa. Puedes tomar notas mientras escuchas y luego realiza la actividad.

### HL CD2, tracks 27–28

Escribe un ensayo para comparar los dos spa. Explica qué paquete seleccionarías si las vacaciones fueran para ti.

_____

_____

_____

_____

_____

# Lectura A

| ¡AVANZA! | **Goal:** Read about daily activities. |

**1** Lee lo que Alejandra escribió sobre su rutina diaria. Luego responde a las preguntas de comprensión y compara su experiencia a la tuya.

## Las rutinas diarias

Todas las noches me baño antes de acostarme. Así, no tengo que levantarme tan temprano. Normalmente me despierto a las 7:15. Después de levantarme, me lavo la cara y me peino. Mi hermana Clara se levanta a las 6:30 porque a ella le gusta ducharse antes de ir al trabajo. Mientras ella se seca el pelo, yo arreglo mis cosas para la escuela. Nuestra mamá se levanta más temprano que nosotras para llevar al perro a caminar y preparar el desayuno.

A las 7:30 las tres nos sentamos en la cocina para desayunar. Yo como rápidamente, me cepillo los dientes y me visto, ¡no quiero llegar tarde a la escuela! Salgo de la casa a las 7:45. La escuela queda a unas cuadras de mi casa.

Por la noche, mi mamá se acuesta muy temprano y se duerme enseguida. Clara mira la televisión por un rato o charla con sus amigos por teléfono. Yo siempre me acuesto más tarde que ellas porque tengo que hacer mi tarea y bañarme, y siempre me gusta leer un poco antes de dormirme.

**2** **¿Comprendiste?** Responde a las siguientes preguntas con oraciones completas:

**1.** ¿Quién se levanta más temprano, Alejandra o Clara? ¿Por qué tienen este horario?

_____

_____

**2.** ¿Quién prepara el desayuno?

_____

**3.** ¿Qué hace Clara por la mañana antes de salir de casa?

_____

**4.** ¿Por qué come el desayuno rápidamente Alejandra?

_____

**3** **¿Qué piensas?** ¿A qué hora te acuestas normalmente? ¿A qué hora te levantas? ¿Cuánto tiempo necesitas para prepararte por la mañana? ¿Piensas que es importante tener horarios fijos para las rutinas diarias? ¿Por qué?

_____

_____

# Lectura B

> ¡AVANZA!  **Goal:**  Read about daily activities.

**1** Silvia ayuda a sus padres a cuidar a su hermana. Lee lo que escribió sobre su rutina diaria. Luego responde a las preguntas y compara su experiencia con la tuya.

### Mi hermanita Elisa

Por las mañanas mis padres se levantan muy temprano y salen de casa pronto. Así que yo me despierto temprano y me levanto rápidamente para desayuna con ellos. Después me cepillo los dientes, me lavo la cara y me visto. A las 7:30 despierto a mi hermanita Elisa, voy a la cocina y le preparo el desayuno. Muchas veces ella se duerme mientras yo preparo el desayuno y tengo que volver a despertarla. Cuando se levanta yo le lavo la cara. Luego ella desayuna y después se cepilla los dientes. Más tarde, yo la ayudo a vestirse. Ella siempre quiere que le arregle el pelo de la misma forma. Antes de salir de casa, nos miramos en el espejo y ella dice: «¡ya casi soy tan grande como tú!»

Después llevo a mi hermana a su escuela y me doy prisa para no llegar tarde a clase. Mi papá va a buscar a mi hermana por las tardes. Yo me quedo en mi escuela hasta las 6:00 porque juego en el equipo de baloncesto. Por la noche comemos todos juntos. Después de comer, mamá acuesta a Elisa. Mis padres y yo vemos un poco la televisión pero todos nos acostamos pronto porque todos nos levantamos temprano.

**2** **¿Comprendiste?** Responde a las preguntas siguientes con oraciones completas.

   **1.** ¿Por qué Silvia se levanta muy temprano?

   _____

   **2.** ¿Qué hace Silvia antes de despertar a su hermanita? ¿Qué cosas hace para ella?

   _____

   **3.** ¿A qué hora vuelve a casa Silvia? ¿Por qué?

   _____

   **4.** ¿Qué hace la familia de Silvia por la noche?

   _____

**3** **¿Qué piensas?** ¿Tu rutina incluye ocuparte de hermanos menores o ayudar en tareas de la casa? ¿Cómo comparas tu rutina con la de Silvia?

   _____

   _____

   _____

   _____

UNIDAD 8 Lección 1
Lectura B

Unidad 8, Lección 1
Lectura B
358

¡Avancemos! 1
Cuaderno para hispanohablantes

# Lectura C

| ¡AVANZA! | **Goal:** Read about daily activities. |

**1** David está de vacaciones con su familia. Lee la carta que le escribió a su amigo Alejandro para contarle sus experiencias.

Querido Alejandro:

Estoy pasando las vacaciones más estupendas de toda mi vida. Mi familia y yo estamos en un precioso pueblo de la costa. Nos estamos quedando en un hotel cerca de la playa. Te estoy escribiendo en la terraza de mi cuarto, mientras escribo estoy viendo el mar y bebiendo un jugo fresco de piña. Mi hermano Daniel está escuchando música y comiendo un helado de fresa. Desde mi terraza también veo la playa, hay muchas personas en ella, algunas personas están bañándose, otras están caminando cerca del mar y otras están tomando el sol.

A mí no me gusta estar en la playa a esta hora; son las tres de la tarde y hace mucho calor. Otros días, a esta hora estoy durmiendo la siesta. Después de almorzar tengo sueño. Necesito descansar porque todos los días me levanto muy temprano, como algo ligero, me lavo, me cepillo los dientes, me pongo una camiseta y un pantalón corto y voy a la playa. Es un poco raro, estoy de vacaciones y ¡me despierto más temprano que el resto del año! Claro, ¡no es lo mismo levantarse temprano para ir a la playa que levantarse temprano para ir a la escuela! Papá, mamá y Daniel también se despiertan muy temprano. Nos gusta bañarnos en el mar por la mañana. Además, Daniel y yo estamos tomando clases de esquí acuático todos los días a las once.

Hoy Daniel y yo estamos solos porque nuestros padres están haciendo una excursión a la montaña. Salieron esta mañana. Nosotros no quisimos ir para no perder la clase de esquí acuático. Mi padre y mi madre van a volver por la tarde, dentro de unas cuatro horas. Vamos a cenar en un restaurante de mariscos muy bueno esta noche. Mientras los esperamos, voy a leer y quizás dar un paseo a orillas del mar después de la puesta de sol.

Estoy sacando muchas fotos que quiero mostrarte.

Un abrazo,

David

**2** **¿Comprendiste?** Responde a las siguientes preguntas.

1. ¿Dónde está y qué hace David mientras escribe la carta?

_____
_____

2. ¿Qué hace su hermano mientras David escribe la carta?

_____

3. ¿Cómo es un día típico para David durante las vacaciones?

_____
_____
_____

4. ¿Por qué David y Daniel están solos? ¿Qué hicieron ellos por la mañana y que hacen más tarde?

_____
_____
_____

**3** **¿Qué piensas?** ¿Cuáles son tus actividades favoritas cuando estás en la playa o en otro lugar al aire libre durante tus vacaciones? ¿A qué hora te gusta más ir a la playa o estar al aire libre? ¿Por qué?

_____
_____
_____
_____
_____

Unidad 8, Lección 1
Lectura C
**360**

¡Avancemos! 1
Cuaderno para hispanohablantes

UNIDAD 8 Lección 1
Lectura C

# Escritura A

| ¡AVANZA! | **Goal:** Write about what people are doing. |

Tus padres y tus tíos salieron a cenar. Tú y tu hermano Antonio se quedaron en casa para cuidar a tus dos hermanitas Sonia y Chaveli, a tu prima Manuela de nueve años y a tus primos gemelos: Pedrito y Miguelín. A las siete y media suena el teléfono. Es tu madre y quiere saber cómo está todo, qué están haciendo ustedes y si los niños más pequeños ya comieron.

**1** Escribe lo que está haciendo cada uno en el momento en que suena el teléfono.

a. Tú: _____     d. Chaveli: _____

b. Antonio: _____     e. Manuela: _____

c. Sonia: _____     f. Pedrito y Miguelín: _____

**2** Escribe la conversación entre tú y tu madre. Usa el presente progresivo y asegúrate de (1) incluir preguntas y respuestas sobre ti y lo que hacen los niños(as), (2) de tener actividades apropiadas, (3) y de usar los verbos correctamente.

**Yo:** ¿Aló?

**Mi madre:** _____

**Yo:** _____

**Mi madre:** _____

**Yo:** _____

**Mi madre:** _____

**Yo:** _____

**Mi madre:** _____

**Yo:** _____

**3** Evalúa tu conversación usando la siguiente tabla.

|  | **Crédito máximo** | **Crédito parcial** | **Crédito mínimo** |
|---|---|---|---|
| Contenido | Incluyes información sobre todas las personas; todas las actividades son apropiadas. | Incluyes información sobre cuatro o cinco personas; casi todas las actividades son apropiadas. | Incluyes información sobre cuatro o menos de las personas; muchas de las actividades son inapropiadas. |
| Uso correcto del lenguaje | Tuviste muy pocos errores o ninguno en el uso de los verbos. | Tuviste algunos errores en el uso de los verbos. | Tuviste un gran número de errores en el uso de los verbos. |

# Escritura B

| ¡AVANZA! | **Goal:** Write about what people are doing. |
|---|---|

Es un domingo por la tarde. Tú estás en tu casa con dos amigos(as). Tu hermano les propone ir al cine, pero ustedes prefieren quedarse en la casa y continuar haciendo lo que hacen en ese momento.

**1** Escribe dos actividades que estás haciendo tú y dos actividades que está haciendo cada uno(a) de tus amigos(as).

**a.** Yo: _____

**b.** Amigo(a) 1: _____

**c.** Amigo(a) 2: _____

**2** Escribe en un párrafo de cinco renglones con la explicación que le das a tu hermano para no ir al cine. Describe qué está haciendo cada persona. Usa los datos de la lista anterior y el presente progresivo. Haz una descripción interesante con detalles e ideas creativas. Puedes empezar así: No queremos salir de casa, ahora estamos comiendo la merienda, además yo.... Asegúrate de que (1) tu descripción está en orden y es fácil de comprender, (2) incluyes detalles (3) el uso de los tiempos verbales es correcto.

_____

_____

_____

_____

_____

**3** Evalúa tu párrafo con la siguiente tabla.

| | **Crédito máximo** | **Crédito parcial** | **Crédito mínimo** |
|---|---|---|---|
| Contenido | Tu párrafo está ordenado y fácil de entender, incluye detalles que lo hacen interesante. | Tu párrafo a veces está desordenado y no es fácil de entender, incluye pocos detalles y es poco interesante. | Tu párrafo está desordenado y difícil de entender, incluye pocos detalles o ninguno. No es interesante. |
| Uso correcto del lenguaje | Hay muy pocos errores o ninguno en el uso de las formas y tiempos verbales. | Hay algunos errores en el uso de las formas y tiempos verbales. | Hay un gran número de errores en el uso de las formas y tiempos verbales. |

# Escritura C

| ¡AVANZA! | **Goal:** Write about what people are doing. |
| --- | --- |

¿En qué se diferencia tu rutina diaria de los días que vas a la escuela y los días de vacaciones?

**1** Completa la tabla con tu rutina. En la primera columna escribe a qué hora o en qué momento haces cada cosa cuando tienes que ir a clase. En la segunda columna anota a qué hora haces cada cosa cuando estás de vacaciones.

| Cuando voy a clase | Cuando estoy de vacaciones |
| --- | --- |
| | |
| | |
| | |
| | |
| | |
| | |

**2** Escribe un párrafo de cinco renglones con la información de la tabla anterior. Anota también detalles (reales o inventados) para hacer más atractivo tu párrafo. Asegúrate de que (1) la expresión es clara, (2) incluyes y comparas actividades de las dos épocas del año, (3) usas el lenguaje y los verbos correctamente.

_____

_____

_____

_____

_____

**3** Evalúa tu párrafo con la siguiente tabla.

| | **Crédito máximo** | **Crédito parcial** | **Crédito mínimo** |
| --- | --- | --- | --- |
| Contenido | La expresión es clara e incluye actividades en la época de clases y en la época de vacaciones. | La expresión a veces es poco clara; incluye actividades en la época de clases y en la época de vacaciones. | La expresión a veces es confusa; no incluye actividades en una de las dos épocas. |
| Uso correcto del lenguaje | Tuviste muy pocos errores o ninguno en el uso de los verbos. | Tuviste algunos errores en el uso de los verbos. | Tuviste un gran número de errores en el uso de los verbos. |

# Cultura A

| ¡AVANZA! | **Goal:** Use and write cultural information about Costa Rica. |
|---|---|

**1** Ayúdale a Marcelo a terminar un reporte sobre Costa Rica para su clase de español. Usa palabras del cuadro.

> **volcán Arenal    las carretas    Punta Arenas    las aguas termales de Tabacón    San José**

Costa Rica se encuentra en el Mar Caribe y está al sur de Nicaragua. Su capital es

**1.** _____ . Costa Rica tiene muchos lugares turísticos.

En **2.** _____ la gente puede hacer surfing. La gente

también puede relajarse en **3.** _____ , que provee el

**4.** _____ . En el pueblo de Sarchí, la gente puede

admirar el festival anual de artesanías de **5.** _____ ,

las cuales se usaban para transportar café antes que hubiera ferrocarril.

**2** La maestra de Marcelo tiene más preguntas sobre Costa Rica. Ayuda a Marcelo a contestar estas preguntas. Usa información de tu libro y escribe en oraciones completas.

**1.** ¿Cuáles son algunas comidas típicas?

_____

**2.** ¿Cuál es la moneda de Costa Rica?

_____

**3.** ¿Qué países tienen frontera con Costa Rica?

_____

**4.** ¿Qué tipo de regiones tiene Costa Rica?

_____

**5.** Menciona algunos artistas importantes de Costa Rica.

_____

**3** En el idioma español podemos usar **tú**, **usted** o **vos** para referirnos a una persona. ¿Cuáles formas usas tú? Escribe dos oraciones breves para explicar cuándo usas esas formas y porqué es importante usarlas correctamente.

_____

_____

_____

UNIDAD 8 Lección 1

Cultura A

**364**

Unidad 8, Lección 1
Cultura A

**¡Avancemos! 1**
Cuaderno para hispanohablantes

# Cultura B

> **¡AVANZA!**   **Goal:**   Use and write cultural information about Costa Rica.

**1**   Pedro y su familia van a ir a Costa Rica en el verano. Escribe con oraciones completas sobre lo que pueden ver y hacer en estos lugares para integrarse a su cultura.

| Lugar en Costa Rica | Actividad |
|---|---|
| **1.** Las aguas termales de Tabacón | |
| **2.** El pueblo de Sarchí | |
| **3.** Las playas de Costa Rica | |
| **4.** Un restaurante de comida típica | |

**2**   La pintura *Paisaje* en la página 416 de tu libro describe un área de Costa Rica. Mira las fotos de abajo y describe qué actividades puedes hacer en esos lugares.

**1.**

**2.**

**3.**

_____

_____

_____

_____

_____

_____

# Cultura C

> ¡AVANZA! **Goal:** Use and write cultural information about Costa Rica.

**1** Te ganaste un viaje a Costa Rica y puedes visitar tres lugares. Escribe el nombre de cada lugar y explica en oraciones completas porqué vas a ir a esos lugares.

**1. Lugar:** _____

**Razón:** _____

**2. Lugar:** _____

**Razón:** _____

**3. Lugar:** _____

**Razón:** _____

**2** En Costa Rica la gente usa las formas de **vos** y de **usted**. La forma de **tú** no se usa. ¿Qué significan para ti estas maneras de referirse a la gente? ¿Cuáles formas usas? Analiza cada forma y menciona cómo las usas tú.

**1.** Tú: _____

_____

**2.** Usted: _____

_____

**3.** Vos: _____

_____

**3** Trabajas para una revista de turismo ecológico. Tienes que escribir un artículo para hablar de la geografía y la cultura de Costa Rica. Escribe un párrafo corto para describir los diferentes lugares atractivos de este país.

_____

_____

_____

_____

_____

UNIDAD 8 Lección 1

Cultura C

Unidad 8, Lección 1
Cultura C

**366**

¡Avancemos! 1
Cuaderno para hispanohablantes

# Vocabulario A  ¡Vamos de vacaciones!

> **¡AVANZA!**   **Goal:**   Talk about recreation and shopping.

**1** ¿Qué te gusta o no te gusta hacer? Escribe la letra de la definición que corresponde a la actividad en la primera columna.

1. ____ dar una caminata
2. ____ montar
3. ____ hacer surf de vela
4. ____ comer al aire libre
5. ____ hacer una parrillada
6. ____ acampar

a. hacer deportes de agua
b. almorzar en el parque
c. ir a caballo
d. cocinar con fuego
e. caminar en la playa o las montañas
f. dormir al aire libre

**2** Indica la palabra correcta para completar las oraciones sobre las compras.

1. Me gustan estas vacaciones y quiero llevar (un recuerdo / un mercado) a casa.

2. Quiero un artículo bueno, de alta (calidad / cantidad).

3. Si ese artículo no cuesta demasiado, es (caro / barato).

4. Me gustaría encontrar (unos collares / unos aretes) para mis orejas.

5. Si (regateo / recuerdo) bien, voy a pagar un buen precio.

**3** Buscas una joya en una tienda de artesanías. Escribe el diálogo que tienes con la vendedora. Usa oraciones completas y las expresiones de la lección.

**Le dejo... en...**    **Le puedo ofrecer...**    **¿Me deja ver...?**    **¡Qué caro(a)!**

**Tú:** Buenos días. Me interesan varios artículos.

**Vendedora:** ¿Qué le puedo enseñar?

**Tú:** _____

**Vendedora:** _____

**Tú:** _____

**Vendedora:** _____

**Tú:** _____

**Vendedora:** _____

# Vocabulario B  ¡Vamos de vacaciones!

> **¡AVANZA!**    **Goal:**   Talk about recreation and shopping.

**1** Mira los dibujos de los artículos que ves en el mercado de artesanías. Contesta con oraciones completas las preguntas que aparecen a continuación.

**1.**        **2.**        **3.**        **4.**        **5.**

**1.** ¿Cuál de los artículos es el más caro de todos?

_____

**2.** ¿Cuánto cuesta el collar de madera?

_____

**3.** ¿Cuál artículo es más barato: el anillo o la cerámica?

_____

**4.** ¿Cuál de los artículos de madera es más barato: el collar o el gallo?

_____

**5.** ¿Qué artículo cuesta 50 pesos?

_____

**2** Descríbele a tu mejor amigo(a) los beneficios de participar en las siguientes actividades. Escribe oraciones completas y sigue el modelo.

**Modelo:**    comer al aire libre

*Cuando comes al aire libre, no tienes que limpiar la cocina.*

**1.** dar una caminata _____

**2.** hacer surf de vela _____

**3.** montar a caballo _____

**4.** acampar _____

**5.** hacer una parrillada _____

UNIDAD 8 Lección 2

Vocabulario B

**368**    Unidad 8, Lección 2
Vocabulario B

**¡Avancemos! 1**
Cuaderno para hispanohablantes

# Vocabulario C  *¡Vamos de vacaciones!*

> **¡AVANZA!**  **Goal:** Talk about recreation and shopping.

**1** Escribe lo que hacen las siguientes personas durante su tiempo libre.

| 1. Emilio | 2. Bárbara | 3. Ana y David | 4. La familia González | 5. Inés | 6. Carolina |

1. _____
2. _____
3. _____
4. _____
5. _____
6. _____

**2** Escribe una oración completa con los temas siguientes.

1. dar una caminata: _____
2. hacer surf de vela: _____
3. montar a caballo: _____
4. acampar: _____

**3** Estás en un mercado y quieres comprar un anillo de plata. Tienes doce mil colones pero el vendedor te da un precio de quince mil colones. ¡Hay que regatear! Usa el vocabulario de la lección para explicarle al vendedor por qué te lo debe vender más barato.

_____

_____

_____

_____

_____

_____

_____

_____

# Vocabulario adicional

**Goal:** Say where people are from.

## Vocabulario para indicar la nacionalidad

Hay varias maneras de expresar la nacionalidad. Puedes formar adjetivos de nacionalidad a partir del nombre de los países. Estudia esta lista de vocabulario y presta atención a las diferencias al formar los adjetivos.

| País | Adjetivo de nacionalidad |
| --- | --- |
| Argentina | argentino/argentina |
| Costa Rica | costarricense |
| Ecuador | ecuatoriano/ecuatoriana |
| Estados Unidos | estadounidense |
| México | mexicano/mexicana |
| Nicaragua | nicaragüense |
| República Dominicana | dominicano/dominicana |
| Venezuela | venezolano/venezolana |

**①** Subraya el adjetivo de nacionalidad correcto

**Modelo:** La comida (españense / española) es muy rica.

1. Los peloteros (dominicenses / dominicanos) son muy famosos.
2. Las montañas (mexicanas / méxicas) son muy altas.
3. La pampa (argentina / argentino) es muy plana.
4. Los equipos de fútbol (ecuadoreños / ecuatorianos) son muy buenos.
5. El ecoturismo (costarricense / costaricano) es muy popular.
6. Los lagos (venezolanos / venezolano) son bellos.

**②** Escribe las nacionalidades de las siguientes personas.

**Modelo:** Mi familia es de Puerto Rico. Somos _puertorriqueños_ .

1. Julián es de la Argentina. Él es _____ .
2. Mi papá es de México pero mi mamá es de Costa Rica. Yo soy _____ y _____ .
3. Liliana es del Ecuador. Ella es _____ .
4. Ustedes son de los Estados Unidos. Son _____ .
5. Mis abuelos son de la República Dominicana. Son _____ .

# Gramática A  *Indirect Object Pronouns*

> **¡AVANZA!**  **Goal:** Use indirect object pronouns to talk about what people do.

**1** Nuri habla con Fernanda, acerca de las cosas que recibe por correo durante su intercambio en Costa Rica. Escoge el pronombre de objeto indirecto apropiado.

**NURI:** Mi padre (me / te) envió una caja de comidas en lata.

**FERNANDA:** ¡Qué cómico! ¿Y porque (me / te) envió eso?

**NURI:** Alguien (les / le) dijo que íbamos de excusión al Parque Nacional. Y mamá (nos / me) mandó un suéter de lana. ¡Con el calor que hace en Costa Rica!

**FERNANDA:** Qué risa... Yo (le / te) voy a enviar una hamburguesa chilena enorme para que te acuerdes de nosotros.

**2** Después de la excursión al volcán Arenal, Doris hizo una lista de lo que pasó durante el día. Escribe en la segunda columna el pronombre de objeto indirecto que reemplaza el pronombre personal de la primera columna.

| Lista | ¿A quién? |
| --- | --- |
| **Modelo:** Los dueños del hotel (nosotros) dieron una cámara. | *nos* |
| Alina (yo) preparó los sándwiches. | |
| Patricia (ella) dio los collares a Juanita. | |
| El guía turístico (él) trajo las entradas. | |
| El profesor (ustedes) explicó las reglas a los que no hablan español. | |
| Juan (tú) tomó una foto. | |

**3** Los estudiantes del profesor Suárez visitan el Jardín de Mariposas Spyrogyra. Responde a las preguntas con los pronombres de objeto indirecto apropiados.

**Modelo:** ¿A quién le voy a dar las entradas al Jardín? (Juan Carlos)

*Usted **le** va a dar las entradas a Juan Carlos.*

1. ¿A quién voy a encargar la cámara de video? (Camila)

   _____

2. ¿A quién le voy a dejar mi mochila? (a mí)

   _____

3. ¿A quiénes les voy a dar la identificación? (nosotros)

   _____

4. ¿A quiénes no les voy a tomar asistencia? (estudiantes del profesor Rosales)

   _____
   _____

# Gramática B   *Indirect Object Pronouns*

> **¡AVANZA!**   **Goal:**   Use indirect object pronouns to talk about what people do.

**1** Alina le cuenta a su mamá que ella y sus amigos recibieron regalos en San José, Costa Rica. Rellena los espacios con los pronombres de objeto indirecto apropiados.

La gente de Costa Rica es maravillosa. En todos los lugares que nosotros visitamos **1.** _____ dieron regalos. Por ejemplo, en el Museo de Arte y Diseño Contemporáneo **2.** _____ dieron a Sara una postal con un grabado de Rebeca Alpízar, una artista costarricense. A mí **3.** _____ dieron otra con la foto de una escultura de Carlos Bermúdez, un escultor muy original. En el Museo del Jade **4.** _____ regalaron a Marta unos trocitos pequeñitos de jade y a los que compraron joyería **5.** _____ dieron unos descuentos fenomenales.

**2** A Lupe se le olvidó para quiénes son los regalos que compró. Completa y responde a las preguntas con oraciones completas. Usa el pronombre de objeto indirecto.

**Modelo:**   ¿A quién _le_ compré esta camiseta? (Laura)

*Le compré esta camiseta a Laura porque tiene una colección.*

**1.** ¿A quiénes _____ traje estos llaveros? (amigos)

_____

**2.** ¿A quién _____ compré esta artesanía? (la abuela)

_____

**3.** ¿A quiénes _____ compré estos aretes? (nosotras)

_____

**4.** ¿A quiénes _____ traje estas postales? (a mis tíos)

_____

**3** Las siguientes personas van a traer de Costa Rica recuerdos para algunas personas. Forma oraciones completas. Usa los pronombres de objeto indirecto apropiados.

**Modelo:**   la recepcionista ⟶ el abogado Sotomayor (artículo de cuero)

*La recepcionista **va a comprar** / **va a comprarle** un artículo de cuero al abogado Sotomayor.*

**1.** Ana ⟶ sus primas Julia y Maricarmen (aretes de plata)

_____

**2.** el jefe ⟶ los empleados de la oficina (cerámicas)

_____

**3.** Sonia ⟶ nosotras (artesanías)

_____

# Gramática C  *Indirect Object Pronouns*

> **¡AVANZA!**  **Goal:** Use indirect object pronouns to talk about what people do.

**1** Olga escribió sobre su visita al Parque Nacional Braulio Carrillo en Costa Rica. Escribe en el párrafo los pronombres de objeto indirecto.

El guía turístico **1.** _____ (a nosotros) que el parque se encuentra en una cordillera volcánica. Tina **2.** _____ (al guía) si los volcanes estaban activos y él **3.** _____ (a Tina) que el parque contiene varios volcanes apagados. Eso nos tranquilizó. Como no pudo ir con nosotros esa mañana, Elena **4.** _____ (a mí) que **5.** _____ muchas fotos a los monos y a las aves que habitan ahí. Ella está muy interesada en los animales.

**2** La familia Baltierra se encuentra de vacaciones y necesita tu ayuda. Escribe cómo puedes ayudarlos. Usa los pronombres de objeto indirecto en tus respuestas.

**Modelo:** regar el jardín / señora Baltierra
*Le riego el jardín a la señora Baltierra.*

**1.** alimentar al gato / señor Baltierra

_____

**2.** sacar las revistas del buzón / Pati y Yolis

_____

**3.** pagar cuotas del club de kárate / Mateo

_____

**3** Marco Antonio está en Costa Rica y habla por teléfono con su mamá para saber qué cosas le puede comprar a su familia. Escribe un diálogo entre ellos y usa los pronombres de objeto indirecto.

**MARCO ANTONIO:** _____

**MAMÁ:** _____

**MARCO ANTONIO:** _____

**MAMÁ:** _____

**MARCO ANTONIO:** _____

**MAMÁ:** _____

**MARCO ANTONIO:** _____

**MAMÁ:** _____

# Gramática A  *Demonstrative Adjectives*

> **¡AVANZA!**  **Goal:**  Use demonstrative adjectives to point out specific objects.

**①** David toma el sol en una playa del Caribe Norte costarricense. Subraya los adjetivos demostrativos en la descripción de lo que pasa en la playa.

Esta playa es fantástica. Aquellos cocoteros doblados sobre la arena forman una escultura muy original. Esta arena negra es nueva para mí. ¿Ves esos pericos? ¿Y el vestido de aquella mujer que se acerca? Son del mismo color.

**②** A Abraham no lo complace nada. Usa los adjetivos demostrativos para completar sus opiniones.

**Modelo:**  No me impresionó _este_ pájaro, ni _ese_ mono, ni _aquel_ jaguar.

1. No voy a comprar _____ tarjetas postales, ni esos anillos, ni aquellas fotos.

2. No vamos a visitar este parque, ni _____ playas, ni aquel monumento.

3. No quiero practicar _____ deporte, ni montar ese caballo, ni escalar aquellas montañas.

4. No voy a bañarme en estas aguas termales, ni en esas playas, ni bajo _____ cascada.

5. No voy a acampar en este bosque, ni en _____ desierto, ni en aquel parque.

**③** Completa lo que dice Carlos en la agencia de viajes sobre los puntos de interés en Costa Rica. Cambia los adjetivos demostrativos.

1. **SERGIO:** Pienso que este bosque en el Valle Central es espectacular.

   **CARLOS:** Y yo pienso que _____ bosque es espectacular también.

2. **SERGIO:** Este río en Osa me parece muy divertido.

   **CARLOS:** _____ río me parece muy divertido también.

3. **SERGIO:** Creo que esta cascada en el Parque Nacional Braulio Carrillo es impresionante.

   **CARLOS:** Y yo creo que _____ cascada es impresionante también.

4. **SERGIO:** Estoy seguro de que estos rápidos en el río Sarapiquí son violentos.

   **CARLOS:** Y yo estoy seguro de que _____ rápidos son violentos también.

5. **SERGIO:** Quiero visitar esta cancha de golf en el Parque Central.

   **CARLOS:** Y yo quiero visitar _____ cancha también.

# Gramática B *Demonstrative Adjectives*

> **¡AVANZA!** **Goal:** Use demonstrative adjectives to point out objects.

**1** Adriana no está segura de qué recuerdos va a comprar para su familia. Completa la tabla con los adjetivos demostrativos correspondientes.

| Objetos cercanos | Objetos lejanos | Objetos remotos |
|---|---|---|
| *estas* postales | *esas* postales | *aquellas* postales |
| _____ pulsera | _____ pulsera | _____ pulsera |
| _____ reloj | _____ reloj | _____ reloj |
| _____ plumas | _____ plumas | _____ plumas |
| _____ sombreros | _____ sombreros | _____ sombreros |

**2** Escribe oraciones completas para identificar los recuerdos que Xavier saca de la maleta.

**Modelo:** chaqueta / Micaela

_____*Esta chaqueta es para Micaela.*_____

**1.** camisetas / Juan y Pedrito

_____

**2.** gorro / papá

_____

**3.** anillo de jade / abuela Hortensia

_____

**4.** calcetines marrones / abuelo Abundio

_____

**5.** suéter / mamá

_____

**3** Talía graba un vídeo en su teléfono celular para enviar a sus amigos. Rellena los espacios en blanco con los adjetivos demostrativos que completen su descripción sobre el día que pasa en Costa Rica.

**Pistas:** estos, aquel, Este, esos, aquella

Estoy en el Parque Nacional Cahuita. **1.** _____ chico que ven aquí es mi nuevo amigo Jorge y **2.** _____ mujer allí al final del puente es su hermana Blanca. Ella es la artista que hace **3.** _____ aretes lindos que les enseñé ayer. Jorge me regaló **4.** _____ anillos que llevo en la mano. Están lindos también ¿verdad? ¡Y miren, miren allá, a lo lejos, **5.** _____ mono está comiendo un banano!

# Gramática C  *Demonstrative Adjectives*

> **¡AVANZA!**  **Goal:**  Use demonstrative adjectives to point out objects.

**1** La bisabuela Reina va a salir de viaje. Para completar lo que dice, rellena los espacios en blanco con los adjetivos demostrativos correctos.

1. Tengo que sacar _____ basura de aquí antes de irme.

2. ¿Dónde dejé _____ suéter azul que me regaló Ricardo?

3. _____ maleta es muy pequeña para todo lo que llevo.

4. Y _____ gato mío que tanto quiero ¿dónde se metió?

5. _____ calcetines de lana que puse en la maleta me van a servir mucho en Alaska.

**2** Zulma siempre contradice a Azucena, su hermana mayor. Cambia los adjetivos demostrativos para escribir que dice Zulma.

**Modelo:**  **AZUCENA:** Me gusta **esta** camiseta de flores.

**ZULMA**: *A mí me gusta **esa / aquella** camiseta porque no tiene flores.*

1. **AZUCENA:** Voy a comprar estos jeans amarillos.

**ZULMA**: _____

2. **AZUCENA:** Me encanta esa blusa azul de Patricia.

**ZULMA**: _____

3. **AZUCENA:** Este libro de ecología es muy útil.

**ZULMA**: _____

4. **AZUCENA:** Aquella mujer lleva ropa carísima.

**ZULMA**: _____

**3** Jesús está encargado de organizar un mercado de artesanías para su escuela. Usa los adjetivos demostrativos y escribe cuatro oraciones completas para describir los articulos del mercado.

**Modelo:**  *Aquellas joyas cuestan cien dólares.*

_____

_____

_____

_____

UNIDAD 8 Lección 2

Gramática C

Unidad 8, Lección 2
Gramática C

**376**

**¡Avancemos! 1**
Cuaderno para hispanohablantes

# Gramática adicional  *Preguntar vs. pedir*

> **¡AVANZA!**   **Goal:**  Diffenciate between *pedir* and *preguntar*.

El verbo *to ask* se expresa con el verbo **preguntar** y se usa para conseguir información.

Le pregunté cuánto cuesta el collar.

Le pregunto dónde está el mercado de artesanías.

El verbo *to ask for* se expresa con el verbo **pedir**. Se usa para conseguir algo concreto.

Le pedí un favor.

Te pido que me compres un collar en el mercado.

**1** Indica con una ✓ la columna que corresponda al verbo apropiado para solicitar las siguientes cosas:

| Situación | pedir | preguntar |
|---|---|---|
| **1.** cómo se llama una persona | | |
| **2.** más carne | | |
| **3.** dónde vive tu amigo | | |
| **4.** cuándo pasó un evento histórico | | |
| **5.** dinero a tus padres | | |
| **6.** un regalo | | |

**2** Llena los espacios en blanco con **pedir** o **preguntar** en la lista de cosas que Victoria, una agente de viajes, tiene que hacer.

**1.** _____ a la señora Hernández los nombres de sus hijos.

**2.** _____ al conserje que regule la calefacción.

**3.** _____ a mi jefa un aumento de sueldo.

**4.** _____ si este año vamos a recibir un bono.

**5.** _____ a qué hora puedo salir hoy.

**3** Juanita Vargas escribe en su diario. Completa su entrada de hoy con la forma apropiada de **pedir** o **preguntar**.

Hoy fue un día espectacular. La profesora González nos **1.** _____ quién quería hacer de voluntario en la feria científica. Yo levanté la mano inmediatamente y para mi sorpresa, Iván Torres también. Hace tiempo que le quiero **2.** _____ a Iván si le gustaría ser mi amigo. Como la profesora nos **3.** _____ que trabajemos juntos toda la tarde, tengo oportunidad de **4.** _____ de dónde es. Mañana le **5.** _____ que almuerce conmigo en la cafetería para conocerlo mejor.

## Integración: Hablar

 **Goal:** Respond to written and oral passages about shopping during a vacation.

La página web a continuación es de una tienda de regalos en Costa Rica. Léela con cuidado.

http://www.touristbureauofcostarica.org

# COSTA RICA... Tanto qué llevarse.

- *Industria artesanal* Lleve las hermosas esculturas de madera y los artículos de piel. Los carritos de madera tirados por bueyes son casi un símbolo de Costa Rica.

- *Café* El café costarricense ha cautivado al mundo.

- *Joyería* En cualquier mercado o tienda de hotel puede encontrar reproducciones de la joyería precolombina. Ranas, lagartijas y figuras humanas son populares.

- *Mecedoras de piel* Las sillas mecedoras de piel de Costa Rica son famosas en el mundo. Las puede hallar en cualquier tienda de regalos o antigüedades.

- *Salsa Lizano* Famosísima y usada por nuestros chefs en una variedad de comidas. No es picante y se ha convertido en un sabor típico costarricense.

- *Cerámicas* Hechas a mano por los indígenas chorotega retienen la tradición. Visite los pueblos de Santa Cruz y vea los talleres de artesanos.

Escucha el mensaje que Ángeles Robles le dejó a su hija Fernanda. Toma notas mientras escuchas y prepárate para responder a las preguntas.

### HL CD2, tracks 29–30

¿Qué cosas le dirías a Fernanda que le compre a cada una de las personas que le indica su mamá en el audio?

Integración: Hablar    UNIDAD 8 Lección 2

# Integración: Escribir

<table>
<tr><td>▶ ¡AVANZA!</td><td>Goal: Respond to written and oral passages about shopping during a vacation.</td></tr>
</table>

La siguiente página viene de un directorio de compras en Costa Rica. Léela con atención.

## ✿ DIRECTORY OF SOUVENIR SHOPS IN COSTA RICA ✿

| | | | |
|---|---|---|---|
| **Arte Amil Galería** | San José | Pinturas y acuarelas de artistas locales. | **$100–1000** |
| **Antigüedades del Real** | San José | Principalmente muebles. | **$25–25000** |
| **Biek Maderas** | Escazú | Esculturas de madera. Taller de artesanos. | **$200–10000** |
| **Casa de los libros** | San José, varias localidades | Libros raros, revistas y guías turísticas. Autores costarricenses. | **$2–100** |
| **Cerámica Tica** | San José | Principalmente cerámicas. | **$25–200** |
| **El Sabor** | San José | Cafés costarricenses y productos similares. | **$15–100** |
| **Galería Zuk** | San José | Principalmente artistas locales. Pintura, escultura, fotografía. | **$250–25000** |

Escucha el mensaje que le dejó a su familia Gonzalo Alarcón, un estudiante estadounidense que hace un intercambio en Costa Rica. Puedes tomar notas mientras escuchas y luego completa la actividad.

## HL CD2, tracks 31–32

Imagina que estás en Costa Rica y quieres comprarle recuerdos a tu familia y amigos. Escribe un párrafo y cuenta qué artículos vas a comprar, para quiénes son y por qué los compras.

_____

_____

_____

_____

_____

**¡Avancemos! 1**
Cuaderno para hispanohablantes

UNIDAD 8 Lección 2

Integración: Escribir

Unidad 8, Lección 2
Integración: Escribir **379**

# Lectura A

> **¡AVANZA!** **Goal:** Read about what people are doing.

**1** Claudia visita el mercado artesanal durante sus vacaciones. Lee lo que le ocurre y luego responde a las preguntas de comprensión. Compara su experiencia con la tuya.

Ya se terminan las vacaciones de Claudia y antes de regresar a su país visita el mercado de artesanías para comprar algunos recuerdos. El mercado está lleno de vendedores y de diferentes artículos. Claudia no sabe qué comprar. Todo lo que venden en el mercado es bonito. De pronto ve unas joyas y le pregunta al vendedor.

«¿Cuánto cuesta este collar? Quiero comprarlo para mi mamá.» dice Claudia

«Este collar cuesta cinco mil colones.» responde el vendedor.

Claudia tiene poco dinero y se pone triste porque no puede comprar el collar para su mamá. En eso, ve unos aretes de oro muy bonitos. Esta vez está segura que podrá comprar algo para su mamá y pregunta el precio.

«¿Me deja ver aquellos aretes de oro?» pregunta Claudia.

«Esos aretes cuestan tres mil colones, pero se los dejo a dos mil.» dice el vendedor.

Claudia y el vendedor se sonríen. Ahora ella puede comprar un regalo a su mamá. El vendedor también se sonríe porque ha hecho su primera venta. Con el dinero que le sobra Claudia compra algunos recuerdos para su papá y su hermano. Claudia ve unos caballitos de madera, y después de preguntar el precio se los lleva muy contenta. Ella está segura que sus regalos causarán una gran sensación en su familia.

**2** **¿Comprendiste?** Responde a las siguientes preguntas:

**1.** ¿Por qué Claudia no compró el collar?

_____

**2.** ¿Qué compró Claudia finalmente para su mamá? ¿Cuánto dinero gastó?

_____

**3.** ¿Compró Claudia otros recuerdos para su familia? ¿Qué les llevó?

_____

**3** **¿Qué piensas?** Cuándo vas de vacaciones ¿compras recuerdos para tus familiares y tus amigos(as)? ¿Qué compras? Escribe un párrafo corto para responder a las preguntas anteriores.

_____

_____

_____

# Lectura B

| ¡AVANZA! | **Goal:** Read about what people are doing. |

**1** Lee qué escribió Hugo sobre lo que él y su familia van a hacer este verano. Luego responde a las preguntas de comprensión y compara su experiencia con la tuya.

## Un verano diferente

¡Hola! me llamo Hugo y me gusta mucho la naturaleza. Por eso cuando tengo tiempo hago un viaje al campo. Me gusta acampar en los bosques, dar largas caminatas por la montaña y hacer parrilladas con los amigos. A mi familia también le gusta ir al campo. Muchas veces en vacaciones vamos todos juntos y acampamos cerca de un río.

Pero este verano va a ser diferente. Mamá nos dijo que vamos a hacer un viaje al mar. Vamos a ir a un pueblo de la costa. Yo fui al mar muy pocas veces cuando era niño. Me gustaría hacer surfing y surf de vela. ¡Seguro que es divertido y emocionante!

En el pueblo donde vamos a quedarnos hay cosas interesantes como su famoso mercado de artesanías. Voy a visitar el mercado y voy a comprarles recuerdos a mis amigos. Yo voy a comprarme algún artículo de cuero. Espero que las artesanías no sean muy caras, porque no tengo mucho dinero y no me gusta regatear. A mi hermana Vanesa sí le gusta regatear. Creo que voy a pedirle a Vanesa que me acompañe al mercado... aunque si me acompaña, voy a tener que comprarle algo a ella.

**2** **¿Comprendiste?** Responde a las siguientes preguntas con oraciones completas:

**1.** ¿Dónde pasan sus vacaciones Hugo y su familia normalmente?

_____

**2.** ¿Qué deportes quiere hacer Hugo este verano? ¿Cómo cree que son esos deportes?

_____

**3.** ¿Por qué Hugo quiere ir al mercado?

_____

**4.** ¿Crees que Hugo va a ir al mercado solo o con Vanesa? ¿Por qué?

_____

_____

**3** **¿Qué piensas?** ¿Qué actividades te gusta hacer durante las vacaciones? ¿Prefieres descansar, ir de compras o hacer deporte? ¿Por qué?

_____

_____

_____

# Lectura C

¡AVANZA!    **Goal:**   Read about what people are doing.

**1** Carlos está de vacaciones en Costa Rica. Hoy está visitando un mercado de artesanías y va a comprar algunos recuerdos para su familia. Lee la conversación entre Carlos y el vendedor. Luego responde a las preguntas de comprensión y compara su experiencia con la tuya.

**CARLOS:** Hola, buenos días. Quisiera ver aquellos artículos de cerámica.

**VENDEDOR:** ¿Estas figuritas? ¿Le gustan?

**CARLOS:** Mucho, ¿cuánto cuestan?

**VENDEDOR:** Estas figuras pequeñas cuestan 5,000 colones cada una, y esos animales más grandes cuestas 5,300.

**CARLOS:** ¡Qué caras!

**VENDEDOR:** Son artículos de artesanía tradicional, están hechos a mano, son únicos y todos son diferentes. ¿Quiere ver estos platos? Son más baratos.

**CARLOS:** No gracias. Me gustan mucho esas figuras, pero tengo que comprar varias cosas. Quiero llevarle regalos a toda la familia.

**VENDEDOR:** Si me compra varios artículos, le dejo las cerámicas más baratas y hasta puedo regalarle estos aretes de madera.

**CARLOS:** Vamos a ver. ¿Me deja ver esos collares? Son de plata, ¿verdad?

**VENDEDOR:** No, pero son muy bonitos y de muy buena calidad. Si quiere artículos de plata y no quiere gastar mucho, le puedo mostrar aquellos anillos. Espere, voy a traerlos. Aquí están, mire: estos son para hombre y estos para mujer, y sólo cuestan 7,000 colones cada uno. ¿Qué le parecen?

**CARLOS:** ¡También son caros! Puedo darle 5,000 colones por cada uno pues me gustaría llevar este anillo para mi tía, este otro anillo para mi madre y aquel anillo con la piedra roja para mi hermana.

**VENDEDOR:** Le dejo los tres anillos en 15,000 colones y le regalo los aretes de madera. ¿Quiere algún artículo de cerámica? Le puedo ofrecer estas figuritas en 4,000.

**CARLOS:** Está bien, me llevo los anillos y dos de esas figuritas de cerámica.

**VENDEDOR:** ¿Quiere que le envuelva los artículos de cerámica?

**CARLOS:** Sí, por favor. ¿Puede envolverme también los anillos con ese papel verde?

**VENDEDOR:** ¡Claro que sí! Aquí están. Estos paquetes verdes son los anillos, y esos paquetes rojos son las figuritas de cerámica.

**2** **¿Comprendiste?** Responde a las preguntas siguientes con oraciones completas.

**1.** ¿Cuánto le dice el vendedor a Carlos que cuestan las figuras de cerámica? ¿Por cuánto le vende las figuritas después?

_____

_____

**2.** ¿Cuántos anillos compra Carlos y a quién se los va a dar?

_____

_____

**3.** ¿Qué le regala el vendedor a Carlos? ¿Por qué le regala eso?

_____

_____

**4.** ¿Qué artículos envuelve el vendedor?

_____

_____

**3** **¿Qué piensas?** ¿Fuiste alguna vez a un mercado? ¿Regateaste alguna vez con un vendedor o una vendedora? ¿Qué opinas del regateo? ¿Te parece bien o mal? Explica tus respuestas con oraciones completas.

_____

_____

_____

_____

_____

# Escritura A

| ¡AVANZA! | **Goal:** Write about where you go. |

¿Qué te gustaría hacer este verano? Escribe un párrafo para explicar qué vas a hacer en tus vacaciones.

**1** Primero decide si vas a hacer un viaje al campo o al mar. Después haz una lista de cinco actividades que vas a hacer allí.

a. _____

b. _____

c. _____

d. _____

e. _____

**2** Escribe tu párrafo. Comienza con una oración de introducción y luego explica las actividades que vas a hacer. Escribe comentarios sobre por qué te gusta hacer esas actividades. Termina diciendo cómo crees que serán tus vacaciones. Asegúrate de que (1) escribes de forma clara y organizada, (2) incluyes detalles y comentarios personales, (3) usas el lenguaje y la ortografía correctamente.

_____

_____

_____

_____

_____

_____

_____

_____

**3** Evalúa tu correo electrónico usando la siguiente tabla.

|  | **Crédito máximo** | **Crédito parcial** | **Crédito mínimo** |
|---|---|---|---|
| Contenido | Tu párrafo es claro y organizado e incluye detalles y comentarios. | Tu párrafo es claro y organizado pero incluye muy pocos detalles y comentarios. | Tu párrafo es confuso y organizado y no incluye detalles ni comentarios. |
| Uso correcto del lenguaje | Hay muy pocos errores o ninguno en el uso del lenguaje y la ortografía. | Hay algunos errores en el uso del lenguaje y la ortografía. | Hay un gran número de errores en el uso del lenguaje y la ortografía. |

UNIDAD 8 Lección 2

Escritura A

# Escritura B

| ¡AVANZA! | **Goal:** Write about where you go. |
|---|---|

Tú y tu hermano(a) están de vacaciones y van a comprar recuerdos para la familia y algunos amigos. Escribe un párrafo para explicar lo que van a comprar.

**1** Primero completa la tabla siguiente con lo que ustedes van a comprar para estas personas.

| Para... | Yo | Mi hermano(a) |
|---|---|---|
| papá | | |
| mamá | | |
| abuelo | | |
| Silvia (hermana) | | |
| Javier y Ángel (primos) | | |

**2** Escribe el párrafo con la información de la tabla. Asegúrate de que (1) la información de tu párrafo está completa, (2) está bien organizado y es fácil de entender, (3) usas los pronombres de objeto indirecto correctamente.

_____

_____

_____

_____

_____

_____

_____

**3** Evalúa tu párrafo usando la siguiente tabla.

| | **Crédito máximo** | **Crédito parcial** | **Crédito mínimo** |
|---|---|---|---|
| Contenido | Incluyes mucha información que está bien organizada y es fácil de entender. | Incluyes bastante información que, en general, está bien organizada y es fácil de entender. | Incluyes poca información que está organizada y no es fácil de entender. |
| Uso correcto del lenguaje | Tienes muy pocos errores o ninguno en el uso de los pronombres de objeto indirecto. | Tienes algunos errores en el uso de los pronombres de objeto indirecto. | Tienes un gran número de errores en el uso de los pronombres de objeto indirecto. |

UNIDAD 8 Lección 2  Escritura B

# Escritura C

Estás de vacaciones y haces las actividades que más te gustan. Además tienes planes para el fin de semana y dinero para comprar regalos para tu familia y tus amigos(as).

**1** Completa la ficha siguiente para ordenar tus ideas sobre las vacaciones.

Lugar en dónde estás de vacaciones: _____

Dos cosas que hiciste la semana pasada: _____

_____

Tres cosas que piensas hacer en los próximos días: _____

_____

Regalos y recuerdos que vas a comprar: _____

_____

**2** Escribe una composición con la información de la ficha. Asegúrate de que (1) incluyes toda la información posible, (2) incluyes comentarios personales e interesantes, (3) usas el lenguaje y la ortografía correctamente.

_____

_____

_____

_____

_____

_____

**3** Evalúa tu carta usando la siguiente tabla.

| | **Crédito máximo** | **Crédito parcial** | **Crédito mínimo** |
|---|---|---|---|
| Contenido | Incluyes información y comentarios personales; la composición es interesante. | Incluyes información y algunos comentarios, pero partes de tu composición son poco interesantes. | Incluyes poca información y comentarios personales; la composición es poco interesante. |
| Uso correcto del lenguaje | Tienes pocos errores de lenguaje y ortografía. | Tienes algunos errores de lenguaje y ortografía. | Tienes muchos errores de lenguaje y ortografía. |

# Cultura A

> **¡AVANZA!**   **Goal:**   Use and write cultural information about Costa Rica.

**1** La abuelita de Rocío la mandó al Mercado Central de San José por algunas cosas. Esto es lo que Rocío compró. Escribe el nombre del puesto donde compró esas cosas.

| Rocío compró... | Lo compró en un puesto de... |
|---|---|
| un té para el dolor de cabeza. | 1. |
| un bistec para la cena. | 2. |
| plátanos, fresas y duraznos. | 3. |
| tomate, cebolla y lechuga. | 4. |
| artesanías y camisetas. | 5. |

**2** Menciona el tipo de transporte que usas para ir a los siguientes lugares en Costa Rica.

   **1.** Ir del mercado a tu casa: _____

   **2.** Ir del aeropuerto a tu casa: _____

   **3.** Ir de San José a la playa de Punta Arenas: _____

**3** Los comerciantes en los mercados usualmente anuncian sus ventas con carteles llamativos. Imagina que tienes un puesto en el Mercado del Puerto en Montevideo, Uruguay. Escribe y decora tres carteles para anunciar lo que vendes y su precio.

# Cultura B

> ¡AVANZA!  **Goal:** Use and write cultural information about Costa Rica.

**1** Bertha nunca ha estado en un mercado al aire libre, así que va a ir al Mercado Central de San José, Costa Rica. Escribe con oraciones completas para explicar qué puede hacer en cada situación.

1. Comer: _____

2. Regatear: _____

3. Puesto de recuerdos: _____

4. Puesto de café: _____

5. Puesto de plantas medicinales: _____

**2** Tus amigos Sara y Marcos van a llegar a Costa Rica de visita. Haz un itinerario para ellos usando transporte público. Puedes incluir los lugares turísticos de la página 408. Menciona al menos tres medios de transporte público.

**Modelo:**  *Para ir al Parque Central tomen un taxi anaranjado.*

_____

_____

_____

_____

_____

**3** Mira la obra *Midiendo Café* de Antonio Mejía de la página 446 de tu libro. Explica qué representa esta pintura. Menciona también otros aspectos culturales típicos de Costa Rica, como sus mercados al aire libre o sus áreas geográficas.

_____

_____

_____

_____

_____

_____

UNIDAD 8 Lección 2

Cultura B

388

Unidad 8, Lección 2
Cultura B

¡Avancemos! 1
Cuaderno para hispanohablantes

# Cultura C

> **¡AVANZA!**  **Goal:** Use and write cultural information about Costa Rica.

**1** Estás en un mercado en Costa Rica y quieres comprar varias carretas de artesanía para regalar de recuerdo a tus amigos. Escribe una conversación corta entre el comerciante y tú. Recuerda que regatear es una práctica muy común en muchos países hispanos.

**Tú:** Buenos días, señor. ¿Cuánto cuestan estas carretas de colores?

**Comerciante:** _____

**Tú:** _____

**Comerciante:** _____

**Tú:** _____

**Comerciante:** _____

**2** Eres guía de turistas en Costa Rica. El día de hoy tienes que llevar a un grupo de turistas al Mercado Central. Explícales qué hay en el mercado y cuáles son algunas de las cosas que pueden ver y comprar.

_____

_____

_____

_____

_____

**3** El transporte público es muy importante para cualquier ciudad. ¿Qué pasaría si no hubiera transporte público por un día en la ciudad donde vives? Explica las consecuencias de no tener transporte público y cómo esto afecta a toda la comunidad.

_____

_____

_____

_____

_____

UNIDAD 8 Lección 2  Cultura C

# Comparación cultural: ¡De vacaciones!
## Lectura y escritura

Después de leer los párrafos donde Ernesto, Isabel y Osvaldo describen sus vacaciones, escribe un párrafo acerca de tus vacaciones. Usa la información de los tres cuadros para escribir las oraciones y después escribe un párrafo que describa tus vacaciones.

### Paso 1

Completa los cuadros con el mayor número de datos para describir el lugar, las actividades y tu opinión acerca del lugar.

| Lugar | Actividades | Opinión |
|---|---|---|

### Paso 2

Ahora toma los datos de los cuadros y escribe una oración para cada uno de ellos de acuerdo con sus categorías.

_____

_____

_____

_____

_____

Unidad 8
Comparación cultural
390

¡Avancemos! 1
Cuaderno para hispanohablantes

UNIDAD 8
Comparación cultural

# Comparación cultural: ¡De vacaciones!
## Lectura y escritura
*(continuación)*

## Paso 3

Ahora escribe tu párrafo usando las oraciones que escribiste como guía. Incluye una oración de introducción y utiliza las expresiones **hacer un viaje**, **quedarse** y **gustar** para escribir acerca de tus propias vacaciones.

_____

_____

_____

_____

_____

_____

**Lista de verificación**

Asegúrate de que...

☐ todos los datos acerca de tus vacaciones de los cuadros estén incluidos en el párrafo;

☐ das detalles al describir claramente el lugar, todas tus actividades y tu opinión acerca del lugar;

☐ incluyes nuevas palabras de vocabulario y las expresiones **hacer un viaje**, **quedarse**, y **gustar**.

**Tabla**

Evalúa tu trabajo usando la tabla siguiente.

| Criterio de escritura | Excelente | Bueno | Necesita mejorar |
|---|---|---|---|
| **Contenido** | Tu párrafo incluye muchos datos acerca de tus vacaciones. | Tu párrafo incluye algunos datos acerca de tus vacaciones. | Tu párrafo incluye muy pocos datos acerca de tus vacaciones. |
| **Comunicación** | La mayor parte de tu párrafo está organizada y es fácil de entender. | Partes de tu párrafo están organizadas y son fáciles de entender. | Tu párrafo está desorganizado y es difícil de entender. |
| **Precisión** | Tu párrafo tiene pocos errores de gramática y de vocabulario. | Tu párrafo tiene algunos errores de gramática y de vocabulario. | Tu párrafo tiene muchos errores de gramática y de vocabulario. |

# Comparación cultural: ¡De vacaciones!
## Compara con tu mundo

Ahora escribe una comparación sobre tus vacaciones y las de uno de los tres estudiantes que aparecen en la página 457. Organiza tu comparación por temas. Primero, compara el lugar, luego las actividades y por último sus opiniones acerca de los lugares.

### Paso 1

Utiliza el cuadro para organizar tu comparación por tema. Escribe tus datos y los del (de la) estudiante que escogiste para cada uno de los temas.

| Categoría | Mis vacaciones | Las vacaciones de _____ |
|---|---|---|
| **lugar** | | |
| **actividades** | | |
| **opinión** | | |

### Paso 2

Ahora usa los datos del cuadro para escribir una comparación. Incluye una oración de introducción y escribe acerca de cada uno de los temas. Utiliza las expresiones **hacer un viaje**, **quedarse**, y **gustar** para describir tus vacaciones y las del (de la) estudiante que escogiste.

_____

_____

_____

_____

_____

_____

_____

_____

_____

UNIDAD 8

Comparación cultural

**392**

Unidad 8
Comparación cultural

**¡Avancemos! 1**
Cuaderno para hispanohablantes

## Greet People and Say Goodbye

**GREETINGS**

| | |
|---|---|
| Buenos días. | Good morning. |
| Buenas tardes. | Good afternoon. |
| Buenas noches. | Good evening. |
| Hola. | Hello./Hi. |

**SAY GOODBYE**

| | |
|---|---|
| Adiós. | Goodbye. |
| Buenas noches. | Good night. |
| Hasta luego. | See you later. |
| Hasta mañana. | See you tomorrow. |

**SAY HOW YOU ARE**

| | |
|---|---|
| ¿Cómo estás? | How are you? (familiar) |
| ¿Cómo está usted? | How are you? (formal) |
| ¿Qué tal? | How is it going? |
| Bien. | Fine. |
| Mal. | Bad. |
| Más o menos. | So-so. |
| Muy bien. | Very well. |
| Regular. | Okay. |
| ¿Y tú? | And you? (familiar) |
| ¿Y usted? | And you? (formal) |
| ¿Qué pasa? | What's up? |

## Say Which Day It Is

| | |
|---|---|
| ¿Qué día es hoy? | What day is today? |
| Hoy es... | Today is... |
| Mañana es... | Tomorrow is |
| el día | day |
| hoy | today |
| mañana | tomorrow |
| la semana | week |

## Describe the Weather

| | |
|---|---|
| ¿Qué tiempo hace? | What is the weather like? |
| Hace calor. | It is hot. |
| Hace frío. | It is cold. |
| Hace sol. | It is sunny. |
| Hace viento. | It is windy. |
| Llueve. | It is raining. |
| Nieva. | It is snowing. |

## Say Where You Are From

| | |
|---|---|
| ¿De dónde eres? | Where are you (familiar) from? |
| ¿De dónde es? | Where is he/she from? |
| ¿De dónde es usted? | Where are you (formal) from? |
| Soy de... | I am from... |
| Es de... | He/She is from... |

## Make Introductions

| | |
|---|---|
| ¿Cómo se llama? | What's his/her/your (formal) name? |
| Se llama... | His/Her name is... |
| ¿Cómo te llamas? | What's your (familiar) name? |
| Me llamo... | My name is... |
| Te/Le presento a... | Let me introduce you (familiar/formal) to... |
| El gusto es mío. | The pleasure is mine. |
| Encantado(a). | Delighted./Pleased to meet you. |
| Igualmente. | Same here./Likewise. |
| Mucho gusto. | Nice to meet you. |
| ¿Quién es? | Who is he/she/it?\\ |
| Es... | He/She/It is... |

## Exchange Phone Numbers

| | |
|---|---|
| ¿Cuál es tu/su número de teléfono? | What's your (familiar/formal) phone number? |
| Mi número de teléfono es... | My phone number is... |

## Other Words and Phrases

| | |
|---|---|
| la clase | class |
| en (la) maestro(a) de español | Spanish teacher (male/female) |
| Perdón. | Excuse me. |
| el país | country |
| (Muchas) Gracias. | Thank you (very much). |
| el señor (Sr.) | Mr. |
| la señora (Sra.) | Mrs. |
| la señorita (Srta.) | Miss |
| sí | yes |
| no | no |

## Talk About Activities

| | |
|---|---|
| alquilar un DVD | to rent a DVD |
| andar en patineta | to skateboard |
| aprender el español | to learn Spanish |
| beber | to drink |
| comer | to eat |
| comprar | to buy |
| correr | to run |
| descansar | to rest |
| dibujar | to draw |
| escribir correos electrónicos | to write e-mails |
| escuchar música | to listen to music |
| estudiar | to study |
| hablar por teléfono | to talk on the phone |
| hacer la tarea | to do homework |
| jugar al fútbol | to play soccer |
| leer un libro | to read a book |
| mirar la televisión | to watch television |
| montar en bicicleta | to ride a bike |
| pasar un rato con los amigos | to spend time with friends |
| pasear | to go for a walk |
| practicar deportes | to practice / play sports |
| preparar la comida | to prepare food / a meal |
| tocar la guitarra | to play the guitar |
| trabajar | to work |

## Say What You Like and Don't Like to Do

| | |
|---|---|
| ¿Qué te gusta hacer? | What do you like to do? |
| ¿Te gusta…? | Do you like…? |
| Me gusta… | I like… |
| No me gusta… | I don't like… |

## Snack Foods and Beverages

| | |
|---|---|
| el agua (fem.) | water |
| la fruta | fruit |
| la galleta | cookie |
| el helado | ice cream |
| el jugo | juice |
| las papas fritas | French fries |
| la pizza | pizza |
| el refresco | soft drink |

## Other Words and Phrases

| | |
|---|---|
| la actividad | activity |
| antes de | before |
| después (de) | afterward, after |
| la escuela | school |
| más | more |
| o | or |
| pero | but |
| también | also |

---

## Describe Yourself and Others

| | |
|---|---|
| ¿Cómo eres? | What are you like? |
| **PERSONALITY** | |
| artístico(a) | artistic |
| atlético(a) | athletic |
| bueno(a) | good |
| cómico(a) | funny |
| desorganizado(a) | disorganized |
| estudioso(a) | studious |
| inteligente | intelligent |
| malo(a) | bad |
| organizado(a) | organized |
| perezoso(a) | lazy |
| serio(a) | serious |
| simpático(a) | nice |
| trabajador(a) | hard-working |
| **APPEARANCE** | |
| alto(a) | tall |
| bajo(a) | short (height) |
| bonito(a) | pretty |
| grande | big, large; great |
| guapo(a) | good-looking |
| joven (pl. jóvenes) | young |
| pelirrojo(a) | red-haired |
| pequeño(a) | small |
| viejo(a) | old |
| Tengo… | I have… |
| Tiene… | He / She has |
| pelo rubio | blond hair |
| pelo castaño | brown hair |

## People

| | |
|---|---|
| el (la) amigo (a) | friend |
| la chica | girl |
| el chico | boy |
| el (la) estudiante | student |
| el hombre | man |
| la mujer | woman |
| la persona | person |

## Other Words and Phrases

| | |
|---|---|
| muy | very |
| un poco | a little |
| porque | because |
| todos(as) | all |

## Subject Pronouns and ser

**Ser** means *to be*. Use **ser** to identify a person or say where he or she is from.

| Singular | | Plural | |
|---|---|---|---|
| yo | **soy** | nosotros(as) | **somos** |
| tú | **eres** | vosotros(as) | **sois** |
| usted | **es** | ustedes | **son** |
| él, ella | **es** | ellos(as) | **son** |

## Gustar with an Infinitive

Use **gustar** to talk about what people like to do.

A mí **me gusta** dibujar.

A ti **te gusta** dibujar.

A usted **le gusta** dibujar.

A él, ella **le gusta** dibujar.

A nosotros(as) **nos gusta** dibujar.

A vosotros(as) **os gusta** dibujar.

A ustedes **les gusta** dibujar.

A ellos(as) **les gusta** dibujar.

*Nota gramatical:* Use **de** with the verb **ser** to talk about where someone is from.
*Yo* **soy** *de Miami. Ellos* **son** *de California.*

---

## Definite and Indefinite Articles

In Spanish, articles match nouns in gender and number.

| | | Definite Article | Noun | Indefinite Article | Noun |
|---|---|---|---|---|---|
| Masculine | Singular | el | chico | un | chico |
| | Plural | los | chicos | unos | chicos |
| Feminine | Singular | la | chica | una | chica |
| | Plural | las | chicas | unas | chicas |

## Noun-Adjective Agreement

In Spanish, adjectives match the gender and number of the nouns they describe.

| | Singular | Plural |
|---|---|---|
| Masculine | el chico alto | los chicos altos |
| Feminine | la chica alta | las chicas altas |

*Nota gramatical:* Use **ser** to describe what people are like.
*Ella* **es** *alta. Mis amigos* **son** *simpáticos.*

## Tell Time and Discuss Daily Schedules

| | |
|---|---|
| ¿A qué hora es...? | At what time is . . . ? |
| ¿Qué hora es? | What time is it? |
| A la(s)... | At . . . o'clock. |
| Es la... / Son las... | It is . . . o'clock. |
| de la mañana | in the morning (with a time) |
| de la tarde | in the afternoon (with a time) |
| de la noche | at night (with a time) |
| la hora | hour; time |
| el horario | schedule |
| menos | to, before (telling time) |
| el minuto | minute |
| ...y cuarto | quarter past |
| ...y (diez) | (ten) past |
| ...y media | half past |

## Describe Frequency

| | |
|---|---|
| de vez en cuando | once in a while |
| muchas veces | often, many times |
| mucho | a lot |
| nunca | never |
| siempre | always |
| todos los días | every day |

## Describe Classes

| | |
|---|---|
| casi | almost |
| ¿Cuántos(as)...? | How many . . . ? |
| difícil | difficult |
| en | in |
| el examen (pl. los exámenes) | exam |
| fácil | easy |
| hay... | there is, there are . . . |
| muchos(as) | many |
| tarde | late |
| temprano | early |
| tener que | to have to |

**NUMBERS FROM 11 TO 100 p. 87**

## Other Words and Phrases

## Describe Classes

## School Subjects

| | |
|---|---|
| el arte | art |
| las ciencias | science |
| el español | Spanish |
| la historia | history |
| el inglés | English |
| las matemáticas | math |

## Classroom Activities

| | |
|---|---|
| contestar | to answer |
| enseñar | to teach |
| llegar | to arrive |
| necesitar | to need |
| sacar una buena / mala nota | to get a good / bad grade |
| tomar apuntes | to take notes |
| usar la computadora | to use the computer |

## Describe Classroom Objects

| | |
|---|---|
| el borrador | eraser |
| la calculadora | calculator |
| el cuaderno | notebook |
| el escritorio | desk |
| el lápiz (pl. los lápices) | pencil |
| el mapa | map |
| la mochila | backpack |
| el papel | paper |
| el pizarrón (pl. los pizarrones) | board |
| la pluma | pen |
| la puerta | door |
| el reloj | clock; watch |
| la silla | chair |
| la tiza | chalk |
| la ventana | window |

## Places in School

| | |
|---|---|
| el baño | bathroom |
| la biblioteca | library |
| la cafetería | cafeteria |
| el gimnasio | gymnasium |
| la oficina del (de la) director(a) | principal's office |
| el pasillo | hall |

## Describe Classes

| | |
|---|---|
| aburrido(a) | boring |
| divertido(a) | fun |
| interesante | interesting |

## Other Words and Phrases

| | |
|---|---|
| ¿(A)dónde? | (To) Where? |
| ¿Cuándo? | When? |
| cuando | when |
| el problema | problem |

## Say Where Things Are Located

| | |
|---|---|
| al lado (de) | next to |
| cerca (de) | near (to) |
| debajo (de) | underneath, under |
| delante (de) | in front (of) |
| dentro (de) | inside (of) |
| detrás (de) | behind |
| encima (de) | on top (of) |
| lejos (de) | far (from) |

## Talk about How You Feel

| | |
|---|---|
| cansado(a) | tired |
| contento(a) | content, happy |
| deprimido(a) | depressed |
| emocionado(a) | excited |
| enojado(a) | angry |
| nervioso(a) | nervous |
| ocupado(a) | busy |
| tranquilo(a) | calm |
| triste | sad |

## The Verb tener

Use the verb **tener** to talk about what you have.

| | tener *to have* | |
|---|---|---|
| yo | **tengo** | nosotros(as) | **tenemos** |
| tú | **tienes** | vosotros(as) | **tenéis** |
| usted | **tiene** | ustedes | **tienen** |
| él, ella | **tiene** | ellos(as) | **tienen** |

**Tener + que + infinitive** is used to talk about what someone has to do.

## Present Tense of –ar Verbs

To form the present tense of a regular verb that ends in **–ar**, drop the **–ar** and add the appropriate ending.

| | hablar *to talk, to speak* | |
|---|---|---|
| yo | **hablo** | nosotros(as) | **hablamos** |
| tú | **hablas** | vosotros(as) | **habláis** |
| usted | **habla** | ustedes | **hablan** |
| él, ella | **habla** | ellos(as) | **hablan** |

*Nota gramatical:* For the numbers 21, 31, and so on, use **veintiún, treinta y un,** and so on before a masculine noun. Use **veintiuna, treinta y una,** and so on before a feminine noun.

---

## The Verb estar

Use **estar** to indicate location and say how people feel.

| | estar *to be* | |
|---|---|---|
| yo | **estoy** | nosotros(as) | **estamos** |
| tú | **estás** | vosotros(as) | **estáis** |
| usted | **está** | ustedes | **están** |
| él, ella | **está** | ellos(as) | **están** |

## The Verb ir

Use **ir** to talk about where someone is going.

| | ir *to go* | |
|---|---|---|
| yo | **voy** | nosotros(as) | **vamos** |
| tú | **vas** | vosotros(as) | **vais** |
| usted | **va** | ustedes | **van** |
| él, ella | **va** | ellos(as) | **van** |

*Nota gramatical:* To form a question, you can switch the position of the verb and the subject.

## Talk About Foods and Beverages

### MEALS

| | |
|---|---|
| el almuerzo | lunch |
| la bebida | beverage, drink |
| la cena | dinner |
| compartir | to share |
| la comida | food; meal |
| el desayuno | breakfast |
| vender | to sell |

### FOR BREAKFAST

| | |
|---|---|
| el café | coffee |
| el cereal | cereal |
| el huevo | egg |
| el jugo de naranja | orange juice |
| la leche | milk |
| el pan | bread |
| el yogur | yogurt |

### FOR LUNCH

| | |
|---|---|
| la hamburguesa | hamburger |
| el sándwich de jamón y queso | ham and cheese sandwich |
| la sopa | soup |

### FRUIT

| | |
|---|---|
| la banana | banana |
| la manzana | apple |
| las uvas | grapes |

## Describe Feelings

| | |
|---|---|
| tener ganas de... | to feel like . . . |
| tener hambre | to be hungry |
| tener sed | to be thirsty |

## Ask Questions

| | |
|---|---|
| ¿Cómo? | How? |
| ¿Cuál? | Which?; What? |
| ¿Por qué? | Why? |
| ¿Qué? | What? |
| ¿Quién? | Who? |

## Other Words and Phrases

| | |
|---|---|
| ahora | now |
| Es importante. | It's important. |
| horrible | horrible |
| nutritivo(a) | nutritious |
| otro(a) | other |
| para | for; in order to |
| rico(a) | tasty, delicious |

## Talk About Family

| | |
|---|---|
| la abuela | grandmother |
| el abuelo | grandfather |
| los abuelos | grandparents |
| la familia | family |
| la hermana | sister |
| el hermano | brother |
| los hermanos | brothers, brother(s) and sister(s) |
| la hija | daughter |
| el hijo | son |
| los hijos | son(s) and daughter(s), children |
| la madrastra | stepmother |
| la madre | mother |
| el padrastro | stepfather |
| el padre | father |
| los padres | parents |
| el (la) primo(a) | cousin |
| los primos | cousins |
| la tía | aunt |
| el tío | uncle |
| los tíos | uncles, uncle(s) and aunt(s) |

### Pets

| | |
|---|---|
| el (la) gato(a) | cat |
| el (la) perro(a) | dog |

## Ask, Tell, and Compare Ages

| | |
|---|---|
| ¿Cuántos años tienes? | How old are you? |
| Tengo... años. | I am . . . years old. |
| mayor | older |
| menor | younger |

## Give Dates

| | |
|---|---|
| ¿Cuál es la fecha? | What is the date? |
| Es el... de... | It's the . . . of . . . |
| el primero de... | the first of . . . |
| el cumpleaños | birthday |

## Other Words and Phrases

| | |
|---|---|
| vivir | to live |
| ya | already |

### NUMBERS FROM 200 TO 1,000,000

| | |
|---|---|
| doscientos (as) | 200 |
| trescientos (as) | 300 |
| cuatrocientos (as) | 400 |
| mil | 1000 |
| un millón (de) | 1,000,000 |

### MONTHS

| | |
|---|---|
| enero | January |
| febrero | February |
| marzo | March |
| abril | April |
| mayo | May |
| junio | June |
| julio | July |
| agosto | August |
| septiembre | September |
| octubre | October |
| noviembre | November |
| diciembre | December |

| | |
|---|---|
| ¡Feliz cumpleaños! | Happy birthday! |
| la fecha de nacimiento | birth date |

## Gustar with Nouns

To talk about the things that people like, use **gustar** + **noun**.

| Singular | Plural |
|---|---|
| **me gusta** la sopa | **me gustan** los jugos |
| **te gusta** la sopa | **te gustan** los jugos |
| **le gusta** la sopa | **le gustan** los jugos |
| **nos gusta** la sopa | **nos gustan** los jugos |
| **os gusta** la sopa | **os gustan** los jugos |
| **les gusta** la sopa | **les gustan** los jugos |

## Present Tense of −er and −ir Verbs

| **vender** *to sell* | |
|---|---|
| vendo | vendemos |
| vendes | vendéis |
| vende | venden |

| **compartir** *to share* | |
|---|---|
| comparto | compartimos |
| compartes | compartís |
| comparte | comparten |

**Nota gramatical:** To ask a question, use an interrogative word followed by a conjugated verb. *¿Cómo está usted? How are you?*

**Nota gramatical:** The verb **hacer** is irregular in the present tense only in the **yo** form (**hago**). In other forms, it follows the pattern for **−er** verbs.

---

## Possessive Adjectives

In Spanish, **possessive adjectives** agree in number with the nouns they describe. **Nuestro(a)** and **vuestro(a)** must also agree in gender with the nouns they describe.

| Singular Possessive Adjectives | | Plural Possessive Adjectives | |
|---|---|---|---|
| **mi** | **nuestro(a)** | **mis** | **nuestros(as)** |
| *my* | *our* | *my* | *our* |
| **tu** | **vuestro(a)** | **tus** | **vuestros(as)** |
| *your (familiar)* | *your (familiar)* | *your (familiar)* | *your (familiar)* |
| **su** | **su** | **sus** | **sus** |
| *your (formal)* | *your* | *your* | *your* |
| **su** | **su** | **sus** | **sus** |
| *his, her, its* | *his, her, its* | *his, her, its* | *thier* |

## Comparatives

Use with an adjective to compare two things:

If no adjective, use these phrases:

más... que...

menos... que...

tan... como...

tanto... como...

Irregular comparative words.

| **mayor** | **menor** | **mejor** | **peor** |
|---|---|---|---|
| *older* | *younger* | *better* | *worse* |

**Nota gramatical:** Use **de** and a **noun** to show possesion. *el gato de **Marisa** Marisa's cat*

**Nota gramatical:** Use **tener** to talk about how old a person is. *¿Cuantos años **tiene** tu amiga? How old is your friend?*

**Nota gramatical:** To give the date, use the phrase: Es el + **number** + de + **month.** Hoy es el **diez** de **diciembre.** *Today is the tenth of December.* Es el **primeiro** de **diciembre.** *It is December first.*

## Talk About Shopping

| | |
|---|---|
| el centro comercial | shopping center, mall |
| ¿Cuánto cuesta(n)? | How much does it (do they) cost? |
| Cuesta(n)... | It (They) cost... |
| el dinero | money |
| el dólar (pl. los dólares) | dollar |
| el euro | euro |
| ir de compras | to go shopping |
| pagar | to pay |
| el precio | price |
| la tienda | store |

## Describe Clothing

| | |
|---|---|
| la blusa | blouse |
| los calcetines | socks |
| la camisa | shirt |
| la camiseta | T-shirt |
| la chaqueta | jacket |
| feo(a) | ugly |
| el gorro | winter hat |
| los jeans | jeans |
| llevar | to wear |
| nuevo(a) | new |
| los pantalones | pants |
| los pantalones cortos | shorts |
| la ropa | clothing |
| el sombrero | hat |
| el vestido | dress |
| los zapatos | shoes |

## COLORS

| | |
|---|---|
| amarillo(a) | yellow |
| anaranjado(a) | orange |
| azul | blue |
| blanco(a) | white |
| marrón (pl. marrones) | brown |
| negro(a) | black |
| rojo(a) | red |
| verde | green |

## Expressions with tener

| | |
|---|---|
| tener calor | to be hot |
| tener frío | to be cold |
| tener razón | to be right |
| tener suerte | to be lucky |

## Discuss Seasons

| | |
|---|---|
| la estación (pl. las estaciones) | season |
| el invierno | winter |
| el otoño | autumn, fall |
| la primavera | spring |
| el verano | summer |

## Other Words and Phrases

| | |
|---|---|
| durante | during |
| cerrar (ie) | to close |
| empezar (ie) | to begin |
| entender (ie) | to understand |
| pensar (ie) | to think, to plan |
| preferir (ie) | to prefer |
| querer (ie) | to want |

## Describe Places in Town

| | |
|---|---|
| el café | café |
| el centro | center, downtown |
| el cine | movie theater; the movies |
| el parque | park |
| el restaurante | restaurant |
| el teatro | theater |

## In a Restaurant

| | |
|---|---|
| el (la) camarero(a) | (food) server |
| costar (ue) | to cost |
| la cuenta | bill |
| de postre | for dessert |
| el menú | menu |
| la mesa | table |
| el plato principal | main course |
| la propina | tip |

## ORDERING FROM A MENU

| | |
|---|---|
| pedir (i) | to order, to ask for |
| servir (i) | to serve |

## FOR DINNER

| | |
|---|---|
| el arroz | rice |
| el bistec | beef |
| el brócoli | broccoli |
| la carne | meat |
| la ensalada | salad |
| los frijoles | beans |
| el pastel | cake |
| la patata | potato |
| el pescado | fish |
| el pollo | chicken |
| el tomate | tomato |
| las verduras | vegetables |

## Describe Events in Town

| | |
|---|---|
| el concierto | concert |
| las entradas | tickets |
| la música rock | rock music |
| la película | movie |
| la ventanilla | ticket window |

## Getting Around Town

| | |
|---|---|
| a pie | by foot |
| la calle | street |
| en autobús | by bus |
| en coche | by car |
| encontrar (ue) | to find |
| tomar | to take |

## Other Words and Phrases

| | |
|---|---|
| allí | there |
| almorzar (ue) | to eat lunch |
| aquí | here |
| dormir (ue) | to sleep |
| el lugar | place |
| poder (ue) | to be able, can |
| tal vez | perhaps, maybe |
| ver | to see |
| volver (ue) | to return, to come back |

## Stem-Changing Verbs: e → ie

For e → ie stem-changing verbs, the e of the stem changes to ie in all forms except nosotros(as) and vosotros(as).

| querer *to want* | |
|---|---|
| quiero | queremos |
| quieres | queréis |
| quiere | quieren |

## Direct Object Pronouns

**Direct object pronouns** can be used to replace **direct object nouns.**

| Singular | | Plural | |
|---|---|---|---|
| me | *me* | nos | *us* |
| te | *you (familiar)* | os | *you (familiar)* |
| lo | *you (formal), him, it* | los | *you, them* |
| la | *you (formal), her, it* | las | *you, them* |

*Nota gramatical:* Use **tener** to form many expressions that in English would use *to be.*
**Tengo** frío. *I am cold*

## Stem-Changing Verbs: o → ue

For o → ue stem-changing verbs, the last o of the stem changes to ue in all forms except nosotros(as) and vosotros(as).

| poder *to be able, can* | |
|---|---|
| puedo | podemos |
| puedes | podéis |
| puede | pueden |

## Stem-Changing Verbs: e → i

For e → i stem-changing verbs, the last e of the stem changes to i in all forms except nosotros(as) and vosotros(as).

| servir *to serve* | |
|---|---|
| sirvo | servimos |
| sirves | servís |
| sirve | sirven |

*Nota gramatical:* **Ver** has an irregular **yo** form in the present tense.
**Veo** un autobús.

*Nota gramatical:* Use a form of **ir a + infinitive** to talk about what you are going to do.

## Describe a House

| | |
|---|---|
| el apartamento | apartment |
| el armario | closet; armoire |
| bajar | to descend |
| la casa | house |
| la cocina | kitchen |
| el comedor | dining room |
| el cuarto | room; bedroom |
| la escalera | stairs |
| ideal | ideal |
| el jardín (pl. los jardines) | garden |
| el patio | patio |
| el piso | floor (of a building) |
| la planta baja | ground floor |
| la sala | living room |
| subir | to go up |
| el suelo | floor (of a room) |

## Furniture

| | |
|---|---|
| la alfombra | rug |
| la cama | bed |
| la cómoda | dresser |
| las cortinas | curtains |
| el espejo | mirror |
| la lámpara | lamp |
| los muebles | furniture |
| el sillón (pl. los sillones) | armchair |
| el sofá | sofa, couch |

## Describe Household Items

| | |
|---|---|
| la cosa | thing |
| el disco compacto | compact disc |
| el lector DVD | DVD player |
| el radio | radio |
| el televisor | television set |

| | |
|---|---|
| el tocadiscos compactos | CD player |
| los videojuegos | video games |

## Ordinal Numbers

| | |
|---|---|
| primero(a) | first |
| segundo(a) | second |
| tercero(a) | third |
| cuarto(a) | fourth |
| quinto(a) | fifth |
| sexto(a) | sixth |
| séptimo(a) | seventh |
| octavo(a) | eighth |
| noveno(a) | ninth |
| décimo(a) | tenth |

## Plan a Party

| | |
|---|---|
| bailar | to dance |
| cantar | to sing |
| celebrar | to celebrate |
| dar una fiesta | to give a party |
| decorar | to decorate |
| las decoraciones | decorations |
| la fiesta de sorpresa | surprise party |
| el globo | balloon |
| los invitados | guests |
| invitar a | to invite (someone) |
| salir | to leave, to go out |
| el secreto | secret |
| venir | to come |

## Talk About Chores and Responsibilities

| | |
|---|---|
| acabar de... | to have just . . . |
| ayudar | to help |
| barrer el suelo | to sweep the floor |
| cocinar | to cook |
| cortar el césped | to cut the grass |
| darle de comer al perro | to feed the dog |
| deber | should, ought to |
| hacer la cama | to make the bed |
| lavar los platos | to wash the dishes |
| limpiar (la cocina) | to clean the kitchen |
| limpio(a) | clean |
| pasar la aspiradora | to vacuum |
| planchar la ropa | to iron |
| poner la mesa | to set the table |
| los quehaceres | chores |
| sacar la basura | to take out the trash |
| sucio(a) | dirty |

## Talk About Gifts

| | |
|---|---|
| abrir | to open |
| buscar | to look for |

| | |
|---|---|
| envolver (ue) | to wrap |
| el papel de regalo | wrapping paper |
| recibir | to receive |
| el regalo | gift |
| traer | to bring |

## Other Words and Phrases

| | |
|---|---|
| decir | to say, to tell |
| hay que | one has to, one must |
| poner | to put, to place |
| si | if |
| todavía | still; yet |

## Ser or estar

**Ser** and **estar** both mean *to be*.

Use **ser** to indicate origin.
Use **ser** to describe personal traits and physical characteristics.
**Ser** is also used to indicate professions.
You also use **ser** to express possession and to give the time and the date.
Use **estar** to indicate location.
**Estar** is also used to describe conditions, both physical and emotional.

## Ordinal Numbers

When used with a noun, an **ordinal number** must agree in number and gender with that noun.

**Ordinals** are placed before nouns.
**Primero** and **tercero** drop the **o** before a masculine singular noun.

---

## More Irregular Verbs

**Dar, decir, poner, salir, traer,** and **venir** are all irregular.

| decir *to say, to tell* | | venir *to come* | |
|---|---|---|---|
| digo | decimos | vengo | venimos |
| dices | decís | vienes | venís |
| dice | dicen | viene | vienen |

Some verbs are irregular only in the **yo** form of the present tense.

| dar | poner | salir | traer |
|---|---|---|---|
| doy | pongo | salgo | traigo |

## Affirmative tú Commands

Regular **affirmative tú commands** are the same as the **él/ella** forms in the present tense.

| Infinitive | Present Tense | Affirmative tú Command |
|---|---|---|
| lavar | (él, ella) **lava** | ¡**Lava** los platos! |
| barrer | (él, ella) **barre** | ¡**Barre** el suelo! |
| abrir | (él, ella) **abre** | ¡**Abre** la puerta! |

There are irregular **affirmative tú commands.**

| decir | hacer | ir | poner | salir | ser | tener | venir |
|---|---|---|---|---|---|---|---|
| di | haz | ve | pon | sal | sé | ten | ven |

**Nota gramatical:** When you want to say that something has just happened, use the verb **acabar de + infinitive.**

**Acabamos de comprar** el pastel para la fiesta.
**We just bought** the cake for the party

## Sports

| | |
|---|---|
| el básquetbol | basketball |
| el béisbol | baseball |
| el fútbol americano | football |
| nadar | to swim |
| la natación | swimming |
| patinar | to skate |
| patinar en línea | to in-line skate |
| el tenis | tennis |
| el voleibol | volleyball |

## Locations and People

| | |
|---|---|
| los aficionados | fans |
| el (la) atleta | athlete |
| el campeón (pl. los campeones), la campeona | champion |
| el campo | field |
| la cancha | court |
| el equipo | team |
| el estadio | stadium |
| el (la) ganador(a) | winner |
| el (la) jugador(a) | player |
| la piscina | pool |

## Sports Equipment

| | |
|---|---|
| el bate | bat |
| el casco | helmet |
| el guante | glove |
| los patines en línea | in-line skates |
| la pelota | ball |
| la raqueta | racket |

## Talk About Sports

| | |
|---|---|
| comprender las reglas | to understand the rules |
| favorito(a) | favorite |
| ganar | to win |
| el partido | game |
| peligroso(a) | dangerous |
| perder (ie) | to lose |

## Talk About Staying Healthy

| | |
|---|---|
| enfermo(a) | sick |
| fuerte | strong |
| herido(a) | hurt |
| levantar pesas | to lift weights |
| la salud | health |
| sano(a) | healthy |

## PARTS OF THE BODY

| | |
|---|---|
| la boca | mouth |
| el brazo | arm |
| la cabeza | head |
| el corazón (pl. los corazones) | heart |
| el cuerpo | body |
| el estómago | stomach |
| la mano | hand |
| la nariz (pl. las narices) | nose |
| el ojo | eye |
| la oreja | ear |
| el pie | foot |
| la piel | skin |
| la pierna | leg |
| la rodilla | knee |
| el tobillo | ankle |

## Outdoor Activities

| | |
|---|---|
| el bloqueador de sol | sunscreen |
| bucear | to scuba-dive |
| caminar | to walk |
| hacer esquí acuático | to water-ski |
| el mar | sea |
| la playa | beach |
| tomar el sol | to sunbathe |

## Make Excuses

| | |
|---|---|
| doler (ue) | to hurt, to ache |
| Lo siento. | I'm sorry. |

## Other Words and Phrases

| Spanish | English |
|---|---|
| anoche | last night |
| ayer | yesterday |
| comenzar (ie) | to begin |
| terminar | to end |
| ¿Qué hiciste (tú)? | What did you do? |
| ¿Qué hicieron ustedes? | What did you do? |

## The Verb **jugar**

**Jugar** is a stem-changing verb in which the **u** changes to **ue** in all forms except **nosotros(as)** and **vosotros(as)**.

| jugar *to play* | |
|---|---|
| juego | jugamos |
| juegas | jugáis |
| juega | juegan |

When you use **jugar** with the name of a sport, use **jugar a** + **sport.**

## The Verbs **saber** and **conocer**

Both **saber** and **conocer** mean *to know* and have irregular **yo** forms in the present tense.

| saber *to know* | |
|---|---|
| sé | sabemos |
| sabes | sabéis |
| sabe | saben |

| conocer *to know* | |
|---|---|
| conozco | conocemos |
| conoces | conocéis |
| conoce | conocen |

- Use **saber** to talk about factual information you know. You can also use **saber** + **infinitive** to say that you know how to do something.
- Use **conocer** when you want to say that you are familiar with a person or place. You also use **conocer** to talk about meeting someone for the first time.

***Nota gramatical:*** When a specific person is the direct object of a sentence, use the personal **a** after the verb and before the person.
No conozco **a** Raúl. *I don't know Raúl.*

---

## Preterite of Regular **–ar** Verbs

To form the **preterite** of a regular **–ar** verb, add the appropriate preterite ending to the verb's stem.

| nadar *to swim* | |
|---|---|
| nadé | nadamos |
| nadaste | nadasteis |
| nadó | nadaron |

## Preterite of **-car, -gar, -zar** Verbs

Regular verbs that end in **-car, -gar, or -zar** have a spelling change in the **yo** form of the preterite.

| | | | |
|---|---|---|---|
| buscar | c | becomes → qu | (yo) busqué |
| jugar | g | becomes —> gu | (yo) jugué |
| almorzar | z | becomes —> c | (yo) almorcé |

***Nota gramatical:*** To express what hurts, use **doler (ue)** followed by a definite article and a part of the body.
Me **duele la cabeza.** *My head hurts.*

## Talk About Technology

| | |
|---|---|
| la cámara digital | digital camera |
| conectar a Internet | to connect to the Internet |
| la dirección electrónica (pl. las direcciones) | e-mail address |
| estar en línea | to be online |
| hacer clic en | to click on |
| el icono | icon |
| mandar | to send |
| el mensajero instantáneo | instant messaging |
| navegar por Internet | to surf the Internet |
| la pantalla | screen |
| quemar un disco compacto | to burn a CD |
| el ratón (pl. los ratones) | mouse |
| el sitio Web | Web site |
| el teclado | keyboard |
| tomar fotos | to take photos |

## Talk About Negative or Indefinite Situations

| | |
|---|---|
| algo | something |
| alguien | someone |
| algún / alguno(a) | some, any |
| nada | nothing |
| nadie | no one, nobody |
| ni... ni | neither . . . nor |
| ningún / ninguno(a) | none, not any |
| o... o | either . . . or |
| tampoco | neither, not either |

## Talk About Events

| | |
|---|---|
| anteayer | the day before yesterday |
| el año pasado | last year |
| entonces | then, so |
| luego | later, then |
| más tarde | later on |
| por fin | finally |
| la semana pasada | last week |

## At the Amusement Park

| | |
|---|---|
| los autitos chocadores | bumper cars |
| el boleto | ticket |
| la montaña rusa | roller coaster |
| subir a | to ride |
| ¡Qué divertido! | How fun! |
| tener miedo | to be afraid |
| la vuelta al mundo | Ferris wheel |

## Make a Phone Call

| | |
|---|---|
| dejar un mensaje | to leave a message |
| la llamada | phone call |
| llamar | to call (by phone) |
| el teléfono celular | cellular phone |

## Talk on the Phone

| | |
|---|---|
| ¿Aló? | Hello? |
| ¿Está...? | Is . . . there? |
| No, no está. | No, he's / she's not. |
| ¿Puedo hablar con...? | May I speak with . . . ? |
| Un momento. | One moment. |

## Extended Invitations

| | |
|---|---|
| ¿Quieres acompañarme a...? | Would you like to come with me to . . . ? |
| ¿Te gustaría...? | Would you like . . . ? |
| Te invito. | I'll treat you. / I invite you. |
| **ACCEPT** | |
| ¡Claro que sí! | Of course! |
| Me gustaría... | I would like . . . |
| Sí, me encantaría. | Yes, I would love to. |
| **DECLINE** | |
| ¡Qué lástima! | What a shame! |

## Places of Interest

| | |
|---|---|
| el acuario | aquarium |
| la feria | fair |
| el museo | museum |
| el parque de diversiones | amusement park |
| el zoológico | zoo |

## Other Words and Phrases

| | |
|---|---|
| con | with |
| el fin de semana | weekend |

## Preterite of Regular –er and –ir Verbs

In the preterite, **-er** and **-ir** verb endings are identical.

| vender *to sell* | |
|---|---|
| vendí | vendimos |
| vendiste | vendisteis |
| vendió | vendieron |

| escribir *to write* | |
|---|---|
| escribí | escribimos |
| escribiste | escribisteis |
| escribió | escribieron |

## Affirmative and Negative Words

| Affirmative Words | |
|---|---|
| **algo** | *something* |
| **alguien** | *someone* |
| **algún / alguno(a)** | *some, any* |
| **o... o** | *either... or* |
| **siempre** | *always* |
| **también** | *also* |

| Negative Words | |
|---|---|
| **nada** | *nothing* |
| **nadie** | *no one, nobody* |
| **ningún / ninguno(a)** | *none, not any* |
| **ni... ni** | *neither... nor* |
| **nunca** | *never* |
| **tampoco** | *neither, not either* |

**Alguno(a)** and **ninguno(a)** must match the gender of the noun they replace or modify. They have different forms when used before masculine singular nouns.

*Nota gramatical:* Ningunos(as) is used only with nouns that are not typically singular. No compro **ningunos** jeans. *I'm not buying any* **jeans.**

## Preterite of ir, ser, and hacer

**Ir, ser,** and **hacer** are irregular in the preterite tense. The preterite forms of **ir** and **ser** are exactly the same.

| ir *to go* / ser *to be* | |
|---|---|
| fui | fuimos |
| fuiste | fuisteis |
| fue | fueron |

| hacer *to do, to make* | |
|---|---|
| hice | hicimos |
| hiciste | hicisteis |
| hizo | hicieron |

## Pronouns After Prepositions

Pronouns that follow prepositions are the same as the subject pronouns except mí **(yo)** and ti **(tú).**

| Pronouns After Prepositions | |
|---|---|
| mí | nosotros(as) |
| ti | vosotros(as) |
| usted, él, ella | ustedes, ellos(as) |

The preposition **con** combines with **mí** and **ti** to form the words **conmigo** and **contigo.**

*Nota gramatical:* To express *How* + **adjective,** use Qué + **adjective** in the masculine singular form. Use the feminine form only when a feminine noun is being described. ¡Qué **divertido!** *How fun!*

## Talk About a Daily Routine

| | |
|---|---|
| acostarse (ue) | to go to bed |
| afeitarse | to shave oneself |
| bañarse | to take a bath |
| cepillarse los dientes | to brush one's teeth |
| despertarse (ie) | to wake up |
| dormirse (ue) | to fall asleep |
| ducharse | to take a shower |
| lavarse | to wash oneself |
| lavarse la cara | to wash one's face |
| levantarse | to get up |
| maquillarse | to put on makeup |
| peinarse | to comb one's hair |
| ponerse (la ropa) | to put on (clothes) |
| secarse | to dry oneself |
| secarse el pelo | to dry one's hair |
| vestirse (i) | to get dressed |

### TALK ABOUT GROOMING

| | |
|---|---|
| el cepillo (de dientes) | brush (toothbrush) |
| el champú | shampoo |
| el jabón | soap |
| la pasta de dientes | toothpaste |
| el peine | comb |
| el secador de pelo | hair dryer |
| la toalla | towel |

## Talk About a Typical Day

| | |
|---|---|
| generalmente | generally |
| normalmente | normally |
| la rutina | routine |

## Other Words and Phrases

| | |
|---|---|
| el campo | the country |
| la ciudad | city |
| esperar | to wait (for) |
| hacer un viaje | to take a trip |
| en avión | by plane |
| en barco | by boat |
| en tren | by train |
| el hotel | hotel |
| quedarse en | to stay in |
| las vacaciones | vacation |
| de vacaciones | on vacation |

## Talk About Vacation Activities

| | |
|---|---|
| acampar | to camp |
| comer al aire libre | to picnic, to eat outside |
| dar una caminata | to hike |
| hacer una parrillada | to barbecue |
| hacer surf de vela | to windsurf |
| hacer surfing | to surf |
| montar a caballo | to ride a horse |
| el tiempo libre | free time |

## Talk About Buying Souvenirs

| | |
|---|---|
| barato(a) | inexpensive |
| la calidad | quality |
| caro(a) | expensive |
| demasiado | too much |
| el mercado | market |
| el recuerdo | souvenir |

### JEWELRY AND HANDICRAFTS

| | |
|---|---|
| el anillo | ring |
| el arete | earring |
| las artesanías | handicrafts |
| los artículos | goods |
| de madera | wood |
| de oro | gold |
| de plata | silver |
| la cerámica | ceramics |
| el collar | necklace |
| las joyas | jewelry |

### BARGAINING

| | |
|---|---|
| Le dejo... en... | I'll give . . . to you for . . . |
| Le puedo ofrecer... | I can offer you . . . |
| ¿Me deja ver...? | May I see . . . ? |
| ¡Qué caro(a)! | How expensive! |
| Quisiera... | I would like . . . |
| regatear | to bargain |

## Indicate Position

| | |
|---|---|
| aquel (aquella) | that (over there) |
| aquellos(as) | those (over there) |
| ese(a) | that |
| esos(as) | those |
| este(a) | this |
| estos(as) | these |
| ¿Qué es esto? | What is this? |

## Reflexive Verbs

Use reflexive pronouns with **reflexive verbs** when the subject in a sentence is the same as its object.

| lavarse *to wash oneself* | |
|---|---|
| me **lavo** | nos **lavamos** |
| te **lavas** | os **laváis** |
| se **lava** | se **lavan** |

## Present Progressive

To form the present progressive in Spanish, use the present tense of **estar + present participle.**

| −**ar** verbs | −**er** verbs | −**ir** verbs |
|---|---|---|
| caminar ← **ando** | poner ← **iendo** | abrir ← **iendo** |
| caminando | poniendo | abriendo |

Some verbs have a spelling change or a stem change in the present participle.

---

## Indirect Object Pronouns

**Indirect Object pronouns** use the same words as direct object pronouns except for le and les.

| Singular | | Plural | |
|---|---|---|---|
| me | *me* | nos | *us* |
| te | *you (familiar)* | os | *you (familiar)* |
| le | *you (formal), him, her* | les | *you, them* |

## Demonstrative Adjective

In Spanish, **demonstrative adjectives** must match the nouns they modify in gender and number.

| | Singular | Plural |
|---|---|---|
| Masculine | **este** anillo | **estos** anillos |
| | **ese** anillo | **esos** anillos |
| | **aquel** anillo | **aquellos** anillos |
| Feminine | **esta** camiseta | **estas** camisetas |
| | **esa** camiseta | **esas** camisetas |
| | **aquella** camiseta | **aquellas** camisetas |